本书撰写人员名单

主　　编：丁建军

副 主 编：张琰飞

撰写人员：丁建军　张琰飞　游　俊　李　峰　朱朴义
　　　　　黄利文　张诗瑶　张芷蕚　杨　静　夏浩钰
　　　　　邓澧雨　李骥龙　侯有德

新时代中国县域脱贫攻坚案例 研究丛书

双江

民族团结进步创建引领脱贫

全国扶贫宣传教育中心／组织编写

人民出版社

目 录
CONTENTS

概　　要

云南省一直以来都是我国扶贫开发的主战场，是全国贫困人口规模最大、贫困县数量最多的省份，民族贫困、边境贫困凸显，扶贫开发的复杂性、艰巨性较突出。新中国成立 70 多年来，云南扶贫历经从救济型、区域开发型到精准扶贫型的深刻转变，扶贫成就实现历史性跨越。临沧市位于云南省西南部，地处澜沧江与怒江之间，全市 8 县（区）均属集中连片特困地区滇西边境片区县，7 个县（区）属国家扶贫开发工作重点县。自 2014 年建档立卡以来，全市有贫困乡（镇）28 个，贫困村 562 个，其中深度贫困村 170 个，贫困人口 94195 户 368914 人，是云南省脱贫攻坚的主战场之一。该市下辖的双江县，是全国唯一的拉祜族佤族布朗族傣族自治县，距省城 630 千米，距临沧市 78 千米，土地面积 2157 平方千米，辖 4 乡 2 镇 2 农场，有 76 个行政村（社区），总人口 16.5 万人。2014 年以来，全县共识别出建档立卡贫困户 7514 户 28682 人。2018 年，双江县以"零错退、零漏评、群众认可度 94.74%"的高标准实现整县脱贫；2019年实现全部贫困户脱贫清零，2020 年无一脱贫户返贫、无一非贫户致贫，顺利完成了国家脱贫攻坚普查登记。作为云南省和临沧市脱贫攻坚实践的县级样板，以及边疆多民族贫困地区的典型代表，双江县的脱贫攻坚是习近平新时代中国特色社会主义思想和精准扶贫、精准脱贫重要论述精神的生动实践，其"民族团结进步创建与脱贫攻坚同频共振"的做法与经验有特殊价值和启示。

一、双江县县域脱贫主要成就

双江县 2001 年被国务院确定为国家扶贫开发工作重点县，2011 年被列为滇西边境片区贫困县，贫困呈现如下特点：一是贫困面广。贫困乡（镇）占三分之一，贫困村（社区）占比为 42.1%，96.1% 的行政村（社区）有贫困人口分布。二是贫困程度深。确定为国家扶贫开发工作重点县时，贫困发生率 74.6%；被列为滇西边境片区贫困县时，贫困发生率 35.4%；贫困人口千人以上的有 6 个行政村。三是扶志和扶智任务重。普通劳动力占 57.64%，技能劳动力仅占 1.76%，大部分贫困人口致富能力较弱，需要提高勤劳致富意识和能力。四是致贫原因叠加。贫困户中缺技术及因病、因残等致贫原因叠加，住房、收入等问题需要同时解决的情况比较突出，需多措并举才能实现脱贫。五是"直过民族"①脱贫任务重。贫困人口中"直过民族"占 48.2%，高出"直过民族"人口与全县人口比例 12 个百分点，交通基础设施制约突出。

针对上述难题，双江县认真贯彻落实习近平总书记关于脱贫工作的重要论述，按照中央、省、市的决策部署，以脱贫攻坚统揽经济社会发展全局，严格落实党政"一把手"负总责的责任制，坚持精准扶贫、精准脱贫基本方略，扎实推进责任落实、政策落实、工作落实，取得了实实在在的成效。双江县于 2018 年脱贫摘帽，2019 年脱贫清零，2020 年无一脱贫户返贫、无一非贫户致贫，顺利完成国家脱贫攻坚普查登记。县域经济实现稳步增长，年均经济增长率保持在 9% 左右，农村居民人均可支配收入稳步提升，年均增长率保持在

---

① "直过民族"特指新中国成立后直接由原始社会跨越到社会主义社会的民族。

10%以上，均超过了全国及全省的平均水平；民族团结与脱贫攻坚同频共振，进一步巩固了民族团结基石，实现了各民族和睦相处、和衷共济与和谐发展，2018年被国家民委命名为第六批"全国民族团结进步示范县"。

县域减贫成效显著。一是农村贫困人口大幅度减少。贫困发生率由2014年的16.93%下降到2018年的0.53%，累计脱贫7304户28029人，2个建档立卡贫困乡（镇）、32个建档立卡贫困村全部脱贫出列。2018年以"零错退、零漏评、群众认可度94.74%"的高标准实现整县脱贫。二是扶贫产业不断发展壮大。累计建成高原特色农业产业基地150万亩，农业人口人均10亩，规模养殖场（小区）共有106个，发展省级以上重点龙头企业5个，市级龙头企业18个，建成农民专业合作社351个，扶贫产业覆盖了全县所有建档立卡贫困户。三是易地扶贫搬迁与住房保障满意度高。全县26个易地扶贫搬迁集中安置点全部竣工，961户安置房建设全部竣工，搬迁对象实现全部搬迁入住，从根本上解决了居住在"一方水土养不起一方人"地方的贫困人口的生计问题。四是生态扶贫成效显著。2014—2020年累计到位林业生态扶贫资金4.534亿元，惠及建档立卡贫困村9190.8万元，贫困户4221.5084万元，全县选聘建档立卡贫困人口生态护林员300名。五是教育扶贫成绩斐然。农村办学条件得到了全面改善，实现了幼儿园"一村一幼、一乡一公办、一县一示范"的目标，全面落实贫困学生保障政策。六是医疗保障体系与社保兜底不断完善，因病致贫和返贫问题得到有效解决。实现了建档立卡贫困对象与农村低保的双向衔接，农村低保保障标准随着经济社会发展水平的提高而逐年提高。

县域经济社会发展成效显著。一是县域经济稳步健康发展。综合经济实力不断增强，产业结构进一步优化，第三产业仍稳居三次产业之首，人均地方生产总值逐年递增，年均增幅达8.2%，城镇化率稳步上升，较2013年上升了近8个百分点，2020年财政总收入同比增长 5.15%，财政总支出增长 0.29%。二是"五网基础设施"不断完善。路网建设日新月异，实现了市到县公路通二级路、县到乡所有公路通四级沥青（预制块）路、乡到行政村公路全部硬化，全县 72 个行政村 4 个社区全部通硬化公路的目标，全县农村公路硬化率已达 100%，"路、站、运、管、安"五位一体交通运输格局基本形成；水网体系全面建成，农村水利设施不断得到完善，农村安全饮水工程体系全面建成，农村饮水保证率、集中供水率和自来水普及率不断提高，农村自来水普及率达 98%；能源供应全方位保障，全县供电可靠率达 99.8%；信息网络全面覆盖，4G 网络综合覆盖率达 96.82%，广播电视覆盖率达 100%。三是民生事业和社会保障全面发展。城乡居民收入稳步增长，基础教育质量全面提升，健康双江建设稳步推进，社会秩序持续全面向好。四是生态人文居住环境全面改善。城乡面貌显著改观，生态环境持续好转，和谐社会不断巩固。

民族团结取得非凡成就。一是建成全国民族团结进步示范县。2018 年 12 月，双江拉祜族佤族布朗族傣族自治县被国家民委命名为第六批"全国民族团结进步示范县"。二是民族融合机制逐步完善。形成了完善的民族融合工作领导机制，系统强化了民族融合的宣传引导机制，建立健全了民族融合的协同工作体系，全面完善了民族融合的干部培训机制。三是民族共同富裕路径基本形成。即以产业发展带动，促进民族共同富裕，抓好示范村建设，以点带面整体推进，强化"直过民族"帮扶，一个民族都不能少。

二、双江县脱贫攻坚的主要做法

双江县坚持以习近平新时代中国特色社会主义思想为指导，坚持精准扶贫、精准脱贫基本方略，以脱贫攻坚统揽经济社会发展全局，将脱贫攻坚与民族团结进步创建有机结合，全方位提升脱贫攻坚成效。其具体做法表现为以下方面：机制上不断创新，通过健全组织机构、完善协调机制、强化宣传教育、突出扶贫重点、夯实基础设施、谋划帮扶资源等途径统揽县域发展全局；政策上不断强化保障，通过严格纳入条件、着眼想干会干、结合贫情实际、瞄准短板弱项、强化资源整合、严格程序标准等举措，精准实施脱贫攻坚措施；责任上狠抓落实，通过加强组织领导、推动机制创新、开展主题教育、强化纪律约束等措施，有效确保脱贫攻坚质量。同时，双江县在摘帽后多措并举，通过构建脱贫长效机制，保障扶贫政策持续，将脱贫攻坚与乡村振兴战略有机对接，不断提升脱贫质量，推进全县同步小康。

机制上大胆创新，以脱贫攻坚统揽县域发展全局。一是构建了高位推动引领的组织指挥体系，确保扶贫攻坚各项政策的协同。围绕脱贫攻坚，形成目标明确、职责明确，统一领导、统一标准、统一指挥、统一指导、统一调度、统一步调的扶贫组织机制，针对贫困对象不断变化给扶贫工作造成的难题，成立了贫困对象动态管理工作领导小组，由县委、县政府主要领导任组长，通过召开专题会议研究，制定相应动态管理工作方案。二是不断创新扶贫工作的方式方法，完善相关部门之间的协调机制，保障扶贫工作有序推进与责任落实。例如，先后推行了"六个共同"模式、"五个一百"工作方法，实行了末位约谈制、工作研判和"双向清单工作法"、"零风险确认"制度、工作调度机制等。三是强化宣传教育，营造脱贫氛围，通过多形式、多渠道、多层次的宣传工作，统一思想，为打赢打好脱贫攻坚战凝聚强大的正能量。按照分级负责、层层宣讲全覆盖原则，在县、乡（镇）、村、组开展各类宣讲，健全完善村规民约，积极倡导文明新风，深入开展"自强、诚信、感恩"和"党的光辉照边疆、边疆人民心向党"主题教育等。四是聚焦"直过民族"，突出扶贫重点，对"直过民族"聚集村加大政策、项目、人力的倾斜，集中力量攻坚。组建少数民族宣传队、派出"双语"干部深入宣传脱贫政策，在帮扶上加强力量，坚持用少数民族干部做民族地区工作，对拉、佤、布三个"直过民族"实行"双挂制"，在项目上重点倾斜，在素质提升上优先考虑，派出"双语"技术员进村入户开展农村实用技术培训。五是夯实基础设施，提质公共服务。紧紧抓住省、市实施"五网"基础设施建设和乡村振兴战略机遇，切实补齐基础设施短板，基础设施不断改善，公共服务水平全面提质增效，持续优化乡村交通路网，持续完善乡村水电网络设施，全面优化农村人居环境。六是主动汇报衔接，谋划帮扶资源。双江县主动与对口帮扶单位进行汇报衔接，在基础设施改善、干部队伍素质提升、扶贫力量加强、产业提质增效、专业人才培养、工作思路创新等方面谋划争取帮扶资源，取得显著成效。

政策保障上，精准实施脱贫攻坚措施。一是严格纳入条件，以"四个注重"确保对象的精准。注重政策培训，做到政策不熟、作风不实、不会做群众工作的干部不进村；注重摸实家底，按照"五查五看"的要求，把显性情况记录准、把隐性情况调查准、把有争议情况核实准、把行业数据比对准、把动态情况把握准，切实摸清贫困状况；注重评定程序，严格对照"两不愁三保障"标准，严格按照"三评四定两公示一公告"程序，综合研判收入、住房、教育、医疗等情况，做到应识尽识、应纳尽纳；注重群众参与，坚持贫情分析在组内进行，政策疑惑在组内阐释，群众意见能够充分发表，群众意愿得到有效尊重。二是着眼肯干会干，精准选派干部。在帮扶干部的选派上，既考虑思想政治素质，又考虑能力水平和民族结构等因素。把工作经验较丰富的干部派到任务较重、难度较大的贫困村，把熟悉经济工作的干部派到产业基础薄弱的贫困村，把熟悉民族工作、懂民族语言的干部派到少数民族聚居的贫困村。三是结合贫情实际，精准安排项目。通过制定脱贫攻坚规划、打赢脱贫攻坚战三年行动实施方案，出台产业精准扶贫、农村危房改造、易地扶贫搬迁、健康扶贫、教育扶贫、就业扶贫、"直过民族"脱贫等专项规划方案，根据贫困村与贫困户的实际精准安排脱贫项目。四是瞄准短板弱项，帮扶到户到人。分别是抓好发展产业、转移就业、生态补偿、公益岗位、提升组织化、依靠科技六个增收项目，实现贫困户多元化增收；抓好住房安全保障，通过科学鉴定锁对象、创新方式降成本、强化监督保质量、易地搬迁建新村、政策兜底保覆盖等途径确保住房安全；抓好教育扶贫，强化基础，创优办学条件，推行"普惠+特惠"，促进资助政策全覆盖，强化控辍保学，巩固义教均衡成果；抓好健康扶贫，重点围绕"四重保障""三个一批"，全面落实健康扶贫政策，强化服务体系建设、落实"四重保障"、做实"三个一批"；关注特殊群体，加强"两项制度"衔接、全面落实各项社会救助，抓好兜底保障。五是强化资源整合，确保资金投入，按照"多个渠道引水、一个龙头放水"的资金整合机制，多渠道筹措资金，确保集中投入，同时把好资金使用方向，加强资金使用过程监管，确保资金安全有保障。六是严格程序标准，确保退出规范，采用"一看二算三查四清五定"的工作方法，坚持严格的脱贫标准，坚持规范程序，杜绝虚假脱贫、数字脱贫，把好贫困人口退出关。

责任落实上，有效确保脱贫攻坚质量。双江县严格落实党政"一把手"负总责的责任制，坚持精准扶贫、精准脱贫基本方略，扎实推进责任落实、政策落实、工作落实。一是加强组织领导，确保工作责任落实。通过多重措施强化脱贫攻坚的组织领导，突出政治引领，凝聚思想共识，突出领导核心，筑牢战斗堡垒，突出带动示范，建强骨干队伍，突出基层保障，夯实脱贫基础。二是推动机制创新，确保工作责任落实。创建分级督学制保证政策业务学习到位，实施述职制压实领导责任，推行承诺制压实帮户干部责任，落实零风险确认制保证工作质量，抓实军令状推进制压实部门和各级党组织责任，强化日常管理压实驻村队员责任。三是开展主题教育，发挥群众主体作用。深入开展"自强、诚信、感恩"和"党的光辉照边疆、边疆人民心向党"主题教育，注重发挥好群众自主建房、自我发展、共同参与脱贫攻坚的主体作用，激发群众的主人翁意识，制定群众承诺制，要求贫困户在发展产业、排除危房、教育子女、庭院整洁、参与公益事业等方面向村两委作出承诺。四是强化纪律约束，保障脱贫政策落实。建立督查巡查常态化制度，对全县脱贫攻坚工作开展情况进行常态化督查，强化扶贫领域监督执纪问责，落实问题线索排查、移交、处置、问责追责、报告通报机制"五项机制"，聚焦问题抓整改，严格问效促攻坚。

成效巩固上，构建稳定脱贫长效机制。双江县切实履行主体责任，落实好"摘帽不摘责任、摘帽不摘政策、摘帽不摘帮扶、摘帽不摘监管"要求，抓好脱贫攻坚与乡村振兴的有效衔接，以脱贫成果巩固推动乡村振兴，以乡村振兴带动脱贫成果巩固。一是保持扶贫政策持续，巩固脱贫成果。坚持县级领导指挥体系不变、分乡（镇）组织领导机制不变、驻乡（镇）领导指挥机制不变、"挂包帮"机制不变、非卡户全覆盖挂联机制不变和双承诺、双挂制和零风险确认机制不变"六个不变"扛实责任，扎实抓好产业扶贫、就业扶贫、教育扶贫、健康扶贫、人居环境提升、内生动力提升、生态扶贫等。二是构建脱贫长效机制，提升脱贫质量。强化规划引领，制订出台《双江县打赢脱贫攻坚战三年行动的实施方案（2018—2020年）》《双江县脱贫攻坚产业扶贫三年行动计划（2018—2020年）》；着力构建帮扶长效机制、返贫防控机制、精准帮扶工作机制、带贫机制等稳定脱贫长效机制；全面抓好《双江县决胜脱贫攻坚实现全县高质量脱贫的意见》《双江县贫困退出后续精准帮扶巩固提升工作意见》《双江县脱贫攻坚返贫防控方案》等政策落实；进一步探索小区域产业的"双绑"模式、加快培育产业基地、建设电子商务平台，深入实施金融扶贫，发展乡村旅游业，推进资产收益扶贫，建立就业脱贫长效机制等夯实贫困群众增收基础；切实加强民生保障，继续强化基础设施建设。三是有机对接乡村振兴，推进同步小康，具体措施包括强化衔接组织保障、学习宣传激发主体意识、建立工作协同推进机制、加大人居环境整治力度等。

三、双江县脱贫攻坚的基本经验和启示

双江县的脱贫攻坚实践紧扣边疆多民族欠发达地区的区情，以民族团结进步创建为引领，以"民族团结进步创建与脱贫攻坚同频共振、党建引领的组织实践、特色产业支撑可持续脱贫、以人为本全面提升脱贫能力"为抓手，具有双江特点、体现了双江作为、创建了双江经验，为边疆多民族欠发达地区，乃至东南亚国家的减贫与发展提供了借鉴和参考。

双江县脱贫攻坚的典型经验可以概括为四个方面，即民族融合与脱贫攻坚相互促进、基层党建引领脱贫攻坚方向、特色产业筑牢脱贫攻坚基础、以人为本提升脱贫攻坚内力。理论启示则是边疆多民族贫困地区的脱贫攻坚和乡村振兴，要遵循多民族融合协同发展、共同富裕与共享发展、特色产业与自我发展以及外部帮扶与内生发展之间的客观规律。

一是民族融合与脱贫攻坚相互促进。双江县的实践表明，对于民族贫困地区而言，扶贫不是简单解决基础设施建设和经济发展的问题，而是一项涉及教育、健康、文化、产业等诸多要素的系统工程，也是"不让一个兄弟民族掉队"，各民族共享发展成果，实现共同繁荣的政治任务，二者是一个有机的统一体。脱贫攻坚本身是民族团结进步创建的主要任务，民族团结进步创建又是脱贫攻坚的基础和保障。实现二者的同频共振，可为边疆民族贫困地区的共同繁荣和发展创建协同效应。

二是基层党建引领脱贫攻坚方向。双江县在脱贫攻坚实践中，形成了"双推进"强化组织引领、"双承诺"促进干群同心、"双挂钩"保障"直过民族"的基层党建引领脱贫攻坚方向的典型经验。这些经验表明，基层党组织、党员干部要充分发挥好组织引领、政策引领和示范引领的重要作用，真正把基层党组织建设成带领群众脱贫致富的坚强战斗堡垒。组织引领上，要充分发挥基层党组织战斗堡垒作用和党员先锋模范作用；政策引领上，要充分发挥基层党组织在政策解读、宣传和用活抓实上的引领示范作用；示范引领上，要充分发挥基层党组织在激发群众内生动力、凝聚社会各界合力的榜样和带动作用。

三是特色产业筑牢脱贫攻坚基础。双江县把茶产业作为富民强县的支柱产业，立足优势资源开发，突出茶叶产业结构调整，按照"公司+合作社+基地+农户"和"茶旅融合发展"模式，着力提升茶叶品质、拓展销售市场、创新扶持机制，加快茶叶产业转型升级，形成了因地制宜、品牌引领、广泛带动，以茶产业为引领的特色产业筑牢脱贫攻坚基础的典型经验。这一经验的启示是：因地制宜，将自身独特优势资源转化为脱贫攻坚源源不断的带动力；品牌引领，提升扶贫产业的附加价值，确保产业带动脱贫实际成效；立体开发，三产融合拓展产业辐射带动范围，释放多渠道带贫致富新潜力。

四是以人为本提升脱贫攻坚内力。双江县形成了"以教育扶贫提升脱贫素质、产教融合就业培训强化脱贫能力、健康扶贫强化脱贫基础"三管齐下，以人为本，全面提升贫困人口脱贫攻坚内力的典型经验。教育扶贫通过提升脱贫素质，旨在阻断贫困代际传递；就业培训通过提升脱贫能力，着眼于贫困劳动力创业就业谋生计；健康扶贫和精神扶贫两手抓，目的是通过身心健康建设，为脱贫锻造强健的灵魂和体魄。

脱贫攻坚是一项系统工程，在精准扶贫、精准脱贫方略的引领下，各贫困县开启了脱贫攻坚的新征程，取得了脱贫攻坚的新胜利，也探索了脱贫攻坚的新经验。双江县作为临沧市、云南省乃至边疆民族贫困地区脱贫攻坚的"缩影"，其做法和经验的特殊价值和启示不言而喻。本书尝试再现这一伟大的实践，并在理论上加以概括和提升，为讲好中国脱贫故事提供鲜活的素材，为精准扶贫、精准脱贫重要思想乃至中国特色扶贫理论提供实证支撑尽一份绵薄之力。

第一章

概况特征：边疆多民族地区的贫困

　　从实施扶贫开发以来，我国在反贫困事业上取得了长足的发展。随着我国经济、社会、生活等各方面的发展，人民收入增加、生活水平提高、生活质量改善，全国范围的贫困人口大幅减少，贫困现象得到了明显改观，贫困人口的分布呈现出向中西部地区、民族地区集中的趋势。2011 年，《中国农村扶贫开发纲要（2011—2020 年）》的发布，将全国贫困地区划分为武陵山区、滇桂黔石漠化区、滇西边境山区等 11 个片区，再加上之前实施特殊政策的西藏、四省藏区和新疆南疆三地州，共计 14 个集中连片特殊贫困地区。连片特困地区的出现标志着我国贫困分布具有明显的区域性，呈现出"点（贫困村）、片（贫困县）、面（连片贫困区）"共存的区域特征。2013 年，习近平总书记提出"精准扶贫"方略，这标志着我国扶贫攻坚向滴灌式精准扶贫转变。精准扶贫方略要求做到"六个精准"，做到对症下药，集中扶贫资源到行政村、到贫困户。双江县地处我国边疆地区，属于滇西边境山区，地理位置偏远，少数民族众多，贫困问题显著。本章内容着重以"县—村—户"为脉络，从双江县地理区位、多民族发展、自然资源禀赋和社会经济发展等方面深刻剖析双江县贫困的区域性特征，以农村生计特点、贫困分布及其特征分析双江县贫困村的成因，以及贫困户、贫困人口的致贫原因。通过对双江县贫困现状及致贫原因的分析，为后续总结典型做法提供依据。

一、双江县贫困的区域性特征
及历史回顾

随着我国经济社会的发展和扶贫政策的推进，我国贫困人口分布情况逐渐呈现出向中西部地区、民族地区、边境地区集中的趋势，出现了集中连片特困区、边境贫困带的现象。而边疆民族地区，地理位置偏远，少数民族众多，各民族文化差异明显，民族宗教信仰多样，贫困人口集中化，呈现出区域性贫困特征。

（一）双江县贫困的区域性特征

1. 地理区位

双江县有着悠久的人文历史。两千一百年前，濮人就在双江县这片土地上点燃了不灭的火种。双江县地处云贵高原的西南部，隶属于与缅甸交界的云南省临沧市，位于临沧市东南部，距云南省会城市昆明市 630 千米，距临沧市政府驻地 78 千米，为我国边疆边境地区。双江县东与景谷隔江相望，南以澜沧江、小黑江为界河与澜沧县、沧源县相邻，西连耿马县，北接临沧市。双江县因澜沧江、小黑江相汇于县境东南而得名。千百年来，双江县的先民们在澜沧江和小黑江畔繁衍生息、躬耕迁徙，留下了艰苦奋斗、追寻幸福的印记。双江县土地面积为 2157 平方千米，山区半山区占土地面积的 96.24%，东西最大横距 58 千米，南北最大纵距 64 千米。双江县因邦马山脉古夷平面抬升、错断、河流侵蚀切割作用而形成地面破碎、高差悬殊和西北高、东南低的地势形态。与耿马县交界的大雪山是双江县的最高点，海拔 3233 米；县境东南双江渡口为最低点，海拔 669 米，两者相对高差为 2564 米。境内主山呈阶梯状层叠，层上峰峦栉立，边沿破碎，层与层之间有陡坡地带。双江县地质构造分为侵蚀构造、构造剥蚀、侵蚀堆积、深岩地貌四大类型，地貌形态分为深切中山河谷地、河谷盆地和"V"型中山窄谷山地三种。地势高差悬殊，地质结构复杂，地形地貌多样，是双江县区域性贫困的自然地理因素。

双江县交通基础设施落后，交通网不发达。双江县内无铁路、无火车站，距离临沧机场 80 千米。双江县交通起步较晚，1955 年海孟公路（现国道 214 线）建成通车，双江县才结束了无公路的历史。目前，双江县的主要交通公路仍然仅有一条 G214 国道，无高速公路。通往外界的交通欠缺，交通网不发达。因县域地形地貌复杂，地势西北高、东南低、中部河谷，地貌高差悬殊，山地起伏、谷地相间，县内公路交通不便，建造成本大，至 1998 年，双江县才实现全县村村通公路；到 2011 年年底，乡（镇）到 76 个行政村（社区）仅有 6 个村铺设了简易弹石路面，其余村落路面均为砂石路或土路，人民出行极不便利，生产和生活均受到很大影响。贫乏的交通基础设施，使得自然资源丰富的双江县极难通过交通网与全国各地加强联系，将丰富的物产销售至国内外。根据与县领导访谈得知，当地新鲜水果，如火龙果，运往全国各大城市销售，因交通问题导致的坏果率达一半以上，可见双江县的交通落后程度。即使在实施精准扶贫后，以临双高速、临清高速双江段快速推进建设和临清铁路、双澜高速项目前期加紧推进为主要标志的重大交通基础设施取得较大突破，在短时间内或相当一段时间内（重大交通基础设施建设完成以前）仍然不能改变双江县交通网落后的现状。

双江县所处的地理位置属于我国西南部边境地区，地理位置偏远，山区半山区众多，地势地貌错综复杂，交通基础设施落后，交通网不发达，这些因素导致双江县地理区位上的贫困。

2. 多民族发展

双江县是全国唯一的拉祜族佤族布朗族傣族自治县，是国家确定的人口较少民族聚居县，境内辖 4 乡 2 镇 2 农场，有 76 个行政村（社区），551 个自然村，831 个村民（居民）小组，51638 户，16.5 万人。双江县内有 23 个少数民族，少数民族人口达 8.3 万人，少数民族人口占双江县总人口的 50.3%。拉祜族、佤族、布朗族、傣族 4 个主体民族的人口达 6.6 万人，占双江县总人口的 39.95%。布朗族属全国 22 种人口较少民族之一，人口 1.2 万人，占双江县总人口的 7.28%，占全国布朗族总人口的 12.2%。双江县是布朗族的主要聚居地和文化发祥地之一。

费孝通先生提出，"民族实际是因地因时而变化的"。因自然地理、自然资源等因素，千百年来，世居于某地的先民形成了属于自己的价值取向、文化基础、物质条件、风俗习惯，形成了不同于其他民族的独特特征。双江县世居于此的少数民族有 5 个：拉祜族、佤族、布朗族、傣族、彝族。拉祜族是跨境而居的山地民族，在双江县各乡（镇）均有分布，共有 91 个拉祜族聚居的自然村，另有 93 个自然村有不同程度的杂居情况，现有拉祜族人口 3.1 万人，占双江县总人口的 18.79%，占双江县少数民族人口的 47%。佤族是双江县境内最古老的世居民族之一，其定居年代早于拉祜族，主要聚居在沙河乡、邦丙乡、勐勐镇、勐库镇 4 个乡镇，共有 41 个佤族聚居的自然村，另有 97 个自然村有不同程度的杂居情况，现有佤族人口 1.3 万人，占双江县总人口的 7.88%，占双江县少数民族人口的 19.7%。布朗族主要分布在双江县县境东部澜沧江、小黑江沿岸的河谷地带，共有 38 个布朗族聚居的自然村，另有 84 个自然村有不同程度的杂居情况，现有布朗族人口 1.2 万人，占双江县总人口的 7.28%，占双江县少数民族人口的 18.18%，占云南省布朗族人口的 13.7%，占全国布朗族总人口的 12.2%。傣族被称为水的民族，自汉唐以来就有傣族人民居住在双江县境内，元末明初时云南西部的傣族陆续进入双江县境内，主要分布在勐勐镇、勐库镇两个坝子，在大文乡、忙糯乡的澜沧江沿岸也有少量分布，共有 40 个傣族聚居的自然村，另有 63 个自然村有不同程度的杂居情况，现有傣族人口 0.99 万人，占双江县总人口的 6.03%，占双江县少数民族人口的 15%。彝族属双江县境内的世居民族之一，主要聚居在勐库镇、勐勐镇、大文乡的 4 个自然村，另有 57 个自然村有不同程度的杂居情况，现有彝族人口 0.3 万人，占双江县总人口的 1.9%，占双江县少数民族人口的 4.19%。

在双江县的 5 个世居民族中，被确定为"直过民族"的分别是拉祜族、佤族、布朗族。"直过民族"特指那些新中国成立后直接由原始社会跨越到社会主义社会的民族。双江县少数民族众多，各民族文化不一、习俗不一、发展程度不一，被誉为"中国多元文化之乡"，这无形中为双江县的反贫困增加了不少难度，构成双江县特有的区域性贫困特征。

3. 自然资源禀赋

要做好精准扶贫、可持续脱贫，必须厘清贫困地区赖以生存发展的自然资源禀赋。自然资源的内涵非常丰富，包括气候、水文、土地、森林、矿产等方面。澜沧江、小黑江交汇于双江县县境东南，北回归线横穿双江县境。双江县属典型的南亚热带暖湿季风气候，年平均气温 20℃ 左右，年降雨量 1100 毫米左右，年人均水资源总量 1 万立方米，霜期仅为 10 天左右，气候温暖，光照充足，雨量充沛，草经冬而不枯，花非春亦不谢，被评为"中国绿色竞争力十强县""中国百佳深呼吸小城"，被誉为"北回归线上的绿色明珠"，有"一山分四季""十里不同天"的气候特点。双江县宜人宜居的气候环境，使其拥有丰富的自然资源。双江县光照充足，年平均日照为 2222 小时，有一定的热区土地资源，海拔 1300 米以下热区土地资源 83.07 万亩，占双江县总面积的 25.58%。双江县境内河流众多，属澜沧江水系，有大小河流 106 条，水资源 2.04 万亿立方米，水能蕴藏总量为 223 万千瓦。双江县土地面积 2157 平方千米，而山区半山区面积达 2075.90 平方千米，占双江县总土地面积的 96.24%。双江县现有耕地面积 35.16 万亩，占双江县总土地面积的 10.87%，全县农业人口均占有耕地 2.1 亩。耕地是绝大多数农民，特别是贫困地区农民赖以生存的自然资源。双江县森林资源丰富，森林覆盖率达 70.24%，有国家二级保护植物 5 种，三级保护植物 10 种。森林类型为热带亚热带典型森林类型，有热性阔叶林、暖热性阔叶林和针叶林、暖性阔叶林和针叶林、暖凉性阔叶林和针叶林等森林类型。双江县现有林业用地面积 251.95 万亩，占双江县土地面积的 77.87%。其中用材林树种有：云南松、华山松、思茅松、旱冬瓜、桉树等；经济林主要树种有：橡胶、茶树、纯叶黄檀、杧果等。双江县丰富的森林资源孕育着丰富的物产，拥有大量的动植物资源。双江县内植物资源有 62 科 145 属 288 种，其中粮食作物有：水稻品种 192 个、陆稻品种 33 个、玉米品种 14 个、麦类品种 14 个等；经济作物有：甘蔗、花生、油菜、生姜、辣椒、草淤、棉花、席草、麻类及蔬菜等；药材香料有：胡椒、砂仁、草果等 60 种。双江县内有野生动物资源 87 种，兽类 40 种、鸟类 47 种，其中动物药材有 34 科 38 种。水产鱼虾类种类多样，有青鱼、红鲫鱼、刺花鱼、扁头鱼、刀把鱼、白花鱼、面瓜鱼、麦穗鱼等数十种。双江县同样拥有丰富的矿产资源，2004 年矿产勘查，又新发现地热、稀土、高岭土、硅石、沸石、花岗岩、砖瓦黏土等矿种，矿床（点）80 个。

自然资源作为潜在的社会资本，是经济增长的重要促进因素。拥有丰富的自然资源往往被视为"天赐福音"，但在现实中却不尽相同，如日本、韩国等国家或地区，所拥有的自然资源并不十分丰富，经济发展却相当迅速，经济发展水平相当好；相反，如南非、中东等国家或地区，所拥有的自然资源十分丰富，却都出现了经济增长放缓甚至停滞的局面，在一些国家或地区还出现了经济倒退和战争不断的局面。尽管造成这种现象的原因很多，但"富饶的贫困"却让人不禁遐想，这些地区是否遭到了"资源诅咒"。增长乏力、资源枯竭、环境破坏等一系列问题是资源型地区所要面对的可持续发展问题，而贫困等社会民生问题同样是其所要解决的突出问题。双江县拥有丰富的自然资源禀赋，如何发挥好自然资源禀赋优势，打破"资源诅咒"，促进经济增长，从而解决区域性贫困，是双江县亟待解决的问题。

4. 社会经济发展

根据双江县国民经济和社会发展统计公报显示，2012年双江县实现地区生产总值23亿元，比2011年增长16.7%。其中：第一产业增加值6.8亿元，比2011年增长7%；第二产业增加值9.5亿元，比2011年增长23%；第三产业增加值6.7亿元，比2011年增长13%。2012年双江县完成地方财政总收入2.75亿元，比2011年增长46%，其中：地方公共财政预算收入完成1.62亿元，比2011年增长59.4%。2012年双江县城镇居民人均可支配收入15444元，比2011年增长13%。2013年双江县实现地区生产总值30亿元，比2012年增长30.43%，增幅位居临沧市第一。其中：第一产业增加值9.0亿元，比2012年增长4.2%、同比回落2.8个百分点；第二产业增加值12.9亿元，比2012年增长30.1%、同比提高3.8个百分点；第三产业增加值8.1亿元，比2012年增长12.7%、同比回落3.8个百分点。2013年双江县完成地方财政总收入4.0亿元，比2012年2.75亿元增收1.25亿元，增长45.37%，其中：地方公共财政预算收入完成2.25亿元，比2012年1.62亿元增收6318万元，增长39%。2013年双江县城镇居民人均可支配收入18001元，比2012年15444元增加2557元，增长16.6%。2013年农村居民食品消费支出占消费总支出的比重为51.39%，城镇居民食品消费支出占消费总支出的比重为43.93%。2014年双江县实现地区生产总值33亿元，比2013年增长

10.8%，比 2013 年同期下降 6 个百分点，低于临沧市 0.4 个百分点，增幅位居临沧市第三。其中：第一产业增加值 9.8 亿元，比 2013 年增长 6.4%、同比提高 2.2 个百分点；第二产业增加值 14.3 亿元，比 2013 年增长 12.6%、同比回落 17.5 个百分点；第三产业增加值 9.3 亿元，比 2013 年增长 12.6%、同比回落 0.1 个百分点。2014 年双江县完成地方财政总收入 4.62 亿元，比 2013 年 4.0 亿元增收 0.62 亿元，增长 15.65%，其中：地方公共财政预算收入完成 3.14 亿元，比 2013 年 2.25 亿元增收 0.9 亿元，增长 39.41%。2014 年双江县城镇居民人均可支配收入 19273 元，比 2013 年 18001 元增加 1271 元，增长 7.06%。双江县 2012 年、2013 年和 2014 年主要经济指标数据如表 1-1 所示。

表 1-1　双江县主要经济指标数据

年份	地区生产总值	地方财政总收入	地方公共财政预算收入	城镇居民可支配收入
2012	23 亿元	2.75 亿元	1.62 亿元	15444 元
2013	30 亿元	4.0 亿元	2.25 亿元	18001 元
2014	33 亿元	4.62 亿元	3.14 亿元	19273 元

数据来源：根据双江县国民经济和社会发展统计公报整理所得。

根据双江县 2012 年、2013 年和 2014 年统计公报数据，双江县地区生产总值平均增长率在 10% 以上，增速较好，但地区生产总值基数小，经济薄弱。2013 年双江县人均 GDP 仅为 16718 元，远低于当年全国水平和当年云南省水平。从产业发展情况来看，第一产业平稳发展、第二产业呈现快速发展态势、第三产业发展态势良好，但总体产业规模小，规模化产业不足。双江县财政总收入增长较快，但总体财政收入量偏小。城镇居民人均可支配收入仅为 15444 元、18001 元和 19273 元，远低于全国城镇居民可支配收入和云南省城镇居民可支配收入，城镇居民人均可支配量小。而 2013 年双江县农村居民食品消费支出占消费总支出的比重为 51.39%，城镇居民食品消费支出占消费总支出的比重为 43.93%，城镇和农村居民食品消费支出占总支出的比例过高，恩格尔系数大，社会经济压力大。总体而言，双江县的社会经济发展取得了一定的成就，但经济基础差，基础薄弱，城镇居民人均可支配收入低，食品消费支出占比高等，这些因素制约了双江县经济社会发展，也是导致双江县区域性贫困的重要因素。

（二）双江县贫困的历史回顾

1. 贫困状况

贫困不仅仅是物质财富的绝对贫困，也是自我发展能力不足或自我发展不足的体现。贫困是历史发展遗留的产物，在深刻认识到贫困的根源，剖析贫困现状的基础上，才能找到自我发展的道路。双江县根据中央的重大战略部署，于 2014 年开展贫困对象识别和年度动态管理。全县共识别有 2 个贫困乡（镇）、32 个贫困村（其中深度贫困村 6 个）、建档立卡贫困人口 7514 户 28682 人。多年以来，双江县坚持把发展优势产业、繁荣农村经济作为首要任务，认真落实支农惠农政策，优化财政支出结构，大幅度增加农业农村投入，广泛开展田、路、渠综合治理，夯实农业基础；切实解决好"直过民族"贫困人口的脱贫问题，如实施扶持人口较少民族发展项目和华能集团帮扶项目，为"直过民族"地区脱贫创造了有利条件。

一直以来，双江县以丰富的自然资源禀赋为资本，充分发挥自我优势，积极发展县域经济、农村经济，为农村脱贫致富创造了一定条件，在反贫困上也取得了一定成就。但由于特殊的历史、地理、社会发展程度等原因，导致双江县的县域贫困，其主要体现有：

一是贫困面广。双江县贫困乡（镇）占全县乡（镇）的三分之一，贫困村（社区）占全县所有村（社区）的 42.1%，而 96.1% 的行政村（社区）有贫困人口分布。二是贫困程度深。贫困人口超过千人以上的行政村有 6 个，在 32 个贫困村中有 6 个为深度贫困村。三是扶志与扶智任务重。2011 年，双江县人均受教育年限仅为 6.7 年，贫困户中文盲半文盲 3083 人、占 10.75%，小学学历 13698 人、占 47.76%，初中学历 4361 人、占 15.20%，高中学历 426 人、占 1.49%，大专学历 262 人、占 0.91%，本科学历 118 人、占 0.41%，硕士学历 4 人。双江县贫困人口受教育程度低、文化水平差，低学历人口较多，扶志与扶智压力大。四是多种致贫因素叠加。双江县所有贫困户致贫原因中因缺技术致贫占 71.77%。而贫困人口劳动力类型中，普通劳动力占 57.64%，技能劳动力仅占 1.76%。大部分贫困人口致富能力较弱，需要提高勤劳致富的意识和能力。贫困户中缺技术及因病、因残等致贫原因叠加，住房、收入等问题需要同时解决的情况比较突出，需多措并举才能实现脱贫。五是"直过民族"脱贫任务重。"直过区"总体发展滞后，整体性贫困程度较深、贫困面大。贫困人口中"直过民族"占 48.2%，高出"直过民族"人口与全县人口比例 12 个百分点。2016 年，双江县规划内的 5 个"直过民族"聚居区有建档立卡贫困人口 1073 户 4169 人，占全县未脱贫贫困人口 11665 人的 35.7%，贫困发生率达 47.8%，比全县贫困发生率 7.69% 高出 40.11 个百分点。"直过民族"贫困人口中，因病致贫 76 户，占 5.1%；因学致贫 50 户，占 3.4%；因残致贫 20 户，占 1.3%；缺土地致贫 7 户，占 0.5%；缺水致贫 65 户，占 4.4%；缺技术技能致贫 561 户，占 38%；缺劳动力致贫 294 户，占 20%；缺资金致贫 395 户，占 26.7%；交通条件落后致贫 9 户，占 0.6%。"直过民族"人均受教育年限低于双江县全县受教育年限的平均水平，人均受教育年限不到 6 年，没有学前教育，辍学率偏高，劳动力文盲多。"直过民族"聚居区至今还有 469 人不能熟练使用国家通用语言，不愿与外界交流，多数还沿袭传统粗放的生产生活方式，部分群众不善于当家理财，安于现状。六是基础设施制约突出。交通设施交通条件落后明显。贫困人口中交通条件落后者 339 户 1335 人，占全县总贫困人口的 4.49%。1955 年海孟公路（现国道 214 线）建成通车，1998 年实现全县村村通公路，到 2011 年年底，乡（镇）到 76 个行政村（社区）只有 6 个村铺设了简易弹石路面，其余均为砂石路或土路，晴通雨阻的现象十分突出，大部分自然村不通公路，交通基础设施无法满足群众的发展需要，需进行特殊帮扶。

2. 贫困的历史回顾

双江县的解放，标志着双江县各民族走进历史的新篇章，同时标志着双江县拉祜族、佤族、布朗族三个世居民族所延续几千年的原始社会走到了尽头，广大拉祜族、佤族、布朗族人民群众和双江县汉族、傣族等各族人民群众共同迈入新时代，迈进社会主义社会。新中国成立初期，双江县的农业生产基础单薄，农业设施简单，农业生产工具缺乏，以传统的刀耕火种方式生产，"靠天吃饭"的现象明显，粮食作物种类单一，粮食产量较低。1949 年双江县共有粮食播种面积 110290 亩，总产量为 12636.528 吨。除传统农业外，工业基础几乎为零。改革开放实施以后，随着农业科技的发展，双江县农业经济得到稳步发展，农业基础设施得到较大改善，粮食生产得到较快发展。虽伴随着改革开放和科技发展，双江县农业经济发展得到稳步发展，但仍不能满足双江县社会发展需要和人民生活需要。1985 年，双江县改为双江拉祜族佤族布朗族傣族自治县时，工业经济从无到有，但工业基础设施落后，基础产业极其薄弱，整体水平低，工业总产值仅为 1123 万元，固定资产投资仅为 676 万元。双江县的交通起步较晚，最早开始于 20 世纪 50 年代，海孟公路（现国道 214 线）建成通车后，才结束了双江县无公路的历史。1998 年 3 月，双江县才实现了村村通公路。至 2011 年年底，才实现乡（镇）到 76 个行政村（社区）中 6 个村铺筑简易弹石路面，其余均为砂石路或土路，晴通雨阻的现象十分突出，生产和生活均受到很大影响。

1982 年，"三西"地区（甘肃河西、定西和宁夏西海固）扶贫开发实验地的确定，标志着我国区域性扶贫开发的开端。双江县于 2001 年被国务院确定为国家扶贫开发工作重点县。2011 年，双江县被列入 14 个集中连片特殊贫困地区的滇西边境片区贫困县。2001 年双江县被确定为国家扶贫开发工作重点县时，有贫困人口 96050 人，贫困发生率高达 74.6%；2011 年双江县被列为滇西边境片区贫困县时，有贫困人口 52800 人，贫困发生率高达 35.4%。2014 年，双江县开展贫困户建档立卡识别以来，共识别有 2 个贫困乡（镇）、32 个贫困村（深度贫困村 6 个）、建档立卡贫困人口 7514 户 28682 人。

一个国家或地区的发展水平，取决于这个国家或地区的自然资源禀赋、人力资源、经济结构、基础设施（特别是交通设施）、人文历史环境和社会发育程度等各个方面的因素。自然资源禀赋、人力资源、经济结构、基础设施（特别是交通设施）等因素最终制约着这个国家或地区人民的生活状况和生活质量。双江县特殊的地理位置、特殊的人文环境以及经济社会历史的发展等因素，导致了双江县人民群众现有的生活状况，导致了双江县长期的贫困问题。

二、双江县农村生计特点、贫困村分布及其特点

（一）农村生计特点

生计是人类谋生的根本，是人类利用自然赋予的资源（自然环境或自然资本）获取生存生活必需品的载体，是形成人类文化独特性的土壤。而从自然资本中的食物获取，尤其是食物的获取手段，是最显著的人类文化地域性特征。食物的获取手段，即表现为生计方式。生计方式作为人类社会生存的最基本活动，在很大程度上依赖于

人类所处的自然环境和社会环境。自然资本是影响生计和贫困的重要因素。生计模式是指个人或家庭根据自身所拥有的生计资本来选择适宜自身或家庭的生产、经营和谋生活动以实现生计目标的过程。生计模式是人们为了相对稳定地维持生活所采取的策略或办法，它与人们的生产生活息息相关。

双江县拥有丰富的自然资源，特别是人类赖以生产的耕地资源和林地资源。双江县51638户16.5万人口中有40586户15.4万人为农业人口，占双江县总人口的93.33%；有耕地面积35.16万亩，人均耕地面积2.1亩；有林地面积251.95万亩，森林覆盖率达70.24%。双江县因茶而闻名，有23万亩生态茶园，13万茶农。双江县自明朝开始就大面积种植茶叶，农户以采摘茶业为生。双江县是中国勐库大叶种茶源生地，其中勐库大雪山的1.3万亩野生古茶树群，是目前世界上已发现的海拔最高、面积最广、密度最大、原始植被保存最完整的、抗逆性最强的第一野生古茶树群落，被中国城市竞争力研究会授予"世界古茶原乡第一标志地"称号、被中国国土经济学会授予"中国国土古茶树种质基因宝库"称号，双江县域内以野生古茶树群为核心的5412公顷林区被国家林业局确定为"云南省双江古茶山国家森林公园"。双江县是全国重点产茶县、全国最美茶乡、云南省高原特色现代农业茶产业十强县。双江县是云南优质普洱茶生产基地，以勐库大叶种茶为原料生产的普洱茶，被国家农业部认证为无公害放心茶。

北回归线横穿双江县境，县内气候属典型的南亚热带暖湿季风气候，年平均气温20℃左右，年降雨量1100毫米左右，霜期仅为10天左右，气候温暖，光照充足，雨量充沛，草经冬而不枯，花非春亦不谢。双江县县域地形地貌复杂，地势高差悬殊，呈现出西北高、东南低、中部河谷的地势形态。主山呈阶梯状层叠，层上峰峦栉立，边沿破碎，层与层之间有陡坡地带，山地起伏、谷地相间。双江县拥有23个少数民族，其中拉祜族、佤族、布朗族、傣族为主体民族，拉祜族、佤族、布朗族三个民族为"直过民族"，民族风俗鲜明。双江县农村贫困程度深、素质型贫困突出，社会事业发展缓慢，产业发展难度大。双江县地理位置偏僻，经济社会发育程度较低，特殊的自然环境、社会经济环境和人文历史环境等形成了属于双江县农村的农民生计特点。双江县农民以传统刀耕火种农业为生，即以传统种植、养殖为主要农耕生计模式，生计资本匮乏，生计来源单一。传统农村生计的基础是农耕，通过耕作方法、栽培品种、灌溉形式等表现出相同或相异的内容，形成与自然环境紧密相连的旱作、稻作、桑蚕、油料、棉花、养殖、渔猎、放牧等农耕生计模式。同时，为补充农耕收入的不足，又相应产生了简单的手工、商业、文娱等辅助性生计方式，维系着双江县千百年来不变的生计模式。

（二）贫困村分布及其特点

贫困是人类社会发展客观存在的现象，贯穿于整个人类文明历史进程。解决贫困问题，特别是解决农村地区的贫困问题，城乡统筹协调发展，从地理区域上消除贫困，是我国经济社会发展所面临的重点问题。为有效解决农村贫困问题，中国政府将以扶贫开发工作重点村为对象的"整村推进"作为新阶段农村扶贫工作的一项关键措施，于2015年提出并开始全面实施精准扶贫、全面脱贫的国家战略，从而解决农村贫困问题，实现贫困陷阱的破解。

双江县有76个行政村（社区），2014年开展贫困对象识别和年度动态管理，共识别有2个贫困乡（镇）、32个贫困村（其中深度贫困村6个），在档建档立卡贫困人口7514户28682人。双江县非贫困村、贫困村和深度贫困村占比情况如图1-1所示。双江县的2个贫困乡（镇）分别为忙糯乡、勐勐镇。32个贫困村分布在各乡镇情况为忙糯乡7个、大文乡5个、邦丙乡3个、沙河乡4个、勐勐镇10个、勐库镇3个。32个贫困村中17个分布于两个贫困乡（镇），超过半

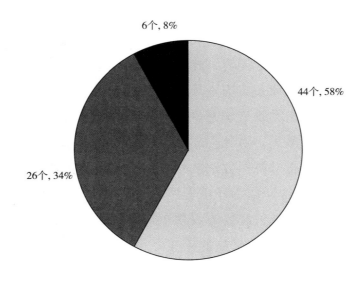

图 1-1　双江县非贫困村、贫困村及深度贫困村比例

数贫困村分布于贫困乡（镇），而忙糯乡和勐勐镇两贫困乡（镇）毗邻，呈现出贫困村集中分布的特点。勐勐镇为县城所在地，平均海拔在 1000 米左右，境内平面地貌趋似扇形，东部高，西部低，气温垂直分布明显，具有立体气候特点。历史上的双江县，曾经是令人谈虎色变的"瘴疠之乡"，百姓中有"要下勐勐坝，先把老婆嫁"的民谣。1929 年设双江县时，为避瘴疠，当时政府冬春在勐勐，夏秋移营盘（现沙河乡营盘村），两地办公。忙糯乡毗连双江县城勐勐镇，在县城东南部，平均海拔在 1850 米左右，乡境内最高海拔 2728 米，最低海拔 670 米，海拔高差达 2058 米，境内地势西北高东南低，群山连绵，坡陡箐深，干湿季分明，同样具有立体气候突出的特点。双江县地形地貌复杂，山地、高原面积广大，自然灾害频繁，交通状况恶劣、水土流失严重，山地丘陵区、高寒区、生态脆弱区、少数民族区和边境地区集聚分布，县域贫困村分布呈现出随自然环境条件分布的特点，主要集中在自然条件相对恶劣的地区。双江县特殊的地理地势、自然气候和社会发展等因素，导致贫困村的空间分布极不均衡，

贫困村的空间聚集特征较为明显，总体分布呈现大分散小集中空间格局。

（三）农村生计与贫困分布成因

"可持续生计"理论，是指个人或家庭所拥有和获得的能用于谋生和改善长远生活状况的资产、能力和有收入活动的集合。基于"可持续生计"理论，结合双江县特殊的地理区位、复杂的地域地貌、独特的历史文化、经济社会发展程度等因素，分析双江县的农村生计方式特点和贫困村空间分布格局，其农村生计与贫困分布成因主要有：

一是自然地理因素的独特性。自然资本是影响生计和贫困的重要因素，自然资本要素包括地理位置、气候、动植物资源等可作为生计资本的要素。双江县地处云南省西南部，属我国西南边疆边境区，远离城市中心，地理位置偏远，贫困村密集区域在地理区位上远离经济增长中心，甚至远离双江县经济增长中心，即贫困村位于地质地貌复杂、地形较为破碎、交通不便等的大山腹地，被地区经济增长中心所孤立，成为地区经济增长的"孤岛"。加上受双江县区域内地形地貌复杂，地貌高差悬殊、山地谷地相间等自然地理因素影响，双江县生态环境生态系统具有脆弱性和封闭性特点，使得贫困村处于相对封闭和孤立的地理区位。地形地貌复杂，地貌高差悬殊、山地谷地相间等自然地理因素在一定程度上导致了双江县贫困村被切割为既在整体上相对脱离外部发达地区而在近处又彼此相互封闭的状况。

二是独特的民族文化历史。除自然地理、自然资源等影响生计和贫困的因素外，民族、历史、政治和文化等方面的因素也是影响生计和贫困的重要因素。从历史上来看，双江县的开发历史实际上就是一部汉族农耕文明的推广史。双江县是全国唯一的拉祜族佤族布朗族傣族自治县，多个民族交错杂居，境内居住着 23 个少数民族，少数民族人口占 50.3%，4 个主体民族人口占 39.95%，3 个"直过民族"占 33.92%，布朗族是全国人口较少民族，占全县总人口的 7.28%。双江县一直以来是我国少数民族聚集区域，因而从双江县的发展历史来看，其发展历来不受当时统治者们的重视，甚至为达到统治者们的目的派军队直接镇压，从政治和经济等多方面压迫当地少数民族。直到新中国成立后，双江县经过了几次大的历史发展阶段，如剿匪、土地改革、民族区域自治等，当地少数民族，特别是拉祜族、佤族、布朗族 3 个少数民族直接从原始社会、奴隶社会过渡到社会主义社会。当地经济水平相对低，农业生产还停留在"刀耕火种""打猎捕鱼"的农耕时代，社会发育相对滞后，生活质量差，生产力发展水平极低。

三是劳动能力的缺乏。人力资本同样是影响生计和贫困的重要因素。基于"可持续生计"理论，生计是谋生的方式，是建立在个人或家庭的能力、资产以及相关活动等基础之上的，个人或家庭的能力、资产包括人力、财力、物力等。人力资本，即人（劳动者）本身，包括劳动者的知识、技能、能力和健康状况等。人力资本的关键在于劳动力素质，包括个人或者家庭的劳动力数量、劳动能力、受教育程度等。双江县地广人稀，自然资源丰富，农村以农耕生产为主，随着土地承包责任制的实施，农村劳动力逐渐富余，劳动力充足，劳动力资源丰富，因而较少存在劳动力供给不足的问题。受教育程度不仅对个人或家庭来说相当重要，对一个地区来说同样重要。文化教育水平与贫困发生率、贫困发生程度之间存在显著的相关性。由于双江县经济文化水平长期处于相对落后状态，导致教育发展状况也相对滞后，基础教育薄弱一直是阻碍双江县经济社会发展的一个关键性因素。双江县成立时仅有 4 名教师 25 名学生。2013 年，全县共有各级各类学校 100 所，有教师 1943 名，在校学生 21975 名，小学适龄儿童入学率达 99.01%，初中入学率达 96.02%，高中在校生 1599 人，人均受教育年限仅为 6.22 年，低于全国、全省、全市平均水平。健康状况作为人力资本重要的一项，也是影响农村生计和贫困的因素。在广大农村地区，农户的身体健康状况对于整个家庭的发展尤为重要。双江县贫困村中农户的身体健康状态是一个不容忽视的因素，因病致贫 725 户 2676 人、占 9.65%，因残致贫 564 户 2048 人、占 7.51%，整体占比相对较高。劳动能力是指劳动者所拥有的种植或养殖方面的知识、个体经营的技能等。劳动能力也是生计和贫困的重要因素，双江县贫困村农户的自我发展内生动力不足。由于社会发育程度和群众的文化素质较低，千百年来不变的传统耕种模式，自给自足的原生态生活，孕育出当地居民的惰性，到 2013 年，农村生产型人才占 41%，经营性人才占 18%，技能型人才仅占 0.38%。科技推广难度大，群众致富的办法不多，商品意识、竞争意识不强，自我发展能力还比较弱，"等靠要"思想还比较突出，靠艰苦奋斗改变命运的动力不足。

四是物质资本的匮乏。影响生计和贫困的重要因素中还包括物质资本因素。物质资本包含赖以生存的基本生产生活资料、基础设施等。双江县地理位置偏远，自然环境恶劣以及缺乏必要的防护措施，公共基础设施缺乏，特别是交通、能源水利、网络等基础设施欠缺或落后。"要想富，先修路"，表明交通的重要性。交通是地区发展的动脉，是乡村发展的动脉，也是贫困村"走出去，引进来"发展经济的基本前提。交通既是一个区域传输所需物质和能量的通道，又是发挥聚落、村庄、集镇集聚和辐射作用的桥梁纽带。交通的便捷度是影响贫困村发展的一个重要因素。1955 年，国道 214 线（双江段）通车，双江才结束了无公路的历史。到 2011 年年底，乡（镇）到 76 个行政村（社区）只有 6 个村铺筑简易弹石路面，其余均为砂石路面，晴通雨阻，大部分自然村不通公路，交通基础滞后制约发展突出。大部分群众生活在高寒边远山区和沿江一线。2013 年年底，全县还有 C、D 级危房 28612 户，水、电、路、广、网、医、教等公共资源配置严重不足，生产生活条件较差。

三、双江县贫困户致贫原因分析及其主要表现

（一）贫困户致贫原因

2014 年年底，双江县共识别出建档立卡贫困乡（镇）2 个，贫困村 32 个，贫困人口 7514 户 28682 人，贫困发生率 16.93%。在建档立卡贫困户中，一般贫困户 4706 户 18179 人，低保贫困户 2712 户 10197 人，特困供养贫困户 96 户 306 人。双江县贫困户类型及人数情况，如表 1-2 所示。根据表中数据可知，双江县贫困户类型主要集中在一般贫困户，但低保贫困户数量不少，增大了双江县脱贫攻坚任务难度。

表 1-2　双江县贫困户类型分布情况

	一般贫困户	低保贫困户	特困供养贫困户	合计
户数（单位：户）	4706	2712	96	7514
人数（单位：人）	18179	10197	306	28682

数据来源：根据双江县委县政府提供的双江县脱贫攻坚工作情况报告整理所得。

对双江县建档立卡贫困户 7514 户 28682 人进行分析，发现致贫原因多样，且存在重叠现象。具体为：因缺技术致贫 5393 户 20870 人、占 71.77%，因病致贫 725 户 2676 人、占 9.65%，因残致贫 564 户 2049 人、占 7.51%，因缺劳动力致贫 331 户 1163 人、占 4.41%，因交通条件落后致贫 385 户 1452 人、占 5.12%，因缺土地致贫 37 户 143 人、占 0.49%，因缺资金致贫 40 户 161 人、占 0.53%，因学致贫 31 户 126 人、占 0.41%，因灾致贫 5 户 27 人、占 0.07%，因丧致

贫 3 户 15 人、占 0.04%。双江县贫困户致贫原因及人数情况，如表 1-3 所示。

表 1-3 双江县贫困户致贫原因及人数情况

	户数（单位：户）	人数（单位：人）	百分比（%）
因缺技术致贫	5393	20870	71.77
因病致贫	725	2676	9.65
因残致贫	564	2049	7.51
因缺劳动力致贫	331	1163	4.41
因交通条件落后致贫	385	1452	5.12
因缺土地致贫	37	143	0.49
因缺资金致贫	40	161	0.53
因学致贫	31	126	0.41
因灾致贫	5	27	0.07
因丧致贫	3	15	0.04
合计	7514	28682	100

数据来源：根据双江县委县政府提供的双江县脱贫攻坚工作情况报告整理所得。

根据表 1-3 可知，双江县致贫原因中，最主要的致贫原因为因缺技术致贫，占全部贫困户人数的 71.77%。因病、因残、因缺劳动力等农户自身身体健康原因的比例达到 21.57%，是不容忽视的致贫因素。因交通条件落后致贫达到 5.12%，这与双江县落后的交通基础设施相符。因生产要素致贫占比较低，这说明双江县自然资源禀赋丰富度较高，与双江县自然资源禀赋相符。

（二）贫困户致贫原因主要体现

新世纪开始，我国进入了全面建设小康社会的关键时期，而农村的发展问题就显得比较突出，特别是贫困地区农村在自然条件、经济基础、公共服务、人口质量等方面仍存在很大差距，犹如全国小康社会建设中的一块"洼地"。双江县作为贫困地区之一，特别是作为边境地区，其贫困问题的解决就尤为重要。上述在分析双江县县域贫困和贫困村分布特征时，已经就地理区位、多民族元素、自然资源禀赋、交通基础设施、社会发展程度等宏观因素多次分析了双江县的贫困问题，这些宏观因素同样是贫困户致贫因素，在分析贫困户致贫原因时不再详述，而是从贫困户本身出发，以微观的视角剖析双江县贫困户致贫的主要原因。双江县贫困户致贫原因主要有：

1. 贫困户文化素质偏低，自身发展能力不足。受双江县地域条件影响，贫困户眼界有限。贫困人口文化水平偏低，接受新科技、新思想的能力也比较弱，生产、生活方式相对落后，在一定程度上存在"等、靠、要"的思想，农户自身缺乏自力更生、艰苦创业、勇于致富的劲头。由于文化生活的贫乏，生活只限于填饱肚子，生活质量不高。贫困地区经济发展状态相对滞后，公共文化基础设施简陋，农村里面开展文化活动还是以电视和广播等传统媒介为主，这些现实条件在很大程度上阻碍了农民素质的提升。双江县贫困户中初中以下学历占 73.71%，整体文化程度不高。具体数据显示，双江县贫困户中文盲半文盲 3083 人、占 10.75%，小学学历 13698 人、占 47.76%，初中学历 4361 人、占 15.20%，高中学历 426 人、占 1.49%，大专学历262 人、占 0.91%，本科学历 118 人、占 0.41%，硕士学历 4 人。贫困地区农村人口文化素质低下，难以理解和学习最新的农业科学技术，无法很好地接受和掌握现代农业技能，现代化农业生产就无法有效地推广和普及，导致农民只能靠天吃饭，仍然从事着传统的农耕生产。由于种种原因，贫困人口因贫辍学因贫失学，特别是贫困地区农村因贫辍学因贫失学现象尤为突出，又因辍学失学而成为新一代贫困人口，进而导致贫困代际传递现象发生。农村劳动力文化素质低，受教育程度低，既是贫困的结果，又是造成贫困的原因。由于农村劳动力文化素质低，受教育程度低，没有良好的知识素质，在发展家庭经济时缺计划、缺技术、缺管理能力，即使外出打工，由于知识水平的限制，导致收入也与非贫困户有很大差距，进而缺乏脱贫致富的信心和决心。

2. 缺乏农业技术，劳动技能单一。双江县贫困户在从事劳动类型中，从事普通劳动者 16532 人、占 57.64%，从事技能劳动者 505 人、仅占 1.76%。从事技能劳动人数少，占比低，大多数贫困户只能从事简单的依靠体力的劳动活动。在对双江县主要致贫原因分析时发现，因缺技术致贫的占 71.77%，劳动力技能单一或缺乏，多从事简单劳动或传统劳动，通过劳动劳作带来的经济收益有限或收入能力有限。劳动力素质的低下造成了劳动力转移的困难，从而无法解决农村剩余劳动力的问题。只上过初中和小学以及没上过学的劳动力学习能力和接受能力差，思想封闭，要想再学习其他劳动技能会更难，使得务农成为其谋生的唯一手段，无法走出农村，从而失去了就业的能力和就业机会。而劳动力文化素质的低下导致其社会竞争力低下，难以提高其生活水平，其子女也因此失去了接受更多教育的机会，因此形成一个恶性循环，大大增加了脱贫难度。

3. 因病因残致贫现象普遍，劳动能力匮乏。在双江县所有致贫原因分析中，有个不容无视的致贫原因，就是农户身体健康状况问题。具体而言，因病、因残、因缺劳动力等农户自身身体健康原因的比例达到 21.57%。缺劳动力的贫困人口是扶贫工作的难点。在对贫困户劳动力分析时，普通劳动力 16532 人、占 57.64%，技能劳动力 505 人、占 1.76%，弱劳动力或半劳动力 1455 人、占 5.07%，丧失劳动力 417 人、占 1.45%，无劳动力 9773 人、占 34.07%。目前，在农村社会保障机制还不够健全，仍需进一步完善的情况下，如果农村家庭中有残疾人、重大疾病患者或年老丧失劳动能力等成员，这些家庭成员不仅不能通过自身的劳动来获得收入，反而还会因为长期的治疗、照顾等增大家庭的支出，有的甚至会导致家庭债台高筑，使得家庭长期陷入贫困之中。因病因残等原因导致的贫困户很难通过自身或家庭的努力来实现脱贫，即使脱了贫也很容易返贫，需要政府和社会对这一类贫困户进行救助，是农村扶贫工作的难点。而对于绝大多数贫困户来说，特别是农村地区贫困户来说，为节约家庭支出或不影响家庭收入，常常在生病以后，小病扛、大病拖，一直扛到或拖到不能再扛、不能再拖，而此时的治疗费用就成了贫困户家庭沉重的负担。对于因病因残致贫这类贫困户，长期治疗所积累的医疗费用、长期生病对身体和心理的压力，压得他们喘不过气来，自身无精力，更无信心摆脱贫困。

4. 农户的收入来源单一，家庭经济基础过于薄弱。对于一个家庭，收入来源途径多样，是保障家庭收入稳定的重要手段，也决定了家庭经济发展。家庭收入来源单一，家庭承担风险的能力就较弱。家庭收入主要体现在家庭成员所从事的行业上。根据双江县国民经济和社会发展统计公报显示，2014 年双江县乡村从业人员 82858 人。在农村从业人员中，从事第一产业人数为 63775 人、占农村从业人员的 77%，从事第二产业人数为 7865 人、占农村从业人员的 9.49%，从事第三产业人数为 11218 人、占农村从业人员的 13.54%。从从业人员所从事的产业来看，双江县农户收入主要来源于农业。而农民所从事的农业多以种植茶业为主。以种植业为主要收入来源，因自然条件的束缚，农户家庭的经济基础相对薄弱，只靠种植农作物来大幅度增加收入是不可能的。当面临自然灾害、重大疾病等风险时，因缺少资金、技术、门路，很容易陷入贫困当中。而农业自身的不稳定性与较低的收入水平，为贫困的产生创造了温床。农村农户除所从事工作的收入外，因家庭经济基础薄弱，存款数量少，或者有存款但不愿意投资的现象，从而导致其他收入来源缺乏，使得农户脱贫能力有限。

自改革开放以来到"精准扶贫"方略的提出，我国扶贫开发政策历经了"八七扶贫"攻坚战略、"西部大开发"战略和中国农村扶贫开发纲要（2011—2020）等，这些政策大大减少了我国贫困人口，这无疑取得了巨大的成就。而隶处于滇西连片特困区的双江县在扶贫开发的大环境下得到了长足发展，但由于双江县的地理区位、自然资源禀赋、多民族元素和经济社会发展等因素制约，双江县仍具有贫困人口分布广、贫困化程度深、基础设施薄弱、市场体系不完善、经济发展水平低、基本公共服务不足等贫困特点。本章通过对双江县贫困的区域性特征及其历史回顾、农村生计特点和贫困村分布及特点、贫困户致贫原因及其主要表现等方面进行分析，采取从宏观到微观的视角，即从县到村到户的分析视角，深刻剖析双江县致贫原因和致贫体现，为后续总结双江县脱贫典型做法提供依据，也为决胜脱贫攻坚战以后继续巩固脱贫成效和乡村振兴发展提供一定的参考。

第二章

脱贫攻坚总体部署和
主要措施

双江县委、县政府坚持以习近平新时代中国特色社会主义思想为指导，坚持精准扶贫、精准脱贫基本方略，以脱贫攻坚统领经济社会发展全局，把脱贫攻坚作为最大政治责任、最大民生工程、最大发展机遇，举全县之力推进脱贫攻坚各项工作。双江县将脱贫攻坚与民族团结进步创建有机结合，针对致贫原因中超过 70% 为缺技术的实际，以贫困户综合素质提升为根本，全方位提升脱贫攻坚成效。机制上不断创新，通过健全组织机构、完善协调机制、强化宣传教育、突出技术帮扶、夯实基础设施、谋划帮扶资源等途径统领县域发展全局；政策上强化保障，通过严格纳入条件、着眼想干会干、结合贫情实际、瞄准短板弱项、强化资源整合、严格程序标准等举措，精准实施脱贫攻坚措施；责任上狠抓落实，通过加强组织领导、强化纪律约束、推动工作创新、开展主题教育等措施，有效确保脱贫攻坚质量。同时，双江县在摘帽后多措并举，通过保持扶贫政策持续，构建脱贫长效机制，将脱贫攻坚与乡村振兴战略有机对接，不断提升脱贫质量，推进全县同步小康。

一、机制创新：脱贫攻坚统领县域发展全局

双江县委、县政府认真学习贯彻习近平总书记关于脱贫攻坚的重要论述，按照中央、省、市的决策部署，严格落实"党政'一把手'

负总责、五级书记抓扶贫"责任制，紧紧围绕"两不愁三保障"目标，以扶贫政策为依据，以农户自我发展为根本，以精准帮扶为核心，通过持续的健全组织机构、完善协调机制、营造脱贫氛围、突出技术帮扶、提质公共服务和谋划帮扶资源等创新机制，以脱贫攻坚统领县域发展全局，全面统筹县域经济社会发展，如图 2-1 所示。

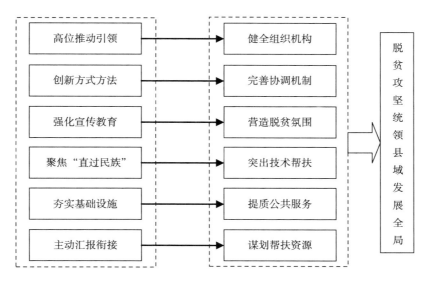

图 2-1　双江县脱贫攻坚统领县域发展全局的机制创新

（一）高位推动引领，健全组织机构

围绕脱贫攻坚，形成目标明确、职责明确、统一领导、统一标准、统一指挥、统一指导、统一调度、统一步调的扶贫组织机制，双江县构建了高位推动引领的组织指挥体系，确保扶贫攻坚各项政策的协同。县级成立县委、县政府主要领导任双组长、双指挥长的脱贫攻坚工作领导小组、指挥部，增加县扶贫办编制 5 名，从行业部门抽调40 余名干部成立 10 个专项工作组在指挥部开展工作；成立县四班子主要领导、县委副书记、常务副县长任组长，6 名副处级干部任副组长的 6 个脱贫攻坚领导小组，分别领导、指导乡（镇）脱贫攻坚工作；成立 6 名处级干部任指挥长、54 名干部为成员的驻乡（镇）指挥部，组织、指导乡（镇）脱贫攻坚工作；行政村（社区）均有处级领导挂钩联系，各乡（镇）、各行政村（社区）均成立领导机构和工作机构。同时，针对贫困对象不断变化给扶贫工作造成的难题，双江县成立了贫困对象动态管理工作领导小组，由县委、县政府主要领导任组长，县委副书记和县政府一名副县长任常务副组长，各乡（镇）脱贫攻坚指挥部指挥长任副组长，挂钩 74 个行政村的处级领导，各乡（镇）党委书记、乡（镇）长为成员，领导小组下设 6 个工作组，各乡（镇）、村（社区）相应成立贫困对象动态管理工作领导小组。各级工作领导小组通过召开专题会议研究，相应制定全县年度贫困对象动态管理工作方案，形成县级负总责，挂钩乡（镇）处级领导负责，乡（镇）、村（社区）属地负责具体抓落实的工作格局，确保整个工作严格按程序标准和时间节点推进。

（二）创新方式方法，完善协调机制

双江县不断创新扶贫工作的方式方法，完善相关部门之间的协调机制，保障扶贫工作有序推进与责任落实。一是推行"六个共同"模式。双江县创新"六个共同"管理模式助推脱贫攻坚工作，增强贫困群众自我发展、互帮互助和参与公益事业的主人翁意识。二是推广运用"五个一百"工作方法。选聘 100 名校园法制副校长、配备 100 名矛盾纠纷调解员、选派 100 名群众工作联络员、每年开展 100 天专项整治行动、组建 100 支普法宣传队伍，强化脱贫攻坚氛围营造和政策宣传。三是实行末位约谈制。由县扶贫开发领导小组组长，对工作推进排名末 2 位的处级挂钩领导和挂钩部门负责人进行约谈，以约谈促进干部责任落实。四是实行工作研判和"双向清单工作法"。上级安排工作、下级反映问题均以清单形式下达、上报，均有责任人及办理时限，确保工作最及时、最有效的落实。五是实行"零风险确认"制度。逐级零风险确认，逐级压实责任。六是实行工作调度机制。建立以县委书记、县长为总调度人，分管副书记、副县长为日常工作调度人，各乡镇指挥部和各部门为工作落实责任人的工作调度机制。

（三）强化宣传教育，营造脱贫氛围

为了提升农户的主体意识，切实改变农户的思想观念，双江县通过多形式、多渠道、多层次的宣传工作，统一思想，凝聚打赢打好脱贫攻坚战的强大正能量。一是宣传造声势，按照分级负责、层层宣讲全覆盖原则，在县、乡（镇）、村、组开展各类宣讲2400余场12万人次，营造脱贫攻坚氛围。2016年以来，双江县共有1458篇（条）宣传稿件先后被中央、省、市级媒体采用，县级媒体刊播脱贫攻坚稿件5367篇（条、幅），《民语译播》栏目译播脱贫攻坚政策230期，累计制作各类脱贫攻坚宣传标语8900余条，开展脱贫攻坚文艺下乡演出580场，建立健全脱贫攻坚舆情监测预警、应急处置等机制，确保脱贫攻坚舆情平稳。二是健全完善村规民约，积极倡导文明新风，"农村红白喜事大吃大喝干三天"的陋习得到有效遏制，"办一场婚丧喜事穷三年"的状况得到了根本扭转，酗酒闹事、好逸恶劳等影响生产生活的现象明显减少，勤学、勤奋、勤劳致富的风气全面形成。三是深入开展"自强、诚信、感恩"和"党的光辉照边疆、边疆人民心向党"主题教育，创作了《佐莫实现拉祜的梦》《布朗儿女颂党恩》《傣家人民尤利金旺》等民族歌曲，拍摄微电影《通往幸福村》，在乡村共放映优秀革命题材电影180场次。

（四）聚焦"直过民族"，突出技术帮扶

按照习近平总书记"全面实现小康，少数民族一个都不能少，

一个都不能掉队"① 的要求，双江县对"直过民族"聚集村加大政策、项目、人力的倾斜，集中力量解决多数贫困农户缺技术的难题。一是在宣传上注重实效。组建少数民族宣传队、派出"双语"干部深入宣传脱贫政策；创作了《拉祜心中党中央》《布朗人民心向党》等系列歌曲，在全县演出 168 场次，让党的声音传递到家家户户。二是在帮扶上加强力量。坚持用少数民族干部做民族地区工作，对拉、佤、布三个"直过民族"实行"双挂制"，一般干部具体挂，一名科级干部联合挂，由 345 名科级干部对 2467 户"直过民族"贫困户实行"双挂制"。三是在产业项目上重点倾斜。累计投入产业发展资金 4.16 亿元，以贫困"直过民族"农户技术水平与自我发展能力提升为根本，扶持发展畜牧产业 2000 余户，发展甘蔗、茶叶、核桃、坚果、杉木等经济作物 7.68 万亩；将 38 个"直过民族"聚居村 25 度以上 1.58 万亩陡坡地全部纳入新一轮退耕还林还草范围，发放补助资金 2370 万元；统筹整合资源，集中力量解决贫困问题，全面改善"直过民族"聚居区基础设施、基本公共服务设施、生态环境、人居环境，推动民族文化传承。四是在素质提升和技术帮扶上采取特殊帮扶措施。派出双语技术员进村入户开展农村实用技术培训 168 期 4.2 万余人次，有 2467 户"直过民族"贫困户脱贫退出；发挥各部门的项目和资金优势，构建以县级为平台、以项目为载体，按照"渠道不变、统筹规划、整合使用、各计其功"的原则，针对不同对象、不同需求，制定一套可操作性强的培训方案，切实提升农户技能。

（五）夯实基础设施，提质公共服务

双江县紧紧抓住省、市实施"五网"基础设施建设和乡村振兴

---

① 中共中央党史和文献研究院编：《习近平扶贫论述摘编》，中央文献出版社 2018 年版，第 6 页。

战略机遇，切实补齐基础设施短板，基础设施不断改善，公共服务水平全面提质增效。一是持续优化乡村交通路网。临清高速双江段、临双高速公路建设加快推进。累计投资 7.14 亿元，完成 32 个建档立卡贫困村自然村公路、易地扶贫搬迁点公路、"直过民族"区自然村公路建设 859 千米，县至乡（镇）道路、乡（镇）至行政村道路全部硬化，危险路段有防护措施，495 个自然村实现道路硬化，硬化率达 90%以上，2.4 万户农户实现入户道路硬化。二是持续完善乡村水电网络设施。投资 9806 万元，完成农村饮水安全巩固提升工程 387 件，受益人口 13.61 万人，农村自来水普及率达 100%，所有农户饮水安全保障全面达标；所有建档立卡贫困户均通生活用电，所有自然村组均通生产用电，供电可靠率达 99.9%，广播电视覆盖率达 100%，所有建制村 4G 网络实现全覆盖，网络宽带覆盖到行政村、学校和卫生室，建成村民小组活动场所 549 个。三是全面优化农村人居环境。实施"四治三改一拆一增"和农村"七改三清"环境整治行动，建成垃圾池 722 个、卫生公厕 722 个、无害化卫生厕所 18719 座，自燃式垃圾热处理项目 10 个、污水处理设施 14 个，1.84 万农户有卫生户厕，垃圾无害化处理市场化运作实现乡（镇）全覆盖，农村基础设施明显改善，人居环境大幅提升，公共服务水平全面提质；建成美丽宜居乡村 206 个；建成党员 10 人以上或人口 200 人以上的村民小组活动场所 549 个。四是抓实农业基础设施建设。解决 6.23 万亩耕地灌溉问题，有效灌溉面积占耕地总面积的比重由 43.1%提高到 53.2%，农业基础设施的持续改善，为推进产业发展奠定了坚实基础。

（六）主动汇报衔接，谋划帮扶资源

双江县主动与对口帮扶单位进行汇报衔接，在基础设施改善、干部队伍素质提升、扶贫力量加强、产业提质增效、专业人才培养、工作思路创新等方面谋划争取帮扶资源，有效缓解区域的人才和技术难题，有力助推了脱贫攻坚工作。双江县多次到东方航空公司、上海市崇明区等 30 多个中央、省、市帮扶部门汇报工作，得到帮扶资金 2.17 亿元；争取对口 110 个部门 115 名干部驻县、乡镇、村帮助开展脱贫攻坚工作，特别是争取 113 名专业技术人员在教育扶贫、健康扶贫方面建立结对关系或开展帮扶，帮助双江县培训干部 28 批次 230 人次，切实提升了双江县产业、教育、健康等领域的专业技术水平。例如，产业领域技术帮扶完成桑树标准化种植 540 亩，甘蔗覆膜 7530 亩，火镰菜种植项目 350 亩，坚果地套种砂仁 800 亩。同时，双江县还积极争取社会帮扶资源，推进县内 25 家民营企业结对帮扶 25 个贫困村。

二、政策保障：精准实施脱贫攻坚措施

作为全国唯一的拥有四个主体民族的少数民族自治县，针对扶贫形势更为复杂、难度更大的实际，双江县科学出台精准扶贫脱贫政策，做到精准识别对象、精准选派干部和精准安排项目，实现帮扶到户到人、精准资金投入，确保退出规范，提升脱贫攻坚成效，推进多民族团结与均衡发展。如图 2-2 所示。

（一）严格纳入条件，精准识别对象

把贫困对象找准是打赢打好脱贫攻坚战的最基础性工作，双江县坚持标准、严格程序，确保应纳尽纳、应扶尽扶，以"四个注重"确保对象的精准识别。一是注重政策培训。县级培训讲政策教方法、乡（镇）实战培训统一尺度和要求、村级培训做好宣传发动，共召开培训会议 729 场次 18000 余人次，做到政策不熟、作风不实、不会

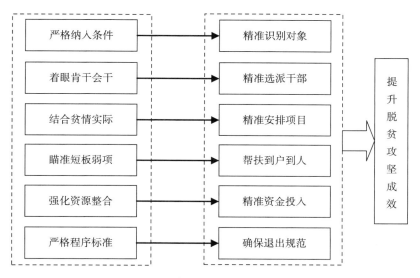

图 2-2 双江县精准实施脱贫攻坚的政策保障

做群众工作的干部不进村,确保了政策明、标准清、业务熟、齐推进。二是注重摸实家底。按照"五查五看"的要求,把显现情况记录准、把隐性情况调查准、把有争议情况核实准、把行业数据比对准、把动态情况把握准,切实摸清贫困状况;以行政村(社区)为单位、村民小组为单元,组建由县、乡(镇)、村和驻村工作队为成员的工作队 666 支 8928 人,逐户采集农户的住房现状、家庭收入、贫富程度、人员结构、生产生活条件等信息数据,并由行业部门对数据进行核实比对,形成完整准确的信息数据资料,做到家底清。三是注重评定程序。以零错评、零漏评为目标,以户为重点,严格对照"两不愁三保障"标准,严格按照"三评四定两公示一公告"(内部评议、党员评议、村民评议,村委会初定、村民代表议定、乡镇审定、县确定,村评议公示、乡镇检查公示,县审定公告)程序,对贫困对象逐级进行精准识别。双江县综合研判收入、住房、教育、医疗等情况,不"唯收入论"、简单以收入定贫,不"唯危房论"、简单以危房定贫,做到应识尽识、应纳尽纳。四是注重群众参与。坚持贫情分析在组内进行,政策疑惑在组内阐释,群众意见能够充分发表，群众意愿得到有效尊重。依托公示公告让全村知晓的原则，全过程、全方位保障群众的知情权和参与权，真正让群众理解、支持，全面提升群众的参与度、满意度，确保"不错评一户、不漏评一人"。通过广泛的政策宣传，全力解决群众反映的问题，没有发生一起矛盾纠纷，没有接到一起群众举报。

（二）着眼肯干会干，精准选派干部

扶贫干部的精准选派是落实扶贫政策，保障脱贫攻坚战取得胜利的关键举措。结合边疆少数民族山区的贫困实际，双江县在帮扶干部的选派上，既考虑思想政治素质，又考虑能力水平和民族结构等因素。把工作经验较丰富的干部派到任务较重、难度较大的贫困村，把熟悉经济工作的干部派到产业基础薄弱的贫困村，把熟悉民族工作、懂民族语言的干部派到少数民族聚居的贫困村。39 名处级领导挂钩 74 个行政村（社区）脱贫攻坚工作；组建 74 支工作队 242 名队员驻村开展帮扶工作，省、市、县 110 个部门包 74 个行政村（社区），确定 2827 名干部全覆盖帮扶 7514 户贫困户，派出 992 名干部驻组以"网格化"负责制全覆盖对 34456 户非贫困户开展挂联工作；建立"领导挂点、部门包村、干部帮户""转作风走基层遍访贫困村贫困户"工作联席会议制度，共派出 77 个工作组 3970 人进村入户开展工作，实现农户挂钩挂联全覆盖。

（三）结合贫情实际，精准安排项目

双江县通过制定脱贫攻坚规划、打赢脱贫攻坚战三年行动实施方案，出台了产业精准扶贫、农村危房改造、易地扶贫搬迁、健康扶贫、教育扶贫、就业扶贫、"直过民族"脱贫等专项规划方案，根据贫困村与贫困户的实际精准安排脱贫项目；双江县在"户户清"基础上，建成村级"施工图"74个、乡级"路线图"6个，形成了县级"项目库"，实现全县贫困人口全覆盖。2014—2020年，实施了产业扶贫、就业扶贫、教育扶贫、健康扶贫、生态扶贫、农村危房改造和易地扶贫搬迁、综合保障性扶贫、扶贫扶志、基础设施建设、人居环境提升等脱贫攻坚项目866个，村（社区）标准化卫生室建设74个、新建（加固、改扩建）校舍和运动场15.74万平方米，所有建档立卡贫困户均通生活用电，所有自然村组均通生产用电，供电可靠率达99.9%，广播电视覆盖率达100%，所有建制村4G网络实现全覆盖，网络宽带覆盖到行政村、学校和卫生室，建成村民小组活动场所549个。建成垃圾池722个、卫生公厕722个、无害化卫生厕所18719座，自燃式垃圾热处理项目10个、污水处理设施14个，1.84万农户有卫生户厕，垃圾无害化处理市场化运作实现乡（镇）全覆盖，农村基础设施明显改善，人居环境大幅提升，公共服务水平全面提质。村退出、户脱贫的基础设施指标全部达标。

（四）瞄准短板弱项，帮扶到户到人

双江县紧扣"两不愁三保障"，瞄准扶贫脱贫中多数贫困户缺技术、缺人才等短板弱项，突出技术培训指导，抓好特色产业增收和培训就业增收，抓好住房安全保障、教育扶贫、健康扶贫，做好兜底脱贫保障，把各项扶贫措施精准到户到人。如图2-3所示。

1. 强化技术培训，抓好特色产业增收

双江县坚持"政府扶持、精准施策，因地制宜、突出特色，市场导向、长短结合，保护生态、绿色发展"四项原则，围绕打造绿色能源、绿色食品、健康生活目的地"三张牌"，推行"大产业+新主体+新平台"发展模式，多措并举助推贫困户增收脱贫。一是抓实农民素质提升工程，增强创业就业能力助脱贫。抓实各类农民培训，

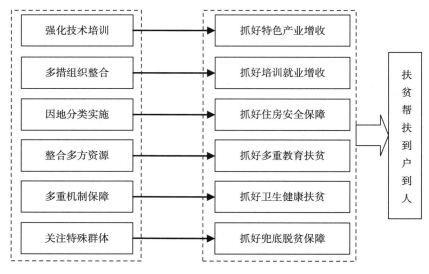

图 2-3　双江县精准帮扶到户到人的主要思路

着力解决扶"智"、扶"志"问题，不断提高农民群众的生产技能和创业就业能力。2014 年以来，共举办"千人培训计划"、农村实用技术、职业技能等农村劳动力培训 113991 人次（建档立卡贫困人口 29097 人次），建立"县培训到乡（镇）、乡（镇）培训到村、村培训到农户"的技术培训机制，实现建档立卡贫困户每户有 1 个农业科技明白人、掌握 1—2 项产业实用技术、参与 1—2 项富民产业增收项目。二是抓实农业产业化基地建设。2014 年以来，累计投入产业扶持资金 4.16 亿元，巩固提升甘蔗、茶叶、核桃、烤烟、畜牧等传统产业，培育壮大坚果、咖啡等新兴产业，因地制宜发展石斛、茯苓、大黄藤、葛根、火镰菜及桑蚕养殖、蔬菜等区域性产业，贫困户产业化基地人均达 9 亩，实现了每个村有 1—2 个主导产业，打牢脱贫根基助脱贫。三是抓实新型农业经营主体培育。加强农业龙头企业培育力度，对县域重点企业在项目申报、用地等方面给予重点倾斜；加快农民专业合作社、家庭农场、种养大户等新型农业经营主体培育，充分发挥农业龙头企业、农民专业合作社上联市场、下带基地带农户的作用，聚力引领帮带助脱贫。四是提升农业产业组织化水平。搭建"村党组织+企业+合作社+基地+贫困户""公司+合作社+农户"等产业扶贫模式，全县所有行政村均实现至少建立1个以上农民专业合作组织的目标，在投资收益、产业扶持、就业培训等方面与贫困户建立产业扶贫利益联结机制，有效保障农户收入。五是加大农业技术推广应用力度，将产业发展与农户技术培训相结合，依靠科技实现产业提质增效，如甘蔗应用地膜覆盖技术后平均每亩增产1.5吨。

2. 多措组织整合，抓好培训就业增收

双江县全面整合教育、人社、农业、扶贫、工青妇等部门资源，发挥各部门的项目和资金优势，提高就业组织化程度助推脱贫攻坚。一是强化就业培训资源整合。构建以县级为平台、以项目为载体、以提升劳动者技能为目标，按照"渠道不变、统筹规划、整合使用、各计其功"的原则，针对不同对象、不同需求，制定可操作性强的培训方案。二是积极搭建创业就业服务平台。在县乡村分别设立就业服务站，在省外设立12个外出务工人员就业跟踪管理服务站、33个信息联系点、33名信息联络员，开展"家乡牵挂您"服务活动。以"春风行动""转移就业百日行动""民营企业服务周"为载体，推进"订单式""定向式"就业，取得显著成效。三是开展"千人培训计划"，推进"订单式""定向式"就业。县内龙头企业带动贫困人口长期稳定就业305人，转移贫困人口县外长期外出务工2037人，短期就近务工4321人，县内重大项目建设和产业发展带动农村劳动力县内短期务工就业4.3万人次，累计兑现外出务工人员一次性交通补助费6692人次194.7万元，一次性生活补贴421人次42万元，实现了有劳务意愿的贫困户就业全覆盖。四是强化公益岗位开发。开发乡村公共服务岗位3705个（建档立卡贫困人口1728人），投入资金1599.1万元，其中脱贫户1734人次，投入资金901.1万元；在林区脱贫户中优先选聘生态护林员300名，人均核发工资8798元，在完成管护任务

的同时还能进行生产活动，补助的工资有效增加了家庭收入。

3. 因地分类实施，抓好住房安全保障

双江县严格执行国家政策，不吊高胃口，不降低标准，客观求实排除危房。按照"一户一策"的原则推进危房改造，2016—2020 年全县共完成农村危房改造 25424 户，所有农户均住上了安全稳固住房。一是科学鉴定锁对象。对全县 41250 户农户住房进行全覆盖排查，排查出危房户 25424 户，对需改造危房户进行了精准锁定。二是因户施策定方式。创新运用"六个共同"模式，采取"由建房农户委托理事会与物资供应方统一采购，政府进行担保和控制价格"的方式，最大限度降低建房成本；成立专家技术队对农户建房进行指导，聘请五家项目监理单位进行监督，县级成立质量监督小组对工程全程监督，保证建房质量，全县累计拆除重建 12678 户（建档立卡户5276 户）。在严格执行国家政策的基础上，结合边疆少数民族实际制定了差异化补助标准，"一户一策"推进危房改造，同时坚持实事求是原则，能修缮加固的就不拆除重建，既减轻了政府负担，又减少了农户的支出，全县共实施加固改造 12746 户，占危房改造户数的50.1%。三是易地搬迁建新村。围绕"搬得出、稳得住、逐步能致富"的目标，投资 2.8 亿元，建成集中安置点项目 26 个，全县建档立卡贫困户易地搬迁安置 961 户 3784 人。四是政策兜底保覆盖。对特殊困难农户、农村分散供养特困人员、无劳力户等 716 户，采取政府兜底建房、村内闲置房安置等方式解决。五年来，全县共排除 C、D 级危房 25424 户，危房数降为零，所有农户均住上了安全稳固住房，做到了住有所居、居有所安。

4. 整合多方资源，抓好多重教育扶贫

双江县认真落实习近平总书记"扶贫必扶智。让贫困地区的孩子们接受良好教育，是扶贫开发的重要任务，也是阻断贫困代际传递

的重要途径"① 的指示，构建"普惠+特惠""卡户+非卡户""义务教育+非义务教育"的教育帮扶模式，全面推进教育扶贫工作，实现没有一个孩子因贫失学辍学，没有一个家庭因学返贫，没有一个"两后生"因贫影响继续就学。一是办学条件明显改善。五年来，累计投入 2.71 亿元，新建、加固、改扩建校舍和运动场 15.74 万平方米，校舍安全达标；实现了多媒体设备班班通，学校互联网、网络教学全覆盖。二是义务教育均衡发展。认真履行政府控辍保学主体责任，采取"双线四级六长""挂包帮联"的方式，压实全县各级各部门和干部职工的控辍保学责任，小学适龄儿童入学率为 99.94%，初中毛入学率为 103.91%，九年义务教育巩固率为 95.11%，没有一名义务教育阶段学生失学辍学，2016 年，双江自治县成为临沧市第一批评估认定的义务教育发展基本均衡县。三是资助政策全面落实。五年来，发放营养改善计划专项补助资金 9168 万元；义务教育阶段家庭经济困难寄宿生生活补助累计发放 7007.09 万元、高中免学费资金 783.62 万元、中职生减免学费资金 392.37 万元。累计为 4003 名（8710 人次）在读大中专学校的家庭经济困难学生办理生源地助学贷款 5856.31 万元（建档立卡户 591 名 278.9 万元），没有一个孩子因贫失学辍学，没有一个家庭因学返贫。四是高中教育质量大幅提升。自 2014 年起开始实行普通高中免学费教育，强化对高中学生的资助，对 1.11 万人次高中学生免学费 1098 万元，贫困家庭高中生享受资助 2739 人次 1390 万元，高中阶段毛入学率为 87.29%，高中教学规模不断扩大、教学质量大幅提升，全县没有因家庭经济困难无法升入高中和大学院校就读学生，没有在读大学生因贫辍学或弃学。县第一完全中学成为全市招生规模扩张最快、巩固率最高、教学质量进步最快、近五年总上线率最高、毕业生应征入伍人数最多的学校。五是职

---

① 中共中央党史和文献研究院编：《习近平扶贫论述摘编》，中央文献出版社 2018 年版，第 133—134 页。

业教育突破发展。紧紧抓住国家出台的职业教育优惠政策机遇，在产教融合、校企合作、就业导向方面加大研究力度，下大决心破解职业教育量小质弱的问题，职业教育取得较大突破，招生规模、办学专业和就业人数逐年增加，职业教育全日制在职学生达 614 人，非全日制学生达 1518 人。六是学前教育实现全覆盖。建立政府主导、社会参与、公办民办共举的办园体制，实施"学前教育三年行动计划"，学前教育实现了"一村一幼、一乡一公办、一县一示范"目标，全县学前三年毛入园率达 85.36%。

5. 多重机制保障，抓好卫生健康扶贫

按照习近平总书记关于"深入实施健康扶贫工程，提高贫困地区医疗卫生服务能力，做到精确到户、精准到人、精准到病"① 的要求，双江县重点围绕"四重保障""三个一批"，全面落实健康扶贫政策。一是强化服务体系建设，让贫困群众方便看病。乡（镇）卫生院、行政村卫生室基础设施及医务人员配备全部达标，县乡医疗卫生机构实现"先诊疗后付费"和"一站式"结算。以上海十院、昆明附二院对口帮扶、专科联盟为契机，人才引进、名科室打造、新技术引进、人才培训等工作全面提速，建立取得执业医师资格证补助 1 万元、到乡（镇）执业的本科生和专科生分别给予每人 2.5 万元和 1.5 万元补助、到建档立卡贫困村从事乡村医生工作的每年补助 4000 元的奖励机制，县域医疗队伍建设得到加强，全县九家医疗机构实现"先诊疗后付费"和"一站式"结算服务，共有 3845 人次享受"先诊疗后付费"服务。二是落实"四重保障"，让贫困群众看得起病。贫困人口 100% 参加基本医疗和大病保险，个人缴费部分由财政定额补贴，180 元/人/年，累计 2064.47 万元。健康扶贫 30 条措施有效落

---

① 中共中央党史和文献研究院编：《习近平扶贫论述摘编》，中央文献出版社 2018 年版，第 73 页。

实，各项报销比例全部落实到位，全县贫困人口符合转诊转院规范住院 17701 人次，医疗总费用 9502.61 万元，"四重保障"报销金额 8626.47 万元，符合转诊转院规范住院治疗费用实际补偿比例达 90% 以上，28 种疾病门诊报销比例达到 80% 以上。对个人年度支付的符合转诊转院规范的医疗费用超过全市农村居民人均可支配收入的农户 100% 实施了兜底保障。三是做实"三个一批"，让贫困群众看得好病。严格按照"三个一批"要求进行有效分类救治与管理，大病集中救治 1998 人次，慢性病签约管理 4782 人次，重病兜底保障 12 人次，其中 36 种大病 628 人全部得到救治与管理。四是提高防保意识，让贫困人口尽量少生病。广泛开展居民健康素养知识和技能宣传教育，引导各族群众主动学习、掌握健康知识和必要的健康技能，树立健康意识，让贫困群众少生病、不得病。设立健康教育宣传栏 87 块，发放健康教育宣传材料 11 万余份，开展公众咨询活动 114 次、参与人数 2759 人次，开展健康教育知识讲座 878 次 24986 人次，开展个体化健康教育 7745 人次，宣传教育做到了贫困人口全覆盖。通过以上措施，就医费用报销比例由 2016 年的 70.31% 提高到 2020 年的 90% 以上，个人住院自付费用由 2016 年的 1282.41 元降低到 2020 年的 611.62 元。

6. 关注特殊群体，抓好兜底脱贫保障

双江县按照习近平总书记"全面建成小康社会一个民族、一个家庭、一个人都不能少"① 的要求，统筹各类救助，加强"两项制度"衔接，有效落实保障政策。将符合条件的建档立卡户纳入低保范围，符合条件的农村低保家庭纳入建档立卡范围，落实好各项社会救助政策，围绕"两不愁三保障"和饮水安全，实行动态预警监测，

---

① 《脱贫攻坚战一定能够打好打赢——记习近平总书记看望四川凉山地区群众并主持召开打好精准脱贫攻坚战座谈会》，《人民日报》2018 年 2 月 15 日。

建立台账动态管理，一户一策给予重点帮扶，确保脱贫户无返贫风险、非贫困户无致贫风险。符合条件的建档立卡贫困人口 100% 参加基本养老保险，符合享受养老保险待遇人员 100% 按时足额兑现待遇。全县农村低保与建档立卡重合 2661 户 4322 人，重合率达 38.65%。五年来，共发放农村低保资金 21514.56 万元、特困人员供养金 2467.59 万元、残疾人"两项补贴" 28654 人次 1578.5 万元、孤儿和事实无人抚养儿童基本生活补助 783 万元，临时救助困难群众 4.03 万户次 3137.43 万元。

（五）强化资源整合，精准资金投入

认真贯彻落实习近平总书记在东西部扶贫协作座谈会上的讲话精神，坚持"专项扶贫+行业扶贫+社会扶贫"等多方力量共同发力，切实保障了项目落地见效。主动加强与东航集团、华能集团、上海市崇明区、兴业银行和云南省委政法委、临沧市委组织部等中央、省、市帮扶单位汇报衔接，尊重和配合好帮扶单位的工作，在基础设施改善、干部队伍素质提升、扶贫力量加强、产业提质增效、专业人才培养、工作思路创新等方面得到大力支持，共有 211 名中央、省、市帮扶单位干部驻双江县开展工作，共得到帮扶资金 2.17 亿元；深入推进"万企帮万村"精准扶贫行动，县内 26 家民营企业积极参与、主动作为，给予资金、技术、产业等帮扶，共有 20 名企业家委员为群众提供就业岗位 200 余个。制定了统筹整合使用财政涉农资金管理办法，按照"多个渠道引水、一个龙头放水"的资金整合机制，多渠道筹措资金，确保集中投入，做到了"账账清"。总计投入脱贫攻坚资金 23.36 亿元。其中：累计统筹整合涉农资金 15.17 亿元、争取社会帮扶资金 2.17 亿元、金融支持 6.02 亿元。加强扶贫小额信贷工作，累计发放扶贫小额信贷 4086.51 万元，获贷贫困户 1437 户（次）。做实消费扶贫，促进产业转型升级。目前，有 9 家县域企业

（合作社）的 18 个产品进入国务院扶贫办 832 平台面对全国承接订单，有 5 家企业的 7 个产品正在申请认定，全县通过国务院扶贫办认定的扶贫产品价值总量达 1.14 亿元，累计销售 0.15 亿元。形成了"政府主导、部门主帮、群众主体、社会主动"的大扶贫格局。同时，双江县按照省、市要求把好资金使用方向，加强资金使用过程监管，定期对资金使用情况进行审计监督、公示公告，杜绝截留、挤占、挪用扶贫资金，防止扶贫领域腐败问题发生，确保扶贫资金使用精准、专款专用、发挥效益；既把上级的补助资金用在了"刀刃"上，又创新有效地破解了资金压力，资金安全得到有效保障。

（六）严格程序标准，确保退出规范

双江县采用"一看二算三查四清五定"的工作方法，坚持严格的脱贫标准，坚持规范程序，杜绝虚假脱贫、数字脱贫，把好贫困人口退出关。一是看农户居住情况。看农户住房是否达到安全稳固标准，是否有住建部门的安全等级鉴定，是否已实际入住，看农户是否有四季衣服和口粮，看饮水安全保障是否达标，看农户庭院卫生是否整洁，看群众精神面貌是否提升。二是算农户收支情况。核算农户的年度家庭人均纯收入是否达到脱贫标准，是否存在医疗、就学支出过大的情况。三是查农户帮扶情况。核查帮扶责任人的帮扶情况，核查农户得到的项目、资金帮扶情况和各项惠农政策的落实情况。四是让农户清楚脱贫退出情况。对达到退出条件的农户，讲清楚脱贫退出标准，使农户自愿申请脱贫退出；对应退不想退的农户，讲清楚脱贫不脱政策，让群众消除疑虑，自愿退出；对达不到条件想退出的农户，做好引导工作，让农户接受。五是逐级审定退出情况。按照标准不降、程序不减、环节不漏的方法，自下而上对贫困户退出进行审定、公示、公告，严把审定、公示、公告关，严把贫困户退出关，做到贫困户脱贫退出程序合规、有理有据、精准退出，脱贫结果得到群众的广泛认可。

三、狠抓落实：有效确保脱贫攻坚质量

双江县县委、县政府认真贯彻落实习近平总书记关于扶贫工作的重要论述精神，按照中央、省、市的决策部署，以脱贫攻坚统领经济社会发展全局，严格落实党政"一把手"负总责的责任制，坚持精准扶贫、精准脱贫基本方略，发挥群众脱贫主体作用，多措并举扎实推进扶贫的责任落实、政策落实与任务落实，确保脱贫攻坚质量。如图 2-4 所示。

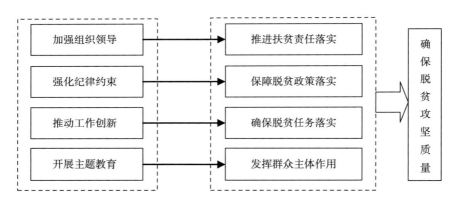

图 2-4 双江县确保脱贫攻坚质量的主要落实措施

（一）加强组织领导，推进扶贫责任落实

双江县通过多重措施强化扶贫攻坚的组织领导，明晰各级组织和扶贫干部的工作责任，推进扶贫责任落实。一是突出政治引领，凝聚思想共识。扎实推进"两学一做"学习教育常态化制度化，广泛开

展理想信念教育，各党委（党组）共开展理论学习中心组学习 430 余场次，带动各基层党组织开展学习研讨 3140 余场次，切实增强了维护核心跟党走的政治自觉、思想自觉和行动自觉。二是突出领导核心，筑牢战斗堡垒。从严落实党建责任，构建县乡村组四级责任链条，配优配强乡镇党委和村（社区）党组织班子，提升乡村干部落实脱贫攻坚责任的能力水平。以提升组织力为重点，创建 550 个规范化党支部，整顿 36 个软弱涣散党组织，并在各领域选树 29 个基层党建示范点，基层党组织引领脱贫攻坚的能力得到增强，改善村组干部待遇，激发了他们的干事创业热情。三是突出带动示范，建强骨干队伍。实施农村"领头雁"培养工程，调整充实 27 名村组干部，组织 179 名村（社区）干部参加学历提升计划，把 310 名致富能手培养成党员、412 名党员培养成致富能手、128 名致富能手中的优秀党员培养成村（组）干部，不断优化农村党员队伍结构。在 6 个乡（镇）成立青年人才党支部，带动村组储备培养 1268 名后备力量，共选派 650 名少数民族干部到清华大学等高校培训，85 名少数民族干部到省外及省市直部门挂职学习，县内培训少数民族干部 3.5 万余人次，为打赢脱贫攻坚战提供人才支持。四是突出基层保障，夯实脱贫基础。牢固树立大抓基层的鲜明导向，整合项目资金，所有行政村（社区）村民小组活动场所实现全覆盖。实施村级集体经济强村工程，所有村（社区）集体经济收入均达 3 万元以上，有场所办事、有钱办事的要求进一步落实。

（二）强化纪律约束，保障脱贫政策落实

双江县全面贯彻落实习近平总书记关于开展扶贫领域腐败和作风问题专项治理的重要指示要求，以铁的纪律和硬的责任保障脱贫攻坚各项政策的全面落实。一是建立督查巡查常态化制度。制定下发《双江县脱贫攻坚督查巡查工作方案》《双江县开展扶贫领域专题纪

律检查工作方案》等文件，整合市、县督查力量，采取专项督查与随机抽查相结合、重点抽查与拉网式排查相结合、明察与暗访相结合的方式，对全县脱贫攻坚工作开展情况进行常态化督查。强化扶贫领域监督执纪问责，落实问题线索排查、移交、处置、问责追责、报告通报机制"五项机制"，强化对村组集体"三资"的监督管理，按季度在监督平台和公示栏上公开脱贫攻坚政策落实情况、集体资金、资产、资源情况，主动接受社会和群众监督。二是聚焦问题抓整改。对省、市纪委及市驻双江常态化督查巡查组检查发现的问题，采取"容易整改的问题现场立即整改，突出的问题召集部门及时研究限期整改，重大问题县委、政府及时召开会议制定方案专项进行整改"的方式进行整改，对各乡（镇）党委、政府和业务主管部门整改不力的，及时进行提醒约谈，对存在突出问题的 4 个乡（镇）、1个县直部门、4 个村委会、8 名干部进行了全县通报，所有问题均按时限整改到位。三是严格问效促攻坚。先后派出 106 个专项纪律检查组，开展脱贫攻坚专项纪律检查 238 次，实行十日一通报、半月一分析、一月一总结，对责任履职不到位、影响工作推进的，在全县进行通报并严厉追责问责，全县共查办扶贫领域腐败问题案件34 起 42 人，有 39 人受到党政纪处分，为精准扶贫、精准脱贫提供坚强的纪律保障。

（三）推动工作创新，确保脱贫任务落实

双江县始终以工作方式创新压实各级各部门和各级干部责任，强化"挂包帮、转走访"工作，调动各方力量，确保脱贫任务落实。一是分级督学制保证政策业务学习到位。精通扶贫政策和业务是提升扶贫工作效应的重要保障，双江县始终把对政策业务的学习作为一项重要环节来抓，实施四班子主要领导负责督学班子成员、处级领导负责督学挂联乡镇和分管部门班子成员、乡（镇）党政主要领导负责

督学乡（镇）干部、部门主要领导负责督学部门干部、驻村工作队长负责督学工作队员和村"三委"干部的分级督学制。通过抓实分级督学，保证了全体参战人员在熟悉政策业务中准确、有序、高效推进工作。二是述职制压实领导责任。全县处级领导、乡镇党政主要领导、部门主要负责人每年向领导小组进行两次述职，村支书和部门干部分别向乡（镇）党委述职，通过述职，让领导干部所做的工作接受干部群众监督，压实三级书记抓脱贫攻坚的责任。三是承诺制压实帮户干部责任。通过开展"双承诺"，架起干群"连心桥"，使干部与群众真正打成一片，激发群众参与脱贫攻坚的热情活力。每年年初由帮户干部按照"商诺、审诺、亮诺、履诺、督诺、评诺"的方法，在政策落实、安居房建设、产业培育、基础设施改善、教育健康帮扶等方面向帮户农户进行承诺，通过兑现承诺，既督促干部把帮扶工作做实，又使帮户干部在群众中树立了威信，增进了感情。四是零风险确认制保证工作质量。每项阶段性工作安排后，在规定的时限内，帮户干部和挂联干部都要对任务完成情况进行零风险确认。零风险确认采取帮户、挂联干部向包村单位负责人确认，部门负责人向挂钩本村的处级领导确认，处级领导向县指挥部确认，确认领导要分级核实、分级把关、分级负责，并接受追责。五是军令状推进制压实部门和各级党组织责任。坚持领导亲力亲为、以上率下、靠前指挥抓脱贫，县、乡（镇）、村层层立下"军令状"，签订责任书，形成"三级联动，齐抓共管"的脱贫攻坚责任落实体系，营造"一级带着一级干，一级干给一级看"的氛围。县委、县政府向市委、市政府立军令状，乡（镇）党委政府和县直部门向县委县政府立军令状，各行政村（社区）两委向乡（镇）党委政府立军令状，全县共立军令状2600份，并根据兑现军令状的情况承担违令责任。六是强化日常管理压实驻村队员责任。注重压实领导责任和工作责任，压实挂乡、包村、帮户责任；出台《双江县贫困村驻村工作队选派管理办法》，强化考核问效，严肃问责追责，严肃纪律保证驻村工作队员安心驻村、在岗履职，有效推动宣传党的政策、参与精准脱贫、建强基层组织、推动乡村善治等各项工作任务落实。

（四）开展主题教育，发挥群众主体作用

贫困群众是脱贫攻坚的对象，更是脱贫致富的主体。为了改变"靠在墙角晒太阳，等着别人送小康"现象，双江县深入开展"自强、诚信、感恩"和"党的光辉照边疆、边疆人民心向党"主题教育活动，不断激发内在活力。一是宣传声势感染群众。按照分级负责、层层宣讲全覆盖原则，在县、乡（镇）、村、组开展各类宣讲3300余场16万人次。五年来，全县共有1458篇（条）宣传稿件先后被中央、省、市级媒体采用，县级媒体刊播脱贫攻坚稿件5367篇（条、幅），《民语译播》栏目译播脱贫攻坚政策230期，开展脱贫攻坚文艺下乡演出580场。二是强化培训提升群众。先后开展基本政策、基本法律法规培训372场次4.28万人次，开展种植、养殖、建筑、餐饮、健康、服务、理财、务工培训38.6万人次。三是感恩教育触动群众。深入开展"自强、诚信、感恩"和"党的光辉照边疆、边疆人民心向党"主题教育活动，累计开展宣传教育活动1115场次5.4万人次，建成村级感恩教育阵地76个，组织农村党员群众参观240余次，受教育4.6万余人次。四是倡导文明乡风改变群众。健全完善村规民约，积极倡导文明新风，"农村红白喜事大吃大喝干三天"的陋习得到有效遏制，"办一场婚丧喜事穷三年"的状况得到了根本扭转，酗酒闹事、好逸恶劳等影响生产生活的现象明显减少。群众在知恩、感恩中增强了爱党爱国爱家的激情，各族干部群众发自内心地感党恩、听党话、跟党走，全县有838户脱贫致富先进户受到省、市、县表彰，群众大干乡村振兴的热情空前高涨，涌现出了那京、小坝子、邦迈等一批脱贫攻坚与乡村振兴有效衔接的示范点。

四、构建长效机制：切实巩固脱贫攻坚成效

双江县切实履行主体责任，落实好"摘帽不摘责任、摘帽不摘政策、摘帽不摘帮扶、摘帽不摘监管"要求，认真贯彻落实中央、省、市关于乡村振兴战略的决策部署，实施好《双江县关于贯彻乡村振兴战略的实施方案》，保持扶贫政策的持续性，巩固脱贫成果，构建长效机制提升脱贫质量，抓好脱贫攻坚与乡村振兴的有效衔接，以脱贫成果巩固推动乡村振兴，以乡村振兴带动脱贫成果巩固，最终实现与其他地区同步小康。如图2-5所示。

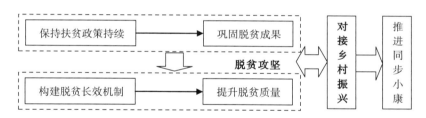

图2-5 双江县脱贫攻坚对接乡村振兴的主要思路

（一）保持扶贫政策持续，巩固脱贫成果

双江县将保持扶贫政策持续稳定，坚持"六个不变"继续扛实脱贫责任，持续扎实抓好产业扶贫、就业扶贫、教育扶贫、健康扶贫、生态扶贫等行业扶贫措施，深入实施人才帮扶和技能培训扶贫行动，推进贫困农户稳定脱贫。

一是坚持"六个不变"扛实责任。双江县坚持县级领导指挥体系不变、分乡（镇）组织领导机制不变、驻乡（镇）领导指挥机制不变、"挂包帮"机制不变、非卡户全覆盖挂联机制不变和双承诺、

双挂制和零风险确认机制不变，做实"挂、包、帮、联"各项工作。县委、县政府先后召开县委常委会 52 次、县政府常务会 45 次、扶贫开发领导小组会 38 次，研究部署脱贫攻坚工作；研究制定《双江自治县"十三五"脱贫攻坚规划（2016—2020 年）》《双江自治县打赢脱贫攻坚战三年行动的实施方案（2018—2020 年）》《关于决胜脱贫攻坚实现全县高质量脱贫的意见》等政策文件 35 余份；推行五级书记遍访贫困对象行动，县委、县政府主要领导以上率下、示范带动，扎实推动了脱贫攻坚责任落实、政策落实、工作落实，做到目标明确、职责明确、统一领导、统一标准、统一指挥、统一指导、统一调度、统一步调，高位推动。

二是持续扎实抓好产业扶贫。双江县坚持把产业作为持续稳定脱贫的长远之计，深入实施人才扶贫和技能扶贫行动，不断夯实贫困群众稳定增收脱贫基础。每年投入产业发展扶持资金 5000 万元以上，抓实消费扶贫、农业产业化基地建设、扶强扶优农业龙头企业、提高产业发展组织化程度、建立健全利益联结机制、抓好电商扶贫等措施，实现龙头企业与农民专业合作社、农民深度融合；开展"三品一标"认证和品牌创建工作，不断提高特色农产品市场竞争力和品牌影响力，实现品牌拉动提高经济效益；切实抓好扶贫和扶志、扶智工作，建立健全产业带贫、就业脱贫等"按劳取酬、优先优酬"的帮扶机制，落实农村实用技术培训、新型职业农民培训、劳动力转移就业培训等工作，切实提高农民劳动技能和创业就业能力，建档立卡贫困人口 100%得到了产业扶贫和就业扶贫支持，2020 年人均收入达 10187 元，是 2015 年 3000 元的 3.4 倍。

三是持续扎实抓好培训就业扶贫。双江县进一步加强职业技能培训，提高劳动者素质和致富能力。全县共有农村劳动力 97418 人，其中：16—60 周岁除在校生外的贫困劳动力 17001 人，累计开展农村劳动力培训 113991 人次，其中引导性培训 94974 人次（建档立卡贫困人员 22360 人次），职业技能培训 19017 人次（建档立卡贫困人员

6737 人次），完成 33 个贫困村创业致富带头人培训 99 人，实现稳定就业和制度保障下稳定脱贫。五单式"推进农村劳动力技能培训。一是群众自己"点单"。让群众根据外出务工市场需求和乡村确定的产业，结合自身实际，点适合自己的培训工种，人社部门根据调查结果分类汇总，分批实施，群众自己点单的培训工种达 31 个。二是乡村两级"定单"。乡村两级根据本乡镇、本村的产业布局和群众的需求，确定培训内容，由相关职能部门组织实施，脱贫攻坚开展以来，乡村两级定单培训 250 期 1.3 万人次。三是培训机构"制单"。通过招投标，由有资质的培训机构根据群众点单和乡村定单，聘请相应的专家教师，精心设计培训流程，制作培训课件，及时开展相关培训。四是职能部门"送单"。各职能部门按照群众培训意愿，及时组织培训机构，按照就近就地的原则，组织培训机构将群众的点单送到田间地头。五是政府全额"埋单"。县人民政府整合全县涉农项目资金、沪滇劳力协作资金、就业补助资金，对所实施的技能培训项目进行全额埋单，免费培训，累计投入培训经费 856 万元，实现了贫困人口劳动力培训全覆盖。培训内容注重引导性，抓好农村实用技术培训。由农业农村部门牵头，根据产业就业扶贫需要，引导群众参加生态茶园管护、核桃种植加工、烤烟种植、中药材种植、农作物病虫害防治、畜禽疾病防治等工种为主的农业实用技术培训，累计开展农村实用技术培训、35047 人次，其中建档立卡贫困人口 4775 人次。注重带动性，抓好创业致富带头人培训。针对思想素质好、带动能力强、有一定创业能力及创业基础的人群，由扶贫办和人社部门共同组织开展创业意识、创业能力、创业贷款扶持、网络创业等方面培训，激励和引导培训对象提升创业技能，拓宽创业渠道，提高生产经营水平，引领本地产业发展，带领、带动贫困户脱贫致富。共开展创业致富带头人培训 99 人。通过培训，培养乡土人才 216 名，其中 5 名获得云南省"拔尖乡土人才奖"，1 名技能人才获得"云南省技能大赛"三等奖，8 名建档立卡人员参加"云南省临沧市·上海市崇明区劳务协作贫困劳动力就业技能大赛"。

四是持续扎实抓好教育扶贫。双江县以保障义务教育为核心，继续全面落实教育扶贫政策，稳步提升义务教育质量，切实阻断贫困代际传递。强化义务教育控辍保学联保联控责任，落实教育精准资助政策，对贫困家庭适龄儿童青少年实行台账化精准控辍，确保不因贫失学辍学。继续实施好农村义务教育、农村学前教育学生营养改善计划，落实好 14 年免费教育。抓实控辍保学工作，落实控辍保学"双线四级"工作机制，采取"一县一方案""一校一方案""一人一方案"进行清零。开展"千名教师访万家"活动，组织 1500 余名教师走访辖区内 31278 名在县内就读学生家庭，走访 2000 余户学前、义教、高职高专县外就读学生家庭，形成了学校、家庭、社会共同抓教育的良好氛围。共资助建档立卡户学生 4185 人 101.69 万元、实施"雨露计划"资助 373 人 63.1 万元，社会资助建档立卡户 90 人 18.19 万元。全县 19593 名（建档立卡户 3460 名）义务教育阶段适龄儿童少年无一人因贫失学辍学。2020 年一本上线 74 名，位居全市县（区）前列，县一中成为全市招生规模扩张最快、巩固率最高、教学质量进步最快、近 5 年总上线率最高、毕业生应征入伍人数最多的学校。职业教育取得了较大突破，在非全日制学生 1865 人中，产教融合实习学生 121 人，取得茶叶加工、茶艺师、烹饪技术等 16 个工种合格证 818 人。

五是持续扎实抓好健康扶贫。县第二人民医院建设投入使用，乡（镇）卫生院、行政村卫生室基础设施及医务人员配备全部达标。在上海十院和崇明区派出的专家支援下，县人民医院的髋、膝关节置换术，关节镜术等学科位居全市前列。落实"先诊疗后付费"和"一站式"结算，让贫困群众方便看病。全县建档立卡人口普通门诊就诊 265688 人次、28 种门诊特慢病就诊 16631 人次，建档立卡人口按规定享受 28 种门诊疾病的报销比例达 80%以上。建档立卡人口符合转诊转院规范住院 17701 人次，"四重保障"报销金额达 8626.47 万元，建档立卡贫困人口符合转诊转院的住院治疗费用实际补偿比例达90%以上。做实"三个一批"，对贫困人口大病患者进行集中救治、患慢性病的贫困人口进行全覆盖签约管理、患重病的贫困人口实施重病兜底保障，让贫困群众看得好病。抓实"关爱妇女儿童健康行动"，广泛开展居民健康教育，提升建档立卡贫困人口健康意识。

六是持续扎实抓好生态扶贫。双江县全面贯彻"绿水青山就是金山银山"发展理念，持续加大对贫困村重点生态功能区的投入和生态保护修复力度，实施好天然林、水源林等保护工程，完成新造林15万亩、义务植树240万株，森林覆盖率达72%以上。继续实施新一轮退耕还林还草工程，实现对符合退耕政策的贫困村、贫困户全覆盖，发放林业生态扶贫资金4.53亿元，惠及建档立卡贫困村9190.8万元，贫困户4221.51万元。继续抓好生态护林员聘请和管理，落实好生态公益林补偿、木本油料提质增效、天然商品林停伐保护补助等项目，让贫困人口从生态建设与修复中得到更多实惠。推广"农户+企业+合作社"模式，培育龙头林企12户，带动周边季节性用工3万人。实施林业科技"进村入户"工程，确保每户拥有1个林业科技明白人，掌握1—2项林产业实用技术，参与1—2项富民产业增收项目。

（二）构建脱贫长效机制，提升脱贫质量

双江县以规划为引领，建立和完善帮扶长效机制、返贫防控机制、精准帮扶工作机制等脱贫长效机制，抓好政策落实、夯实增收基础，加强民生保障与基础设施建设，提升县域脱贫质量。

一是强化规划引领。双江县制定出台了《双江县打赢脱贫攻坚战三年行动的实施方案（2018—2020年)》《双江县脱贫攻坚产业扶贫三年行动计划（2018—2020年)》，完善村级施工图、乡级路线图、县级项目库，实施产业扶贫、就业扶贫、教育扶贫、健康扶贫、生态

扶贫、易地扶贫搬迁提升、综合保障性扶贫、扶贫扶志、基础设施建设、人居环境提升十项工程，2014 年年末，全县共有在档建档立卡户 7514 户 28682 人，2014—2020 年，累计脱贫 7514 户 28682 人，其中发展生产脱贫 5732 户 21827 人，易地扶贫搬迁脱贫 953 户 3856 人（原易地搬迁 961 户 3784 人），生态补偿脱贫 394 户 1668 人，发展教育脱贫 30 户 133 人，政府保障兜底 405 户 1198 人。

二是全面抓好政策落实。双江县制定了《双江县决胜脱贫攻坚实现全县高质量脱贫的意见》《双江县贫困退出后续精准帮扶巩固提升工作意见》《双江县脱贫攻坚返贫防控方案》等措施，不断完善脱贫攻坚政策体系，对未脱贫户如期脱贫、已脱贫户稳定增收不返贫、非贫困户不致贫制定了具体的帮扶措施，做到脱贫不脱政策、不脱帮扶、不脱项目、不脱责任。持续关注重点群体，突出重点对象，全面建立县、乡、村、组建档立卡户、低保户、五保户、重病户、残疾户、重点帮扶户工作台账，围绕收入持续稳定、饮水安全保障、住房安全保障、义务教育保障、基本医疗保障等方面存在的突出问题精准帮扶。

三是夯实农户增收基础。双江县始终把产业扶贫作为实现"两不愁三保障"的重要工作来谋划，探索"企业＋党支部＋合作社＋基地＋贫困户"的"5＋模式"，在"龙头企业＋合作社＋农户""双绑"的基础上，积极探索小区域产业的"双绑"模式，171 个合作社的联贫带贫能力得到提高。进一步加大产业扶贫投入，加强对脱贫村、脱贫户在产业规划、产业选择、招商引企、市场开拓、品牌培育、技术支持等方面的指导帮扶，逐村逐户制订产业发展后续精准帮扶措施，加快培育产业基地、建设电子商务平台，深入实施金融扶贫，发展乡村旅游业，推进资产收益扶贫，建立就业脱贫长效机制，实现"一人就业创业、一户脱贫致富"。

四是持续加强民生保障。全面落实强农惠农政策，以扶"智"、扶"志"和"输血"相结合，不断提高贫困户"造血"能力，实现脱贫不返贫。全面落实各项教育惠民政策，实施好教育信息化2.0行动计划、"直过民族"推普攻坚工程；大力实施健康扶贫工程，全面保障农村贫困人口享有基本医疗卫生服务，有效解决看病难看病贵问题；实施好云南省社会保障精准扶贫行动计划，抓好社会服务兜底工程、贫困残疾人脱贫工程和农村低保、特困人员救助供养等政策落实，实现社会保障兜底。严格按照宣传教育、责令改正、行政处罚、提起诉讼或申请强制执行"四步法"，落实联防联控联保工作机制和"双线四级六长"（党委、政府一条线，教育系统一条线；县、乡、村、组四级；县长、乡长、村长、组长、局长、校长六长）目标管理体制，实行"四包"工作责任制（挂钩乡镇的处级领导包乡、乡镇干部包村、村干部包组、组干部包户）。农村低保与扶贫开发政策衔接，做到应扶尽扶、应保尽保，社会服务兜底工程、贫困残疾人脱贫工程和特困人员救助供养等政策全面落实。

五是强化基础设施建设。双江县抓住国家实施乡村振兴战略机遇，按照"产业兴旺、生态宜居、乡风文明、治理有效、生活富裕"的总要求，贫困村和非贫困村同步推进，加强教育、卫生、文化等公共服务基础设施建设，全面改善人居环境和生产生活条件，实现整体村容村貌、基础设施和公共服务水平均得到质的提升。路网上，按照"四好农村路"建设要求，完成自然村公路硬化建设，加宽改造窄路基路面农村公路，完成行政村公路安全隐患治理，实现具备条件的行政村通客车目标。水网上，实施农村饮水安全巩固提升工程，实现行政村自来水普及率达100%，饮用水质达标率达95%以上，家家饮水安全有保障。能源网上，实施新一轮农网改造升级，建设安全可靠、节能环保、技术先进、管理规范的新型农村电网，实现农村居民综合电压合格率达100%。信息网上，扎实推进"宽带中国—千兆到户"和"百兆乡村"工程，推进宽带、4G网络向自然村延伸，实施"宽带乡村"示范工程，发挥"互联网+"对脱贫攻坚的支持作用。

（三）有机对接乡村振兴，推进同步小康

双江县以习近平新时代中国特色社会主义思想为指引，从组织保障、宣传激发、协同推进、环境整治等领域入手，将脱贫攻坚成果巩固工作与乡村振兴工作有机衔接，推进全县同步小康。

一是强化衔接组织保障。县级成立由县委、县政府主要领导任双组长的乡村振兴工作领导小组，在坚持县脱贫攻坚指挥部各项机制不变的基础上，组建联合办公机构，建立脱贫攻坚、乡村振兴、乡村旅游协调推进工作机制，加挂"双江县乡村振兴办公室"牌子，由县委、政府分管领导任办公室主任，负责统筹协调日常业务工作。明确各乡（镇）、两农场党委、政府主要领导为第一责任人，乡（镇）党委书记是乡村振兴战略的总指挥。按照上下联动、以下为主的原则，层层落实责任，落实好县、乡（镇）、村、组齐抓共管、层层抓落实的工作机制。

二是强化宣传激发主体意识。为保证乡村振兴工作有序推进，双江县通过会议、广播、电视、网络等宣传媒介，广泛宣传阐释实施乡村振兴战略的重要意义、目标任务和相关政策。2018 年以来，县委常委会 15 次专题研究乡村振兴工作，8 次在全县性大会上专题安排部署和强调乡村振兴工作，2 次在"习近平新时代中国特色社会主义思想读书会"上研讨乡村振兴战略工作，政府常务会议集体学习 8 次，组织县委理论中心组学习 4 次，营造了领导班子带头学习、带头研究的浓厚氛围。在基层继续开展"自强、诚信、感恩"和"党的光辉照边疆、边疆人民心向党"主题教育，加强对脱贫户的政策宣传和思想教育，强化自力更生意识，不断消除部分贫困群众"等、靠、要"思想和安贫、守贫问题；加强感恩教育，强化感恩意识，教育引导各族群众真正懂得感党恩、听党话、跟党走。通过宣传培训，群众主体意识不断增强，主体作用发挥明显，大干乡村振兴、建

设美丽家园热情空前高涨。

三是建立工作协同推进机制。村庄规划上，共组建县乡村联络服务站 85 个、村庄规划小组 520 个，形成了望得见山、看得见水、记得住乡愁、有特色、有温度、有感情、可实施的村民自己的"多规合一"规划。把乡村振兴示范村和重点示范推进村结合起来，选取了 70 个基础条件好、群众发展意愿高的自然村作为"百千工程"示范点进行推进。围绕规划先行、因地制宜、示范带动、以民为主的原则，按照以点成线、以线连片、以片成体的思路，通过抓实基层组织示范、发展模式示范、乡风文明示范、人居环境示范，一批山清水秀、天蓝地绿、村美人和，宜居、宜业、宜游的美丽村庄逐步形成。结合县情实际和发展特点，把勐勐镇彝家村、勐库镇坝糯村、大文乡清平村、忙糯乡忙糯村、邦丙乡岔箐村打造成"千村整治"整村推进示范村，以整乡整村示范带动全县 76 个建制村（社区）551 个自然村的整治，形成"3+5+70+551"的模式整体推进全县的"千村整治"工作。

四是五措并举，推进"五大振兴"。

1. 抓特色产业发展、推进产业振兴。坚持"创新、协调、绿色、开放、共享"的新发展理念，把产业兴旺作为农民稳定增收、实现可持续发展的根本之策，着力构建"一县一业、一乡一特、一村一品"产业发展新格局。着力稳定粮食生产，调整优化粮食产业结构，突出农业科技装备，实施"藏粮于地、藏粮于技"战略，严守粮食生产区及重要农产品生产保护区划定面积，持续加快推进高标准农田地建设，全县累计建成高标准农田 15.3 万亩，粮食作物总播种面积达 32.7 万亩、产量 7.3 万吨。着力推进产业化基地建设，全县建成农业产业化基地 150 万亩，建成千亩以上茶叶示范园 14 个、千亩以上烤烟示范村 8 个、千亩连片蔗园 12 个、百亩以上种蔗大户 42 户，农民人均产业基地达 10 亩以上。发展千头生猪养殖大户 5 户、百头养牛大户 1 户，培育 40 万羽蛋鸡养殖大户 1 户，发展千只肉兔养殖大户 1 户，实现每个村都有 1—2 个主导产业。全县农业总产值达 24.42 亿元，同比增长 8.6%。着力培育新型农业经营主体，培育年销售收入 5 万元以上的农业产业化经营组织 36 个（其中：省级及以上龙头企业 5 个，市级龙头企业 18 个）；培育农民专业合作社 351 个、种植大户 460 户、养殖大户 487 户、家庭农场 117 个。搭建"村党组织+企业+合作社+基地+贫困户"等产业发展模式，建立"双绑"利益联结机制，企业与茶叶、烤烟、甘蔗种植户签订合作协议，构建企业与农户利益共同体，实现企业增效、农民增收。着力打造农产品品牌。累计培育"三品一标"农产品 58 个，其中：有机农产品 34 个、绿色食品 1 个、无公害农产品 22 个、地理标志农产品 1 个，有"三品一标"种植产品基地 67937 公顷，畜禽产品基地 12.1 万头（羽），水产产品基地 19 公顷。勐库大叶种茶地理标志产品属临沧市首个地理标志产品，云南双江勐库茶叶有限责任公司、双江荣康达投资有限公司、勐库镇俸字号古茶有限公司等企业获得有机认证，云南双江勐库茶叶有限责任公司"勐库"牌博君熟茶获评云南省绿色食品十大名茶，"滇奇"牌茯苓获评云南省十大名药材，云南双江三祥养殖有限责任公司"沧江源"牌鸡蛋获评市级十大绿色农产品。着力加快发展农村电子商务，组建县级电子商务中心 1 个、乡（镇）电子商务服务站 6 个、村级电子商务公共服务点 77 个，构建覆盖全县农村的电子商务公共服务体系，促进农产品线上线下销售，完成交易额 0.53 亿元，切实解决卖难问题。着力发展乡村旅游，按照双江自治县全域旅游发展"一城一镇三区"的空间布局，编制了《双江自治县乡村发展旅游规划》《双江自治县旅游产业高质量发展三年行动计划》，紧紧围绕创建国家 A 级景区的标准，深入推进"旅游革命"暨"一部手机游云南"工作，全面提升"吃、住、行、游、购、娱、网、厕"乡村旅游八大要素，依托茶旅融合、民俗、人文、非遗等文化旅游资源，提升乡村旅游示范村旅游品质，按照"提一保三争七"的 A 级景区创建目标，成功申报来冷红旅游区、公弄布朗古茶文化园国家 AAA 级景区，完成荣康达乌龙茶庄园国家 AAAA 级景区及云顶筑巢茶庄园、古茗之巢"半山酒店"申报工作，巩固提升景亢傣族风情村国家 AAA 级景区，那洛农场六队、邦佑娜扎瀑布群、佤文化风情走廊、大浪坝旅游区、仙人山旅游区、秀美茶园、红色大文 7 个国家 AAA 级景区创建申报工作有序推进。培育特色精品旅游线路，推出美丽乡村留住乡愁之旅、冰岛禅茶修心养生之旅、双江多元民族文化体验之旅、北回归线穿越之旅等一批 1 日游、2 日游精品旅游线路，公弄、景亢、那洛、那京、南角、邦佑、布京小新寨、大南宋、闷乐、忙而、来冷等旅游村寨打造取得明显成效，全县共接待游客 141 万人次，旅游业总收入 15.5 亿元，全市乡村旅游现场会在双江召开。

2. 抓美丽乡村建设、推进生态振兴。一是实施基础提升工程。围绕抓重点、补短板、强弱项，全力推进城乡"五网"基础设施建设。综合交通网建设全面提速，临清高速、临双高速（双江段）进展顺利，双澜高速公路前期工作有序推进；"四好农村路"建设全面推进，建成乡（镇）农村客运站 5 个，农村客运招呼站（点）68 个，乡（镇）通客车率、通邮率，行政村通客车率均达 100%，农村公路养护管理总里程达 2161 千米，建成"美丽公路"320 千米，"路、站、运、管、安"五位一体交通运输网络不断健全，交通条件得到较大改善，群众出行更加便捷。水网建设全面加快，建成各类水利工程 4859 件，农村自来水普及率达 100%，饮用水水质达标率达64.8%，耕地有效灌溉保证率达 63.8%，水利基础条件和灌溉条件进一步改善。能源和通信网建设不断加速，完成农网改造升级，全县供电可靠率达 99.8%，天然气管道建设前期工作有序推进；互联网建设快速推进，建成 4G 基站 348 个、5G 基站 16 个，所有建制村 4G 网络、电信光网、广播电视实现全覆盖，县城主城区实现 5G 网络全覆盖。二是实施环境治理工程。牢固树立和践行"绿水青山就是金山银山"的理念，统筹山水林田湖草系统治理，持续开展退耕还林还草、陡坡地生态治理、森林抚育等工程，完成新一轮退耕还林还草 6.4万亩。扎实开展非法侵占林地、种茶毁林等破坏森林资源违法违规问题专项整治工作，查处率达100%，共移栽违法违规种植茶苗 26.07万株，种植桤木、水冬瓜、肉桂等覆荫树3.69万株，恢复造林39.06公顷，全县森林覆盖率达70.73%。着力抓好突出生态环境问题整改、"散乱污"企业排查整治等工作，完成第二次全国污染源普查工作任务及省级生态文明县创建工作。把水环境治理纳入河（湖）长制管理，治理河段24.85千米、治理水土流失51.35千公顷、拆除澜沧江（双江段）非法网箱养殖箱40户1020亩，集中式饮用水水源地水质优良率为100%，地表水环境质量总体良好。加强农村突出环境问题综合治理，实施农村人居环境整治三年行动和爱国卫生7个专项行动，采取"3+5+70+551"模式推进"千村整治"工程，全面推进垃圾治理、分类推进厕所革命、梯次推进生活污水治理，农村道路、供水、供电、学校、住房等全面提质，农村人居环境大改善、乡风文明大提升。目前，全县共创建卫生乡（镇）4个、卫生村43个；167个自然村实现垃圾处理市场化运作，其余384个自然村生活垃圾得到及时有效治理，垃圾有效治理率达100%；勐勐镇、沙河乡建成城区生活污水集中处理设施，沙河乡那洛自然村、景亢自然村、勐库华侨五九队、勐库镇冰岛自然村等30个自然村建成污水处理设施，319个自然村村庄生活污水得到集中排放、有效管控，农村生活污水有效管控率达63%；共建成卫生公厕722座、无害化卫生户厕18719座；全县551个自然村全部达到省农村人居环境整治1档村庄标准，全市农村人居环境整治现场会在双江县召开。

3. 抓乡村文明建设、推进文化振兴。把改善民生作为一切工作的出发点、落脚点、着力点。着眼于兜底线、保基本、补短板、强弱项，把教育事业作为重点民生工程抓紧抓实，县一中改扩建工程、职教中心搬迁新建工程扎实推进，完成改扩建校舍面积3237平方米，新建民办幼儿园3所，学前三年幼儿毛入园率达90.11%，义务教育巩固率达95.11%；普通高考再创佳绩，2020年一本上线74人、二本上线367人，本科上线率达59.52%，位居全市第一；体育事业加快发展，全民健身中心全面建成，全民运动氛围逐渐形成。"健康双江"建设扎实推进，紧密型县域医疗卫生共同体改革全面完成；县第二人民医院新院落成，成功创建骨科、妇科等名科室；建成6所乡（镇）卫生院，中医馆中医药工作有效提升；人口和计划生育服务工作扎实推进，"全面两孩"及计划生育"奖优免补"政策全面落实；全面推进第四轮防治艾滋病人民战争，实现三个90%防治目标。建立基本医疗保险、大病保险、医疗救助、兜底保障"四重保障"制度，城乡居民基本医疗保险参保率达100%，农村普通群众住院费用报销比例达85%，建档立卡贫困户住院费用报销比例达90%，切实解决群众看病贵看病难问题；全面落实城乡居民养老保险制度，农村养老保险参保率达100%；精准落实最低生活保障制度，全县共有7530户11100人得到最低生活保障，发放低保等各类补助资金6244.17万元；开发公益性岗位1026个，新增城镇就业3705人，累计新增农村劳动力转移就业10.7万人次，城镇登记失业率为4.2%，社会保障能力不断加强。

实施"文化名县"战略，坚持以社会主义核心价值观为引领，强化爱党、爱国和感恩教育，深入开展"党的光辉照边疆、边疆人民心向党"主题教育活动，全县人民心向党、感党恩、听党话、跟党走。保护、传承和发展多元民族文化，申报传统村落1个、民族特色村寨9个（其中：国家级4个、省级5个），拉祜族"七十二路打歌"、佤族鸡枞陀螺、布朗族蜂桶鼓舞、傣族刺绣等入选非物质文化遗产，勐库古茶园与茶文化系统被国家认定为农业文化遗产，被列入全球重要农业文化遗产预备名单。加强基层文化阵地建设，建成农家书屋84个、村级综合文化服务中心77个、村级文化活动室198个，村史室（农耕文化室）48个，200人以上或党员10人以上自然村实现公共文化活动场所全覆盖。开展"美丽乡村健康跑"、文明村镇、星级文明户等群众性精神文明创建活动，创建文明村镇 24 个、文明单位 44 个、文明校园 30 所，评选新时代十星级文明户 4595 户、农村精神文明示范村 7 个、感动临沧年度人物 13 人、劳动模范 71 人。构建社会治理体系，完善村规民约，建立自然村乡村振兴理事会和红白理事会，开展移风易俗行动，破除大操大办、厚葬薄养、人情攀比等陈规陋习和"等、靠、要"思想，深入开展扫黑除恶治乱专项斗争，严厉打击"黄赌毒""盗拐骗"违法犯罪活动，积极实践新时代"枫桥经验"，连续 18 年保持"无毒县"荣誉称号，人民群众安全感调查综合满意率达 96.6%，位居全市前列，乡风文明新气象全面焕发。

4. 抓队伍建设、推进人才振兴。把人力资本开发放在首位，出台《县委联系专家管理实施办法》《挂职干部管理办法》《进一步关心关爱援双干部办法》等人才政策，建立农村优秀人才信息库，储备后备人才 1268 名，开展乡土人才培训 40 期 2800 人次、致富带头人培训班 1 期 21 人次，培养茶叶加工、竹编、土陶、刺绣等乡村工匠 20 名；举办"乡村振兴"大讲堂 68 期 11244 人次，提拔及调整干部 63 人，开展职级晋升 102 人次。深入实施"四个一批"干部素质提升工程，共调整选派贫困村驻村工作队员 113 名、非贫困村 105 名。采取"走出去借智"的方式，选派 160 名干部到清华大学、北京大学等高校学习培训，12 名干部到中央、省、市直部门挂职锻炼和跟班学习，32 名教师参加"国培计划"项目培训，完成 449 名干部组织调训。着力抓好新时代人才引进工作，认真落实特岗教师、大学生村官、大学生志愿者招聘计划，近三年来共招聘录用 119 人。接收 12 名上海医疗专家援助，聘请 6 名退休名师和 6 名医疗专家支援双江，接纳 17 名"美丽中国"教师分别到乡（镇）完小支教，27 名县一中骨干教师与市一中名师达成结对帮扶协议，全县育才引才渠道不断拓宽，人才发展环境不断优化。

5. 抓党建引领、推进组织振兴。突出党建引领乡村振兴，切实把农村基层党组织建成坚强战斗堡垒，全县建立基层党组织 596 个（其中：两新党组织 23 个），建成村级活动场所 77 个，全县行政村阵地建设实现全覆盖。深入开展基层党组织规范化达标创建工作，建成规范化党支部 550 个。深入推进软弱涣散党组织整顿工作，整顿软弱涣散党组织 3 个，处置不合格党员 30 人。全面向贫困村、软弱涣散村和集体经济薄弱村党组织派出第一书记 32 名，向企业选派党建指导员 22 名。实施农村"领头雁"培养工程，培养储备基层党员干部后备人才；强化党员教育培训，每年对全县 8877 名党员全员轮训一遍。突出党建脱贫"双推进"、党建引领乡村振兴，充分发挥基层党组织和党员在脱贫攻坚、乡村振兴主战场中领导群众、组织群众、发动群众、服务群众的战斗堡垒作用和模范带头作用，涌现出了一批先进典型，那京"三改"打造鲜花盛开的村庄、景亢"五治"助力"五美"推动美丽乡村建设、来冷"三化"促"三变"田园综合体推动乡村旅游等经验做法，在全县乡村振兴战略实施中树立了标杆样板，发挥了重要引领带动作用。

针对存在的问题，双江县未来将从进一步激发群众内生动力、提升农户素质技能、优化产业结构、夯实基础设施等层面入手，做好脱贫攻坚与乡村振兴战略的有机对接，做好顶层设计，理顺实施机制，压实各级责任，为未来实施乡村振兴战略提供有力的保障。双江县在构建长效机制，切实巩固脱贫攻坚成果上采取的多种举措，取得了显著成绩，值得其他地区参考。

第三章

因地制宜：民族团结进步创建与脱贫攻坚同频共振

党的十八大以来，双江县紧紧围绕各民族"共同团结奋斗、共同繁荣发展"的主题，扎实推进民族地区精准扶贫、精准脱贫等各项工作，以创建民族团结进步示范县助推脱贫攻坚，开创了各民族同胞和睦相处、和衷共济、和谐发展的良好局面，促进了"精准脱贫、跨越发展"宏伟目标的实现。自 2014 年以来，全县累计脱贫 7514 户共计 28682 人，贫困发生率由 2014 年的 16.93%降至 0，同时，被国家民委命名为第六批"全国民族团结进步示范县"。

一、民族团结进步创建与脱贫 攻坚协同的必要性

2019 年 9 月，习近平总书记在全国民族团结进步表彰大会上，从 9 个方面对 70 年来民族团结进步成就经验作出了高度概括："我们坚持准确把握我国统一的多民族国家的基本国情，把维护国家统一和民族团结作为各民族最高利益；坚持马克思主义民族理论中国化，坚定走中国特色解决民族问题的正确道路；坚持和完善民族区域自治制度，做到统一和自治相结合、民族因素和区域因素相结合；坚持促进各民族交往交流交融，不断铸牢中华民族共同体意识；坚持加快少数民族和民族地区发展，不断满足各族群众对美好生活的向往；坚持文化认同是最深层的认同，构筑中华民族共有精神家园；坚持各民族在

法律面前一律平等，用法律保障民族团结；坚持在继承中发展、在发展中创新，使党的民族政策既一脉相承又与时俱进；坚持加强党对民族工作的领导，不断健全推动民族团结进步事业发展的体制机制。"①这 9 个方面的经验弥足珍贵、十分重要，必须在今后的工作中长期坚持。中国特色社会主义进入新时代，中华民族迎来了历史上最好的发展时期。同时，面对复杂的国内外形势，我们更要团结一致、凝聚力量，确保中国发展的巨轮胜利前进。各族人民亲如一家，是中华民族伟大复兴必定要实现的根本保证。我们要以铸牢中华民族共同体意识为主线，全面贯彻党的民族理论和民族政策，坚持共同团结奋斗、共同繁荣发展，把民族团结进步事业作为基础性事业抓紧抓好，促进各民族像石榴籽一样紧紧拥抱在一起，推动中华民族走向包容性更强、凝聚力更大的命运共同体。

双江是全国唯一一个同时由拉祜族、佤族、布朗族、傣族 4 个主体民族共同自治的多民族自治县，境内居住着 23 种少数民族（拉祜族、佤族、布朗族、傣族、彝族、白族、壮族、德昂族、水族、哈尼族、苗族、回族、纳西族、傈僳族、藏族、布依族、普米族、瑶族、蒙古族、满族、景颇族、基诺族、独龙族），是布朗族的主要聚居地和文化发祥地之一，各民族同生共荣，民族文化丰富多彩，被称为"中国多元民族文化之乡"。

（一）多民族地区贫困的复杂性与特殊性

双江是全国唯一的拉祜族佤族布朗族傣族自治县，是国家确定的人口较少民族聚居县，少数民族人口 8.3 万人，占总人口的 50.3%。4 个自治民族中，拉祜族、佤族、布朗族是"直过民族"，布朗族是

---

① 《习近平在全国民族团结进步表彰大会上发表重要讲话强调：坚持共同团结奋斗共同繁荣发展　各民族共建美好家园共创美好未来》，《人民日报》2019 年 9 月 28 日。

人口较少民族。先后被评为"全国民族团结进步模范自治县""全国法治县创建活动先进单位""全国普法先进县""云南省文明城市"；2018 年 12 月，双江拉祜族佤族布朗族傣族自治县被国家民委命名为第六批"全国民族团结进步创建示范县"。拉祜族在全县各乡（镇）均有分布，共有 91 个拉祜族聚居的自然村，另有 93 个自然村有不同程度的杂居情况，现有人口 30905 人，占全县总人口的 18.79%，占少数民族总人口的 47%。佤族主要聚居在沙河、邦丙、勐勐、勐库 4 个乡镇，全县共有 41 个佤族聚居的自然村，另有 97 个自然村有不同程度的杂居情况，共有佤族人口 12986 人，占全县总人口的 7.88%，占少数民族总人口的 19.68%。布朗族属全国 22 种人口较少民族之一，主要分布在县境东部澜沧江、小黑江沿岸的河谷地带，全县共有 38 个布朗族聚居的自然村，另有 84 个自然村有不同程度的杂居情况，现有人口 11997 人，占全县总人口的 7.28%，占少数民族总人口的 18.18%，占全省布朗族人口的 13.7%。傣族主要分布在勐勐、勐库两个坝子，在大文、忙糯澜沧江沿岸也有少量分布，全县共有 40 个傣族聚居的自然村，另有 63 个自然村有不同程度的杂居情况，现有人口 9927 人，占全县总人口的 6.03%，占少数民族总人口的 15%。彝族属双江县世居民族之一，主要聚居在勐库、勐勐、大文的 4 个自然村，另有 57 个自然村有不同程度的杂居情况，现有人口 3468 人，占全县总人口的 1.9%，占少数民族总人口的 4.1%。

（二）多民族聚居地社会变迁特征

双江是多元民族文化之乡，在 23 种少数民族中，拉祜族、佤族、布朗族、傣族是双江的世居民族，在长期的生产生活中，拉祜族、佤族、布朗族、傣族与各民族亲如兄弟、情同手足、团结互助、繁衍生息，形成了各具特色的音乐舞蹈、工艺服饰、传统节日、风味小吃，孕育了内涵丰富的民族文化、古朴醇厚的风土人情和各具特色的民风习俗，呈现出了多民族兼容并存、和睦相处的美好局面，拉祜族、佤族、布朗族、傣族宛如四朵奇葩，为双江这块北回归线上的热土增添了许多神秘色彩。

拉祜族是跨境而居的山地民族，长期以来，拉祜族与各兄弟民族和睦相处，繁衍生息，形成了独特的拉祜文化。其中，在 2006 年被列为省级非物质文化遗产名录的双江县拉祜族葫芦笙舞"72 路打歌"是最具代表性的拉祜文化之一，也是最能代表拉祜族文化传统的舞种，而拉祜族"乔木椿鱼"又是临沧市十大创新名菜之一。

佤族是双江境内最古老的世居民族之一，其定居年代早于拉祜族。佤族是勤劳、奔放的民族，在长期发展中，形成了自己独特的历史文化、民族服饰、喜庆节日、传统美德。被列为国家级非物质文化遗产保护名录的佤族鸡枞陀螺，因形似鸡枞而得名，是富有观赏价值的传统体育与游戏，其高难度抛接技巧对体育运动技巧的形成和挖掘具有宝贵的科学价值。

布朗族主要分布在双江县境东部澜沧江、小黑江一侧的河谷中山地带，布朗族在双江这片美丽的土地上孕育了悠久灿烂的文化艺术，底蕴深厚的民间歌舞，透射出浓郁古朴的民俗民风。其中，国家级非物质文化遗产"布朗族蜂桶鼓舞"是双江布朗族独创的富有个性色彩的民间文化艺术，该舞蹈动作刚柔相济、舒展大方、节奏明快、气氛热烈，丰富的内涵浸透着深厚浓郁的民族文化和多姿多彩的民族风情。省级非物质文化遗产布朗族纺织是纺织文化当中的"活化石"，鲜明的民族特色、精湛的手工技艺浸透着深厚的民族文化内涵和较强的审美价值。

傣族被称为水的民族。汉、唐以来，双江境内就有傣族居住。元末明初，云南西部的傣族陆续进入双江境内。傣族的竹编、制陶、纺织、刺绣等传统工艺秀丽精致令人赞叹，他们用自己勤劳的双手和智慧造就了甜蜜的生活。在文化输出方面，随着微电影《双江好人》

《冰岛之恋》等一批优秀影视作品在亚洲微电影节上获奖，本土布朗族作家陶玉明著作《我的乡村》夺得全国少数民族文化艺术创作类最高奖"骏马奖"，傣族文化在世界范围逐渐展露风采。

（三）"直过民族"及其贫困特点

双江县被确定为"直过民族"的分别是拉祜族、佤族、布朗族3个民族，布朗族则在"十一五"期间到"十二五"期间开始享受人口较少民族整村推进、巩固提高扶持项目支持。双江县的"直过民族"聚居区分布在4乡2县38个行政村296个自然村，总人口18423户71852人，其中"直过民族"人口10686户41636人。例如，拉祜族"直过民族"聚居村主要为勐勐县细些村、忙糯乡巴哈村、忙糯乡小坝子村、忙糯乡帮界村、大文乡太平村，全部为建档立卡贫困村，主要由华能集团帮扶。

双江县作为一个多民族聚居的少数民族地区，其扶贫的难度主要集中在社会公共服务和硬件基础设施两方面。就现有的社会现象分析，主要集中在以下几点：一是制约发展"瓶颈"突出。"直过民族"聚居区因多数地处偏远山区，部分村委会自然村一级的道路路况差、等级低，通车能力弱，安全隐患大。人畜饮水困难，有近60%的自然村未通自来水。农村水利化程度较低，虽然多年来各级各部门有所投入，还是不足解决有效灌溉问题，由于总体上因点多面广，水利化可灌溉面积少，依然改变不了靠天吃饭的原始面貌。二是特色产业发展滞后。由于双江县"直过民族"居住的地区农村实用科技人才、创业人才缺乏，以粮为本观念根深蒂固，加之科技产业化、特色产业形不成规模，农村科技管理水平低，同时自我发展、自我保护小农经济意识浓厚，农村产业专业合作化、企业发展模式化没有形成有效机制，脱贫致富门路少，影响了农民增收。三是教育卫生文化跟不上发展服务。近年来，国家采取一系列特殊政策措施发展社会事业，但远远不能适应当前服务性质要求，"直过民族"聚居区没有学前教育，受过高中（中专）教育人数较低，在该辖区范围内不到5%，"读书无用论"思想存在，教育就业压力大，影响辍学率偏高。村级卫生室基本没有全职卫生专技人员（村医），多数仅受过一定的专业技术培训，医务水平、医疗设备不足。少数民族优秀传统文化社会机制保护意识形不成常态，民族文化元素得不到有效广泛运用。四是影响民族团结的不稳定因素仍然存在。随着经济体制改革的不断深入，由于政策扶持等原因，"直过民族"区域性发展水平参差不齐，因区域性发展不均衡、不充分等元素势必导致一些少数民族群众产生不平衡心理，一些深层次的民族矛盾纠纷和隐患仍然存在，民族团结社会稳定工作形势严峻。因此，民族之间的团结与稳定是双江县社会经济稳步发展的直接影响因素；同时，也可以认为扶贫工作的成效好坏是间接影响多民族地区社会稳定的重要影响因素。由此不难发现，脱贫攻坚与民族团结在逻辑上是互相影响、相辅相成的，同频共振是实现多民族地区减贫与团结的必然选择。

二、民族团结进步创建与脱贫攻坚协同的可行性

（一）民族团结进步创建基础较好

党的十八大以来，双江县紧紧围绕各民族"共同团结奋斗、共同繁荣发展"的主题，扎实推进民族地区精准扶贫精准脱贫各项工作，以民族团结进步示范县创建助推脱贫攻坚，开创了各民族群众和睦相处、和衷共济、和谐发展的良好局面，促进了"精准脱贫、跨越发展"宏伟目标的实现。2018年，双江县被国家民委命名为第六

批"全国民族团结进步示范县"。双江县把在新时代开展好民族团结进步创建，贯彻落实好党和国家民族政策，维护民族团结、社会稳定，促进少数民族和睦共融、民族地区经济社会发展作为重大政治责任，广泛组织各族人民，发动各方力量，举全县之力推动全国民族团结进步示范县创建各项工作。先行先试，扬起先锋的旗帜，践行着"各民族都是一家人，一家人都要过上好日子"的核心工作理念，奏响民族团结进步最强和声，各族人民昂首阔步走进新时代。

1. 党建引领，凝聚奋进力量

双江县以党建引领发展，不断增强战斗力、凝聚力和创造力，切实解决各族群众关心的突出问题，促进各民族间相互交融、共同进步，着力推进民族团结进步示范创建工作。把民族团结进步创建工作纳入全县"十二五""十三五"规划、年度全委会报告和政府工作报告的重要内容，列入县人大和县政协调研视察的重点课题，作为年度重点督查计划，层层签订责任书，并将履责情况列入年度述职和考核内容。同时，把民族团结进步示范县创建工作作为党政"一把手"工程。

2. 培植产业，拓宽发展路径

双江县始终把加快经济发展，实现各族人民共同富裕作为重要工作来抓。县级财政每年投入 5000 万元产业发展资金，巩固提升茶叶等传统产业，培育咖啡（坚果）等新兴产业，建成农业产业化基地 150 万亩，农民人均 10 亩，少数民族聚居区人均 9.5 亩，培育国家级、省级龙头企业 5 户、规模以上企业 18 户，扶持小微企业 130 户，建立合作社 351 个。同时，在提升劳动力素质上下功夫，举办各类技术培训 215 期，培训学员 7.4 万余人次，其中完成建档立卡贫困人口技能培训 7852 人，实现了 32 个建档立卡贫困村有培训意愿对象的贫困人口培训全覆盖；培训建筑工匠 1200 多名，累计转移劳动力就业 5.92 万人。

3. 聚力脱贫，筑牢团结基石

双江县共有建档立卡贫困乡（镇）2 个、贫困村 32 个，建档立卡贫困人口 7514 户 28682 人。脱贫攻坚战打响以来，双江县认真贯彻落实习近平关于扶贫开发的重要论述精神，坚持以脱贫攻坚统领经济社会发展全局，紧紧围绕"两不愁三保障"目标，扎实推进精准扶贫、精准脱贫各项工作。2018 年，贫困发生率降至 0.53%。大量贫困户的脱贫退出，特别是少数民族贫困群众的脱贫退出，使"党的光辉照边疆、边疆人民心向党"实践活动取得了实实在在的成效，有力地推动了民族团结示范县创建工作。

4. 文化为魂，共建精神家园

双江县充分发挥"多元民族文化之乡"的品牌效应，加快建设"文化名县"，以文化的繁荣推进民族的进步。布朗族蜂桶鼓舞、佤族鸡枞陀螺已被列入国家级非物质文化遗产保护名录；布朗族纺织技艺、拉祜族"七十二路打歌"、大南直布朗族村传统文化保护区、傣族传统手工技艺被列入省级保护名录；拉祜族"乔木椿鱼"被列入临沧市十大创新名菜，布朗族"牛肚被"被誉为毛巾被的"活化石"；微电影《双江好人》《冰岛之恋》等一批优秀影视作品在亚洲微电影节上获奖；本土布朗族作家陶玉明著作《我的乡村》夺得全国少数民族文化艺术创作类最高奖"骏马奖"。坚持每年组织拉祜族火把节、佤族新米节、布朗族插花节和傣族泼水节等少数民族代表性传统节日，成功举办了 5 届中国·双江勐库（冰岛）茶会，组织县民族文化工作队先后随同临沧市代表团赴俄罗斯、日本、缅甸等国开展文化交流。近三年来，乡村旅游接待 378.19 万人次，收入 27.538 亿元；旅游产业扶贫覆盖 1401 户 5458 人农村人口，乡村旅游成为农民增收、农村脱贫的重要产业。2015 年以来年均接待游客数、文化旅游总收入增幅均在 25% 以上。

（二）两大战略目标的契合度较高

1. 多方重视，各级民族政策共施力。中央、云南省委、临沧市委分别出台了加强和改进新形势下民族工作的意见。中央从六个方面提出了 25 条意见；云南省、临沧市委从五个方面提出了 26 条意见，进一步明确了民族工作的主要任务，以及加快民族地区经济社会发展的基本思路和具体措施。双江县抢抓机遇，充分利用民族政策，加大与上级民宗委部门的沟通协调，积极反映少数民族和民族地区的特殊困难和问题。例如，省委、省政府出台了《云南省全面打赢"直过民族"脱贫攻坚战行动计划（2016—2020 年）》，决定用 5 年时间，采取超常规举措，坚决打赢"直过民族"脱贫攻坚战。抓住该行动计划将包括布朗族在内的 9 个少数民族列为"直过民族"的机遇，积极向上级部门汇报衔接，争取少数民族优惠政策全面得到贯彻落实。

2. 紧扣目标，民族团结示范抓落实。按照省民委提出的"3121工程"、"十百千万工程"和"民族团结示范区"项目规划实施意见，着力抓好 2016 年民族团结示范区创建工程的监督落实，建立健全项目后续管理机制和绩效考核验收。继续做好第二轮"十县百乡千村万户示范创建工程" 2017 年项目的评审、监督实施管理工作，主动介入、超前谋划、整合资源，提前做好民贸民品、民族文化、民族理论研究及调研等各项民族工作和谐发展，着力解决少数民族和民族地区的实际困难和问题。根据省《关于建设民族团结边疆繁荣稳定示范区的实施意见》要求，为动员全县各族干部群众按照"创新、协调、绿色、开放、共享"的发展理念，加快少数民族和民族地方的发展，促进各民族"共同繁荣发展、共同团结进步"，筹备好每 5 年一次的民族团结进步表彰大会。

（三）两大战略协同实施成效更好

长期以来，党中央、国务院，云南省委、省政府十分关心边疆少数民族地方的经济社会发展。近年来，在临沧市委、市政府的正确领导下，双江县委、县政府认真学习贯彻习近平总书记系列重要讲话和党的十八大、十九大精神，牢固树立和深入贯彻"五大"发展理念，统筹推进"五位一体"总体布局和协调推进"四个全面"战略布局，坚持稳中求进工作总基调，全力以赴稳增长、促改革、调结构、惠民生、防风险，经济社会取得了长足发展。为民族团结示范建设奠定了良好的基础。尤其是加快特色产业发展，以高速公路建设为主要标志的"五网"基础设施建设全面提速，生态文明建设成效明显，党的建设和深化改革工作深入推进，呈现出经济社会快速发展，社会事业全面进步，民族团结和谐的良好局面。

紧紧抓住脱贫攻坚大会战、"五网"基础设施建设等历史性机遇，积极向上争取项目，精心组织实施项目，切实抓好基础设施建设。2013—2020年，累计投入资金1.64亿元，实施完成了第一、二、三轮"十县百乡千村万户"示范创建工程，创建了民族团结进步示范县、2个示范镇、12个示范村、少数民族特色村寨3个，创建点基础设施有效改善。加快推进临清高速双江段、临双高速公路建设，县至乡（镇）道路、乡（镇）至行政村道路全部硬化，"五网"基础设施明显改善，人居环境大幅提升，公共服务水平全面提质，为民族地区打好打赢精准脱贫攻坚战、实现高质量发展提供支持和保障。2013年以来，先后被评为"全国法治县创建活动先进单位""全国六五普法先进县""全省县域科学发展先进县""全省法治县创建活动先进单位"，2018年被评为"全国民族团结进步创建示范县"、"省级文明城市"。

（四）好家风家教：民族团结进步的基石

在民族团结进步成果显现的同时，涌现了一大批先进典型。其中最有代表性的是双江县教育小区居住的一个布朗人家，家庭成员中有三人是民族团结进步模范个人，其中两人是全国模范个人，这个大家庭团结和谐，是当地民族团结进步示范家庭。

1. 鲁时仙：优秀民族教师，全国民族团结进步模范个人

鲁时仙，女，布朗族，中共党员，出生于 1949 年 1 月，1968 年 7 月毕业于临沧师范学校，从事教育工作 30 余年，担任校长职务 23 年。

教师，太阳底下最光辉的职业，鲁时仙从普通教师到校长，从校长到全国政协委员、全国民族团结进步模范个人，她全心全意地投入到教育事业中，为双江县民族团结进步、社会经济发展作出了较大贡献。

几十年来，鲁时仙一心想着党的养育之恩，始终与党中央保持一致，拥护党和国家的路线、方针、政策，忠于党和人民的教育事业。她对工作任劳任怨，认真负责。从担任校长职务以来，要求老师做到的她自己首先做到。她坚持每周日下午到校，星期五下午放学离校。节假日和寒暑假，她仍牵挂着学校的安全，一心扑在学校的工作上。在廉洁方面，她严格要求自己，从不利用职权为自己或家人谋私利。在公务活动中，做到合理开支，不浪费公共财物。

在教育教学管理上鲁时仙有一套经验。她对领导班子的管理模式是"统一步调、分工协作、各司其职、各负其责"，制定了管理制度；在教学管理上，她主要采用"走出去"或"请进来"的方式，积极鼓励年轻教师参加各类教育教学培训，让教师学习优秀教学模式，提高教学质量；在学校管理上，她以身作则，率先垂范，并没有

因为自己是校长或是资格老而高人一等，而是主动承担学校课程，给教师们以潜移默化的影响，带动教师扎实工作，使学校的教育教学工作硕果累累。

在 30 余年的教学中，鲁时仙身为一校之长，不但不摆架子，待人处事公正民主，宽厚仁和，而且关心教师，乐意为教师排忧解难。情系师生，乐于助人，是对鲁校长的真实写照。对教师、学生的困难疾苦，更是热情帮助，关怀备至。在生活上，鲁校长给师生无微不至的关怀；在民族教育上，她充分利用熟悉少数民族语言的优势，采用双语教学，对学生进行针对性教育。在没有实行 9 年义务教育的情况下，通过鲁校长努力，土戈小学毕业升学率由 60% 提升至 100%。不仅如此，鲁校长争取当地干部给予支持，群众投工献料，多方筹集资金，新建了教学楼、教师宿舍、厨房、厕所等，切实改善了办学条件。

鲁时仙是少数民族教师的优秀代表，是党的群众路线的忠实实践者，几十年如一日，她忠实践行着一个共产党员的职责，心系双江各族群众，在搞好教育教学的同时大力弘扬优秀民族文化，引导群众发展产业，改善群众生产生活质量。鲁时仙于 1985 年 9 月被地、县评为"先进教育工作者"；1986 年 5 月被省教育厅评为"先进教育工作者"，1986—1990 年当选为县第九届、十届人大代表；1988 年被地、县评为"抗震救灾先进个人"，同年被选为省七届人大代表；1992 年当选为全国八届政协委员；1994 年 9 月获"全国民族团结进步模范个人"称号，同年还有幸参加了世界妇女代表大会，并作交流发言，受到各界人士的关注；1998 年 9 月被省教育厅评为"先进教育工作者"；2010 年 2 月被省关工委评为"关心下一代先进工作者"。鲁时仙在履职全国政协委员期间，把握到昆明到北京开会的机会，为双江争取纸厂及南等水库等项目，为临沧争取临沧机场项目。

30 多年风雨沧桑，虽已退休的鲁校长依然心性不变，她始终站在教育这一块精神高地上，守望着自己的理想，守望着那个甜美的梦，谱写着平凡而卓越的人生乐章。

2. 董华明：优秀民族干部，全国民族团结进步模范个人

鲁时仙长子董华明，布朗族优秀干部，现任大文乡人民政府乡长，历任沙河乡人民政府副乡长、勐库华侨管理区副主任，被广泛赞誉为群众的贴心人、脱贫的领路人，于 2009 年被评为"全国民族团结进步模范个人"。

脱贫攻坚是一项惠民工程，它对于缩小城乡差距，促进农村经济发展，脱贫致富奔小康，造福亿万农民意义重大。董华明作为乡镇干部，兢兢业业，真抓实干，在平凡的岗位上创造性地做出了不平凡的业绩。董华明一方面正确贯彻党的惠民政策，争取扶持、争取投资；另一方面坚持群众的好事发动和依靠群众来做，凝聚群众的智慧和力量，充分发挥群众的积极性、主动性和创造性，让群众自觉地投身到脱贫攻坚中来。

董华明始终坚持突出农民主体，尊重群众意愿，充分发挥村民自治作用，因地制宜，决不搞整齐划——刀切、中看不中用的面子工程。在各村建设安居房时，围绕村容整洁卫生文明、创造良好生存环境目标，适合建生态型的建生态型，适合建庭院型的建庭院型，做到不劈山、不砍树、不填塘。为确定各村主导产业，使农民增收致富有保障，增收有支撑，他指导每个村立足实际，务必选择适合自身发展的产业项目，从而形成了一村一业，几村一品，多元发展农村集体经济的新格局。

3. 董华兰：优秀民族文化传播者，全县民族团结进步模范个人

鲁时仙长女董华兰，勐勐镇文化广播电视服务中心负责人。一直以来，她以党的十八大、十九大精神为引领，以推进基层文化建设为

重点，紧紧围绕"文化名镇"的思路和要求，传播优秀民族文化，推动文化领域各项工作，为镇域经济社会发展提供强有力的文化智力支撑，于2018年被评为"全县民族团结进步模范个人"。

董华兰在文化工作中，一是加强阵地建设，巩固文化成果。完成彝家村上平掌组等贫困地区百县万村综合文化服务中心建设工程；督促各村（社区）完善两室一场一栏（图书室、文体活动室、室外活动场、文化宣传栏）及文化信息共享工程等功能设施；申报全镇16个村（社区）村级文化服务中心全覆盖工程建设。二是强化业务培训，提升业务技能。积极挖掘文艺骨干、文艺爱好者等热心公益事业的社会各界人士，组建了新村社区葫芦组合乐队、那布移民点乐队、彝家村打歌队、公很社区广场舞蹈队等，同时积极参加省、市、县组织的文化骨干培训，并获得了省、市级培训结业证书。三是积极开展各类活动，丰富群众文化生活。积极参加县里组织的茶文化节文艺汇演及民族特色小吃、手工艺品商贸展销、火把节篝火打歌晚会及迎国庆、中秋文艺汇演等活动；创作的《傣家人民优利金旺》《布朗人民心向党》《拉祜心中党中央》以及本地歌曲《扎六是我家》等，得到了社会各界的一致好评。四是加强文化市场管理，确保健康有序发展。积极参加县里组织的对镇域内网吧、KTV棋牌娱乐室、宾馆等20余家文化娱乐场所进行不定期检查；以安全生产、消防安全、文化联合大检查为契机，对各村（社区）农家书屋、学校的消防安全及图书进行大检查。

董华兰还兼任新村社区的脱贫攻坚工作队队员。工作中，采取入户走访、问卷调查、座谈等多种方式进行再深入再研究，详细了解了新村社区的自然环境、组织建设、经济发展等各方面情况。在此基础上，综合分析各挂钩部门走访调研的情况，提出了"种植业起步，养殖业脱贫，二、三产业翻番"的发展思路，围绕发展经济这"一个中心"，抓好个体经济、结构调整、规模经营三个关键，强化班子建设、基础建设、民生建设"三项保障"，结合实际制订了切实可行的脱贫攻坚工作方案和年度工作计划，为做好脱贫攻坚工作奠定了基础。

驻村以来，董华兰积极想方设法帮助群众解决热点难点问题。在驻村工队及社区干部的共同努力下，取得了各级各部门及挂钩部门的大力支持，帮助贫困农户协调建房水泥，解决了入村道路问题，解决了吃水问题。

"你们都是基层领导，服务好边疆各族群众，不能讲吃讲穿，要与群众打成一片；制定发展决策，要经过实地考察，依托群众、问计于民；国家富强了，边疆群众的日子才能越来越好，边疆繁荣稳定，国家才能长治久安，做好民族团结进步工作时刻不能忘记，要向群众长期宣传党和国家的利民惠民政策……"董付祥在周末全家难得聚齐的吃饭时间又向几个孩子不停"絮叨"。记者在采访时有幸参加了这场特殊的家庭会议。

鲁时仙和丈夫董付祥，总是以身作则，言传身教，引导孩子们保持积极向上的生活态度，认真做事、勤俭节约，真诚待人，尊老爱幼。好家风家教，使这个大家庭永葆团结和美景象。

鲁时仙和丈夫董付祥引导子女，做任何事情都要有理想和目标，然后组织合理的时间和精力去做，循序渐进，一步一个脚印去实现理想，遇到困难和挫折不放弃不退缩。凡事不可心急但必须认真去做，认真对待，从小事做起。要勤奋节俭，不浪费不奢侈。做人做事要诚实、诚信。要尊重、关心、照顾、赡养老人，让他们老有所养，安享晚年；要爱护、关怀、教育、抚养幼小儿童，让他们快乐生活，轻松学习，健康成长。

一直以来，鲁时仙一家传承着这些优良家风家教，使家庭成员先后成为县级、市级、省级、国家级民族团结进步模范个人，成为一个典型的民族团结进步布朗人家。正是这样一个个团结进步的家庭，组成了全社会这个团结进步的大家庭，促进了人类文明进步。

三、民族团结进步创建与脱贫攻坚
同频共振的主要做法

（一）高起点谋划，明确协同思路

优化攻坚队伍，实现干群"联通"。加强选拔配备，注重用少数民族干部做少数民族工作，实现情感交流零距离、工作沟通无障碍。一是把优秀少数民族干部选出来、用起来。在县内事业人员招考录取中，对拉、佤、布、傣族考生的比例给予适当倾斜，坚持在脱贫攻坚一线考察识别干部，让工作实绩突出的少数民族干部当主官、挑大梁。目前，全县6个乡县有4名少数民族正职，县直部门有15名少数民族正职。坚持政治标准，把农村最有本事的少数民族群众发展成党员、培养成村干部、锻造成脱贫攻坚战场上的骨干力量。二是让派到一线的干部会做民族工作。脱贫攻坚战打响以来，三分之二的干部驻扎在脱贫攻坚一线，为确保干部与各族群众无障碍沟通，在组建工作队时充分考虑民族结构，每个村至少安排3名熟知当地民族习俗、历史与现状的少数民族工作队员，确保沟通交流不犯"禁忌"，有共同语言。三是"双挂双承诺"把干部群众融为一体。对少数民族贫困户实行1名少数民族干部具体挂，1名科（处）级领导干部联合挂的"双挂制"；干部在政策落实、安居房建设、产业培育、基础设施改善等方面向群众承诺，群众在尊师重教、移风易俗、尊老爱幼、邻里和谐等方面向村"两委"承诺，目前已承诺11.2万件，履诺11.15万件。

推动文化交融，实现民族"联心"。双江素有"中国多元民族文化之乡"的美誉，双江县坚持将文化优势转化为脱贫优势，多元民族文化在脱贫攻坚中迸发出了新的生命与活力。一是在文化交流中增进情感认同。在农村，充分发挥村组活动场所的综合功能，为各族群众搭建交流平台，各族群众劳动在一起、娱乐也在一起，佤族学会了拉祜族的"七十二路打歌"，布朗族学会了傣族的孔雀舞，各民族之间的感情十分融洽。在城区，每年泼水节，城里的傣族都会敲锣打鼓到城边迎接周围其他民族群众一起进城过节。其他民族过节也会相互邀约，相互串寨，交流文化和生产生活的方方面面。在学校，编创了拉、佤、布、傣民族韵律操，把各民族的经典旋律、舞蹈动作融为一体，在全县所有中小学、幼儿园推广。深入广泛的交流，促进了各族群众相互认同、相互包容、相互尊重，为脱贫攻坚奠定了坚实的思想基础。二是在文化传承中增强脱贫信心。借助拉祜族火把节、佤族新米节、布朗族插花节和傣族泼水节等民族节庆文艺展演，传承民族文化遗产，自编自创了一批反映当前发展和党的政策的民族歌舞节目，宣传党的方针政策，每年都到贫困村寨开展巡回演出 100 多场次。三是在文化产业中增加收入。坚持把茶文化和民族文化有机融合，打造提升民族特色旅游村寨 6 个，建成省级文化惠民示范村 6 个，文化创意与产业融合发展示范基地 1 个，实施国家旅游扶贫重点项目 5 个，聚点成线，连线成面，年均接待游客数、文化旅游总收入增幅均在25% 以上，既富了"脑袋"，又富了"口袋"。

（二）多维度融合，拓宽协同领域

推广"党支部+"模式，提升产业"组织化"。针对少数民族群众耕作水平不同、产业发展基础不一的实际，大力推行"党支部+合作社+企业+贫困户"发展模式，着力提升产业组织化程度，把各族群众团结起来、组织起来，各展所长、优势互补，抱团发展。沙河乡允俸村是佤族、傣族等多民族杂居村，佤族群众以种植水稻、玉米、甘蔗为主，傣族群众以发展水稻、水果、蔬菜等产业为主。为切实解决产业"小散弱"问题，村党组织召集各民族"头人"、致富能手共同规划产业，成立水稻专业合作社和马铃薯专业合作社。在合作社管理运行中，傣族群众历来善于做生意，主要负责加工、销售等工作，佤族群众主要负责产业基地的种植管理，默契地形成了"傣族闯市场、佤族做基地"的优势互补格局。在双江县，像允俸村一样的合作社有 323 个。通过持续提升产业组织化程度，全县建成农业产业化基地 150 万亩，茶叶、甘蔗、烤烟等传统产业得到巩固，新的产业得到培育，2020 年建成优质生态茶园面积 28.4 万亩，农民人均茶叶收入 6858 元。在此基础上，不断拓展农民增收渠道，培育茯苓等新兴产业，各民族间收入差距逐步缩小，共同富裕的基础不断夯实。

建立振兴理事会，实现村事"联治"。随着脱贫攻坚深入推进、乡村振兴战略全面实施，双江县持续用力，积极探索和创新村级党组织领导下充满活力的乡村治理机制。在各自然村全面建立乡村振兴理事会，把农村各类人才聚集到党组织周围。勐勐县千福村是一个拉祜族、佤族、布朗族、傣族等多民族杂居村，被称为"小版双江"，村里的拉祜族群众真诚好客，但有的群众喜欢喝酒，醉酒吵闹的情况时有发生；佤族、布朗族勤劳勇敢，但有的群众凡事喜欢"叫魂打卦"，少则几百元，多则几千元；傣族群众开放能干，但婚丧嫁娶"套理数"繁杂，相互攀比礼金，影响了社会风气。根据临沧市委出台的《关于贯彻乡村振兴战略的实施方案》和《关于提升农村基层党组织组织力的意见（试行）》，千福村组建乡村振兴理事会，由各民族的"头人"担任理事会成员，让各民族最有威望的人共同制定村规民约，淘清"人的资源清单""物的资源清单""问题清单""项目清单"四个清单，改变各民族各吹各打状况，各方力量拧成了一股绳，移风易俗深入推进，文明新风不断养成。目前，像千福村这样的振兴理事会，双江县已组建了 551 个，村村寨寨的"头人"、能人在脱贫攻坚和乡村振兴中发挥了重要作用。

（三）高标杆引领，打造协同样板

按照民族团结进步创建"人文化、实体化、大众化"的要求，以民族团结进步创建"七进"为主阵地、主渠道，树立标杆，典型引领，实现了创建活动全覆盖。把创建示范县工作作为党政"一把手"工程，成立县党政主要领导任组长的创建工作领导小组，20 名处级领导分别挂钩联系指导乡（镇）和部门（单位）创建工作，抽调 12 名人员组建创建工作办公室，安排 500 万元创建工作经费。制定《关于加快创建全国民族团结进步示范县的实施意见》《关于深入开展创建全国民族团结进步示范县工作实施方案》等文件，在县电视台设置《政策解读·民语译播》栏目，专题讲解创建示范县工作的政策和文件精神。把创建工作纳入"十三五"规划、年度县委全委会报告和政府工作报告，列入县人大和县政协调研视察重点课题，作为年度重点督查计划，层层签订责任书，列入领导干部年度述职和考核内容。确保创建工作有组织、有机构、有队伍、有经费保障，做到与中心工作同部署、同检查、同推进、同考核。

1. 开展办点示范。发挥出双江县在省市县际交界地区、社情较为复杂地区、敏感地区创办民族团结示范点的成功经验，打造一批民族团结进步"七进"示范单位，以点串线、点面结合，发挥示范引领作用，带动全县整体创建工作。

2. 借鉴外地经验。组织民创办工作人员先后到青海省、湖北省、贵州省等地进行考察学习，通过听取情况介绍，实地考察参观，让民创办工作人员增长了见识，丰富了经验，开阔了视野，增强了创建工作的使命感和责任感。

3. 培育正面典型。全县先后召开多次民族团结进步表彰大会，表彰模范集体和模范个人。通过典型引领，民族团结进步创建活动形成各领域、各行业齐头并进、百花齐放的良好局面。

4. 强化协作推进。加强与邻近省区乡镇在促进产业发展、增进民族团结、处理矛盾纠纷的协商与合作，建立了边区联防联调联治长效机制。与边区县市乡镇轮流主办文化交流论坛、民族文艺汇演等系列活动，促进边区各族群众和谐相处。

（四）高密度宣传，营造协同氛围

组建少数民族宣传队、派出"双语"干部深入宣传脱贫政策，派出"双语"技术员进村入户开展农村实用技术培训。推行"双承诺"制度，干部在政策落实、安居房建设、产业培育、基础设施改善、教育健康帮扶等方面向帮扶农户进行承诺；贫困户在发展产业、排除危房、教育子女、庭院整洁、参与公益事业、移风易俗等方面向村"两委"作出承诺，全县承诺事项达 11.2 万件，已履诺 11.15 万件。深入开展"自强、诚信、感恩"和"党的光辉照边疆、边疆人民心向党"主题教育，累计开展宣传教育 1115 场次 5.4 万人次，创作《拉祜心中党中央》《布朗人民心向党》等系列歌曲，深入村寨进行演出，建成村级感恩教育阵地 76 个。召开民族团结进步表彰大会，对模范个人和模范集体进行表彰奖励，对抓创建工作有亮点、有特点的 35 个单位和个人进行了集中宣传报道，推动形成了典型引领、示范带动，推动形成了人人支持、人人参与创建民族团结进步示范县的浓厚氛围，群众感党恩、听党话、跟党走的爱党爱国意识明显增强，群众苦干实干奔小康的内生动力得到有效增强。

（五）高标准推进，完善协同机制

1. 与精神家园同建，繁荣文化助推进

充分发挥多元民族文化品牌效应，加快建设"文化名县"，以文

化的繁荣推进民族的进步。城市电影院、老年人文体活动中心、县城民族文化广场和 6 个省级文化惠民示范村建成并投入使用，乡（镇）综合文化站和行政村文化室（村史室）实现全覆盖，建成自然村（组）活动室（村史室）402 个。建成全国重点水利风景区 1 个，3A 级景区 2 个，文化创意与相关产业融合发展示范基地 1 个，打造提升民族特色村寨 15 个，实施 5 个行政村国家旅游扶贫重点项目。布朗族蜂桶鼓舞、佤族鸡枞陀螺被列入国家级非物质文化遗产保护名录，布朗族纺织技艺、拉祜族 "七十二路打歌"、大南直布朗族村传统文化保护区、傣族传统手工技艺被列入省级保护名录，布朗族作家陶玉明著作《我的乡村》获全国少数民族文化艺术创作类最高奖 "骏马奖"。坚持每年组织拉祜族火把节、佤族新米节、布朗族插花节和傣族泼水节等少数民族代表性传统节日，成功举办了五届中国·双江勐库（冰岛）茶会。

2. 以法治保障同权，创新管理添动力

把促进交往交流交融作为加强民族团结的根本途径，着力促进各民族人心归聚、精神相依。创新推广 "六个共同" 社会管理模式（银行贷款共同用、特色民居共同建、大事小情共同帮、公益事业共同干、产业发展共同谋、文明村寨共同创），广泛运用到脱贫攻坚、人居环境提升、乡村振兴等领域，加强各民族交往交流交融，增强各族群众的认同感、自豪感和归属感，形成责任共担、利益共享的更加紧密的民族团结机制，铸牢中华民族共同体意识。推广运用 "五个一百" 工作方法（选聘 100 名校园法治副校长、配备 100 名矛盾纠纷调解员、选派 100 名群众工作联络员、每年开展 100 天专项整治行动、组建 100 支普法宣传队伍），深入机关、学校、农村等部门开展法治宣传，加强政策法规宣传的针对性，矛盾纠纷得到及时发现、及时化解。大力倡导社会主义核心价值观，进一步规范农村操办婚丧喜庆事宜，倡导文明新风破除陈规陋习，"农村红

白喜事大吃大喝干三天"的陋习得到有效遏制，酗酒闹事、好逸恶劳等影响生产生活的现象进一步减少，勤学、勤奋、勤劳致富的风气全面形成。

3. 社会和谐同创，全民参与抓创建

深入开展"自强、诚信、感恩"和"党的光辉照边疆，边疆人民心向党"实践活动，教育引导党员干部树牢"四个意识"，持续打造一批基层党建工作强、民族团结进步的先进典型，把基层党组织建设成为新时期促进民族团结进步的坚强战斗堡垒。全面推行"五用"工作法（用民族语言传播党的声音、用民族文字解读党的政策、用民族干部开展党的教育、用民族艺术弘扬党的文化、用民族节庆宣传党建成果）。将民族团结进步创建"6+n"活动具体为"八个一"，即制作一本宣传手册、完善一套痕迹台账、拍好一部专题片、撰写一份汇报材料、做好一块民族团结宣传展板、完成一块民族文化墙、打造一段宣传走廊、创造一流业绩。召开全县第三次民族团结进步表彰大会暨全国民族团结进步示范县创建工作推进会，对模范个人和模范集体进行表彰奖励，对抓创建工作有亮点、有特点的单位和个人进行集中宣传报道。推行"双承诺"制，干部在政策落实、安居房建设、产业培育、基础设施改善等方面向群众承诺，群众在尊师重教、移风易俗、尊老爱幼、邻里和谐等方面向"村两委"作出承诺，"双承诺"机制被人民网采用、在《云南日报》头版刊登，受到了主流新闻媒体、读者的广泛认可。各族群众在民族团结进步创建中的获得感、幸福感明显增强，自觉加入创建工作中，形成民族团结进步创建人人支持、人人参与的浓厚氛围。双江县在下一步的工作中将继续抓好巩固提升全国民族团结进步示范县创建成果，进一步深化创建形式、内容，全面铸牢中华民族共同体意识。

四、民族团结进步创建与脱贫攻坚同频共振的基本经验

（一）因地制宜的战略协同理念

双江是全国唯一由 4 个主体民族共同自治的多民族自治县，自治县成立于 1985 年。30 多年来，在党的民族政策的光辉照耀下，双江各族人民同饮一江水、同喝一碗酒、同唱一首歌、同跳一曲民族团结舞，紧紧围绕全面建成小康社会这个奋斗目标，认真贯彻落实"各民族共同团结奋斗，共同繁荣发展"的主题，切实践行"在云南不谋民族工作就不足以谋全局"的理念，深入实施"产业兴县和文化名县"战略，团结和带领全县各族人民群众艰苦奋斗、奋力拼搏，历届县委、县政府高度重视民族工作，认真贯彻落实党的民族工作方针政策，立足双江县情，抓住民族地区突出困难和问题，不断加大对少数民族聚居区经济社会发展的支持力度，团结和带领全县各族人民努力走出了一条符合中央、省、市精神，富于时代特色、具有双江特点的民族工作路子，民族团结进步事业取得显著成效。县委、县政府将习近平总书记提出的"八个坚持"贯穿于民族工作始终，自觉增强做好民族工作的责任感和使命感，坚持正确的政治方向，坚定不移贯彻党的民族理论和民族政策，准确把握民族工作"五个并存"的阶段性特征，坚决把"各民族都是一家人，一家人都要过上好日子"的理念贯彻执行，全面加快双江经济社会发展，确保在全县实现全面小康社会的道路上少数民族不落伍、民族地区不掉队。

（二）多维统筹的战略协同领域

脱贫攻坚与创建全国民族团结进步示范县共同推进，既是机遇，又是动力，具有全局性、战略性和牵引性作用。为此，全县坚持高起点谋划，突出党政主导，实行高位推动，形成了党政主导、部门协同、社会参与、群众主体的工作格局。

1. 强化组织领导。自示范创建活动开展以来，县党委、县政府成立了由县党政主要领导任组长，分管民族宗教及宣传文化的领导任副组长，抽调县文化广播电视服务中心、县宣传办、县党政办等 7 名工作人员为成员的创建工作领导小组，明确了主要领导负总责、分管领导具体抓、相关成员合力抓的长效工作机制，负责做好创建工作的协调、组织与工作任务落实。同时，将创建工作列入县党委、县政府工作重点，召开县党委会议专题研究 1 次，对创建工作进行全面部署和安排；召开领导小组工作协调推进会 3 次，对任务落实情况、会议记录、工作台账、资料档案建立情况等具体工作进行督促，并及时协调解决创建工作中出现的困难和问题。

2. 健全机制保障。为深入贯彻落实《中共双江县委、双江县人民政府关于印发〈双江县民族团结"6+n"创建活动巩固提升工作方案〉的通知》（双办发〔2017〕138 号）等文件精神，结合双江实际，制定《勐勐县民族团结进步创建示范工作实施方案》，明确各成员的创建责任。同时，严格按《双江县创建全国民族团结进步示范县工作责任细化清单》的 41 项工作任务，逐项对标对表，排出任务表、时间表，确保按时间节点高质量完成。

3. 加强氛围营造。推动创建活动广泛深入开展，以专栏刊登、编发手机短信、印发宣传资料等方式，加强对创建活动的宣传；同时，在公路沿线、主要街道、少数民族村寨等重点区位设置宣传牌，全方位展示多元民族文化元素。深化民族团结进步教育，充分运用多种有效手段、平台和喜闻乐见的形式，多层次、多渠道加大对党的民族政策的学习宣传，广泛开展"七个一"民族团结进步宣传月活动。深入开展民族团结进步主题教育活动，把民族团结进步示范县创建工作纳入村（社区）干部党的十九大精神培训班、全县"万名党员进党校"培训班和基层党组织"两学一做"学习教育内容进行政策解读，真正让"三个离不开"的思想深入人心，不断增强各族群众维护民族团结的自觉性和主动性。

4. 抓实项目建设。立足边疆民族地区实际，按照"不让一个兄弟民族掉队，不让一个民族地区落伍"如期实现脱贫摘帽的要求，狠抓民族团结进步示范区项目建设。2013—2020 年，累计投入 3500 余万元，建成民族风情村和民族团结进步示范村 8 个，村、组文化活动室 49 个，文化体育广场 3 个，建成民族特色寨门 4 座，民族文化活动广场 96 个 33600 平方米，民族文化室 75 个 8250 平方米，"小广场·大喇叭"等文化惠民工程深入推进，少数民族聚居区生产生活条件进一步得到改善，也让他们的文化生活得到了进一步充实。

5. 严格督查落实。由县纪委办、县督查室牵头，定期或不定期对民族团结进步示范工作责任清单中的事项进行督查，全面掌握工作进展情况，确保创建工作取得成效。

（三）高标杆和强氛围的协同示范引领

在创建活动中，强化高密度、全方位的宣传教育，以政策宣传教育人、以创建活动凝聚人、以模范典型引领人，营造了良好的创建氛围。

一是加强学习培训。将民族团结进步教育纳入各级党委（党组）中心组和党校培训班的学习内容，在各类干部培训班开设《中华人民共和国民族区域自治法》等民族政策法规课程。组织编撰《创建全国民族团结进步示范县工作手册》《民族团结进步创建活动学习读本》等书籍，发放到各级干部手中，组织各单位对创建工作进行"互观互学""互检互评"活动，取长补短、相互借鉴、相互交流，提高了创建工作整体水平。

二是营造舆论氛围。在电视台等媒体上开辟专栏，开通微信公众号，播发领导讲话、理论文章、经验介绍等，对创建活动进行宣传。在《中国民族报》《云南法制报》等报刊刊发了民族团结进步创建工作系列文章，引起了良好反响，激发了各族干部群众干事创业的热情。

三是创新宣传形式。组织开展民族团结进步宣传月活动，组织媒体记者深入一线采访，通过具体的人物、群体、事件，反映县里加强区域合作、构建和谐边区、共同促进发展的动人事迹。采取群众喜闻乐见的形式宣讲民族知识和民族政策，同时通过全方位、多角度、宽领域的宣传，让各族群众接受教育、深化认知，增强了"人人讲团结、民族一家亲"的民族团结进步意识，促进了各族群众交流交融、和谐共处。

（四）高效运行的协同保障机制

构建高效运行的协同保障机制，基础是什么？双江县县委、县政府顺应新形势下社会发展的客观要求和保证民族地区团结与扶贫的互助共进，提出了"五位一体"的协同机制，这是实现双江这个多民族边地人民共同富裕的必由之路。

首先，思想引领。构建"五位一体"的协同机制，是在管理思路上的一次尝试，是要在坚持脱贫攻坚与民族团结协同发展的基础上，求创新、求突破。双江县要求所有工作人员要把脱贫攻坚工作的本质回归到人民的生活质量提高之上、人民的幸福之上，重新审视各项工作制度与规范是不是真的能解决老百姓贫困的本质问题，是否有利于他们脱贫能力的提升、创造幸福生活能力的提升。尤其是在这样一个多民族聚居的边地少数民族自治县，民族的团结与安定必须依赖当地人民稳定、幸福的生活，而后者又可以促进民族之间的进一步交融。

其次，党建保障。双江县坚持全面从严治党，确保党的领导、党的建设在脱贫攻坚与民族团结推进工作中得到更加充分的加强和体现。第一，发挥群众选人的机制作用，在基层选举程序、考察、任用等方面把好关，打造一支人们真正认可的、有能力的基层党组织队伍。第二，强化监督执纪，利用好巡查巡视的利剑，坚决打击滥用职权、谋取私利、优待亲友等贪腐行为，持续保持党组织的正气之风。第三，将党建保障的优势落实到具体的实践中去。双江县沙河乡允俸村忙孝马铃薯水稻种植农民专业合作社通过"支部+实体""基地+订单""联结+帮带""3+"模式使党组织成为产业发展的领导者、农民增收的推动者，把小农户带入大市场，有效助推脱贫攻坚和乡村振兴。通过这种"支部+实体"的创建，夯实了基础创收益。成立合作社党支部，把党组织建立在产业链上，推行支部班子与合作社理事会成员交叉任职；注重从致富带头人、种养大户、能工巧匠中发展党员；同时，建立支部带党员、党员带农户"双带"工作机制。

再次，领导强化。双江县十分重视领导干部的教育培训，如果领导干部都没有铁的纪律和规矩，如果每名党员都各行其是，那么党的领导即使有统一的意志引领，但落到实处时也只能是一盘散沙，失去战斗力。在强化领导的过程中，主要是抓住落实与"找偏差"工作，建立起脱贫攻坚与民族团结整体推进、专业部门专项推进、一线人员系统推进的工作机制，成立专门化的协调管理小组，制定与实施方案，加大协调力度，狠抓工作落实，坚持把脱贫攻坚工作中的承诺制、挂钩制等落实到位。

第四，文化推动。构建"五位一体"的协同发展机制，本意就是推动地方经济与文化协同发展的过程，是脱贫攻坚与民族团结成果共享的价值导向，要在扶贫道路上"不让一个民族兄弟掉队"，就要推动各民族致富能人、技术、知识的跨区域交流与合作，只要符合党和国家的大政方针、符合人民追求幸福生活的区域流动与创新，就应该大胆尝试。坚持秉承新时代中国特色社会主义发展目标与使命，不忘初心，以人民的利益为标准，丰富民族发展的文化内涵。

最后，信息辅助。在大数据广泛应用的今天，政府的信息化实际上仍然是一块普遍存在的短板，双江县也是如此。基于这样的现实状况，双江县委、县政府提出必须主动适应信息化要求，增强紧迫感，强化互联网思维，提高信息化发展的驾驭能力，让脱贫工作在线上线下齐发力，通过互联网发挥统筹和宣传优势，确保实现脱贫攻坚工作与民族团结创建的整体水平协调提升。同时，推进工作中的大数据技术应用，探索扶贫数据库和云平台的构建，逐步实现从"大量数据"到"大数据"的转变，不断提升政府工作的智能管理水平。

第四章

党建引领：脱贫攻坚的组织实践

习近平总书记强调，"越是进行脱贫攻坚战，越是要加强和改善党的领导"，"要把夯实农村基层党组织同脱贫攻坚有机结合起来"。①脱贫进入攻坚拔寨阶段，打赢脱贫攻坚战，必须切实加强党的建设，发挥党的政治优势、组织优势和密切联系群众优势。双江县深入学习贯彻习近平总书记关于党建扶贫的重要指示精神，按照"脱贫精准化、党建项目化"的思路抓党建促脱贫，基层党建基础、党建质量和党建水平不断提升，为脱贫攻坚战提供坚强的组织保证。双江县抓党建促脱贫主要举措分为四个部分：坚持脱贫攻坚与基层党建"双推进"；"双承诺"促进干群同心、激发内生动力；一般干部具体挂、一名科级干部联合挂的"双挂制"强化"直过民族"帮扶；四级"零风险"确认制压实干部责任。党建扶贫实践中不乏优秀案例，双江县彝家村采用"5+模式"促脱贫：党建+易地搬迁建新村，党建+合作组织兴产业，党建+农民夜校提素质，党建+志愿服务美环境，党建+民族文化促和谐。允俸村通过"支部+实体""基地+订单""联结+帮带""3+"模式使党组织成为产业发展的领导者、农民增收的推动者。那京村党支部以"三力"为抓手，把群众有效组织起来、不等不靠、实现自我振兴。双江县抓党建促脱贫工作效果显著、成绩斐然，其基础是强化了政治引领、压实了脱贫责任，核心是筑牢了基层党建、夯实了要素保障，关键是优化了攻坚队伍、激发了攻坚动力。

---

① 中共中央党史和文献研究院编：《习近平扶贫论述摘编》，中央文献出版社 2018 年版，第 39、42 页。

一、双江县党建助力脱贫攻坚的主要举措

（一）"双推进" 强化组织引领

习近平总书记指出："做好扶贫开发工作，基层是基础。要把扶贫开发同基层组织建设有机结合起来"①。2016 年全国组织部长会议强调：要增强基层党组织整体功能，抓好党建促脱贫攻坚，充分发挥基层党组织战斗堡垒作用和党员先锋模范作用，坚决打赢脱贫攻坚战。双江县认真贯彻党中央思想，一手抓党建，一手抓脱贫，以党建带脱贫、以脱贫促党建，干部队伍能力作风得到了锤炼，党的基层组织有效夯实，党群干群关系进一步密切，促进了县内经济社会发展，实现脱贫攻坚与基层党建"双推进"。

双江县共创建 550 个规范化党支部，整顿软弱涣散党组织 36 个，在各领域选树基层党建示范点 29 个。积极推进习近平新时代中国特色社会主义思想和党的十九大精神进机关、进社区、进农村、进企业、进学校、进军营、进网站，先后开展基本政策、基本法律法规培训 372 场次 4.28 万人次，开展种植、养殖、建筑、餐饮、健康、服务、理财、务工培训 38.6 万人次，累计举办"万名党员进党校"23 期，集中培训普通党员 8000 余人次。以农民讲习所、农民夜校为平台，采取"学一堂政策理论+习一项实用技能"的方式开展讲习活动，并建设 76 个村史室作为感恩教育阵地，累计组织农村党员群众和学生参观 240 余场次，受教育对象达 4.6 万余人次。实施农村"领

① 本书编写组编：《抓党建促脱贫——基层组织怎么办》，人民出版社 2017 年版，第 15 页。

头雁"培养工程，调整充实 27 名村组干部，组织 179 名村（社区）干部参加学历提升计划，把 185 名致富能手培养成党员、221 名党员培养成致富能手、290 名致富能手中的优秀党员培养成村（组）干部，不断优化农村党员队伍结构。在 6 个乡（镇）成立青年人才党支部，带动村组储备培养 1268 名后备力量，共选派 650 名少数民族干部到清华大学等高校培训，85 名少数民族干部到省外及省市直部门挂职学习，县内培训少数民族干部 3.5 万余人次，为进一步加强村级干部队伍建设奠定了基础。

双江县抓党建促脱贫的做法在央广网、云南网、新浪网、今日头条、云岭先锋网和《云南组工通讯》等媒体刊登。双江县各民族在党组织带领下，实现思想融通、文化融汇、组织融入、感情融洽、发展融合，真正实现"小康路上一个都不能掉队"，走出了一条多民族共同富裕的"双江之路"。

（二）"双承诺" 促进干群同心

双江县在脱贫攻坚工作中，创新践行党员干部向挂钩贫困户承诺、贫困户向村"三委"承诺的"双承诺"机制，使双方之间建立了密切的挂联关系，让挂钩党员干部有事干，让贫困群众主动谋求脱贫，激发了贫困群众的内生动力，有力助推全县脱贫攻坚工作，干群同心一起谱写"党的光辉照边疆，边疆人民心向党"的生动篇章。

1. 主要做法

干部在政策落实、安居房建设、产业培育、基础设施改善、教育健康帮扶等方面向帮扶农户进行承诺；贫困户在发展产业、排除危房、教育子女、庭院整洁、参与公益事业、移风易俗等方面向村"两委"作出承诺。具体的做法为：一是商诺。帮扶党员干部与贫困户共同协商，确定承诺事项，分别提出具体目标、具体措施、完成时限等内容，每个帮扶干部和挂钩户之间承诺事项不少于6条。二是审诺。确定的承诺事项，经征求村民小组意见后，报村党总支、挂钩单位审核，对不符合要求和实际的内容，及时进行修改完善并建立台账。三是亮诺。承诺事项经审核确定后，分一式三份，贫困户、挂钩党员干部和村委会各留存一份，实行一年一履诺，并将"双承诺事项牌"悬挂于贫困户家中，同时通过村务公开栏和为民综合服务平台予以公布，接受社会和群众监督。四是履诺。挂钩党员干部在帮助落实建房补助及贷款政策、帮助在规定时限内建盖安居房、帮助发展增收致富产业、帮助教育子女入学、帮助制订信贷还款计划、帮助协调就业就医等方面作出"六帮助"承诺，贫困户在保证遵守纪律法规、保证按照要求建盖房屋、保证发展致富产业、保证参加公益事业、保证发扬家庭美德、保证教育子女入学等方面作出"六保证"承诺。五是督诺。挂钩党员干部与贫困户之间互相监督、互相督促履诺事项，并由县、乡、村定期或不定期进行督查。六是评诺。将当年履诺情况列入各乡（镇）、各部门、挂钩干部年终考核重要内容，作为干部培养的重要依据，推动贫困户之间形成比学赶超、脱贫光荣的氛围。

2. 实际成效

"双承诺"机制是双江县创新脱贫攻坚工作机制，实施精准扶贫精准脱贫的一项重要举措。该机制实施以来，在脱贫攻坚工作中压实干部责任、调动群众积极性、密切干群关系、营造脱贫氛围、培养群众感恩意识等方面取得了明显成效。

（1）干部帮扶工作进一步做实。双江县推广运用"双承诺"后，挂钩干部把"六帮助"承诺作为开展脱贫攻坚工作的"规定动作"，为挂钩群众出谋划策和排忧解难，做了大量实事好事。挂钩干部在帮助贫困户办实事、做好事、解难事中密切了干群关系，增长了本领，提高了素质，树立了形象，党员干部在脱贫攻坚中锻炼才干、检验本领的良好风气全面形成。双江县创新践行"双承诺"以来，不断加强对挂钩党员干部履诺情况的监督力度，党员干部形象、工作作风、帮扶成效明显改善。

（2）群众积极性得到充分调动。贫困群众在党员干部"履诺"的过程中能激发脱贫动力，树立自力更生、勤劳致富的信心和决心，对党组织和党员干部的认同感显著增强，群众的主体作用进一步得到激发。贫困群众如期履诺，脱贫内生动力不断增强。例如，勐勐镇红土村邦佑自然村"上半年务工、下半年盖房"的履诺模式就是一个生动案例。

（3）干群关系进一步密切。干部群众在相互承诺和履诺过程中有所了解，增进了感情，干部把群众的家当成自己的家，群众也把帮扶干部当成了亲人，在干群齐心共谋脱贫中结下了亲如一家的深厚情谊。双江县挂钩帮扶干部在工作中始终摆正同人民群众的关系、做人民群众的公仆，进一步树立群众观点、强化群众立场，反映群众愿望、满足群众需求、增进群众感情、拉近同群众的距离，在脱贫攻坚的时代大考中，用实际行动回答了"我是谁""为了谁""依靠谁"的问题。

（4）营造了浓厚的脱贫氛围。双江县挂钩干部在履诺过程中，践行以人民为中心的服务意识，努力把脱贫攻坚的惠民政策变成群众看得见、摸得着的幸福生活；以自己"言必行、行必果"的可贵精神感染和带动群众积极履行承诺，想方设法发展产业，千方百计勤劳致富，群众的思想观念实现了从"要我富"向"我要富"的转变；在贫困地区营造了户看户、组看组、村看村，比学赶超，齐心协力奔小康的浓厚氛围。

（5）群众感恩意识进一步提升。通过干部群众的相互承诺和履诺，"党的光辉"温暖着双江县群众的心坎，也使群众真真切切"心向党"。认真履行承诺成为全县群众的自发行动，这种难能可贵的"契约精神"，既是群众通过实际行动"感党恩、听党话、跟党走"

的真实写照，又是群众"勤劳致富、脱贫光荣"的内生动力焕发的喜人成果。

"双承诺"机制得到了双江县群众的积极拥护，取得了良好的社会成果，全县承诺、履诺事项达 11.2 万件。通过双向承诺，既督促了干部把帮扶工作做实，提升了抓落实的能力，转变了工作作风；又激发了群众的主人翁意识，少数群众"靠在墙角晒太阳，等着别人送小康"的"等、靠、要"思想得到了改变。双江县"双承诺"机制被《人民日报》、人民网和《云南日报》头版刊登报道。

（三）"双挂制"保障"直过民族"脱贫

双江县脱贫攻坚战打响以来，在实行所有农户"网格化"挂联基础上，对"直过民族"建档立卡贫困户开展了"一般干部具体挂、一名科级干部联合挂"的"双挂制"工作，有效推进了"直过民族"建档立卡贫困户脱贫步伐。同时，年轻帮扶干部在"双挂"工作中得到了"帮带"，增长了才干、提升了素质。

为稳定实现"直过民族"贫困人口不愁吃、不愁穿，义务教育、基本医疗和住房安全有保障，双江县经过摸底排查，对一般干部挂钩的 2467 户的"直过民族"建档立卡贫困户再安排 345 名科级干部实行联合挂，进一步压实挂钩责任，做实帮扶工作。一是帮助找准"瓶颈"，"双挂"干部在全面了解"直过民族"建档立卡贫困户家庭情况、产业发展情况，掌握其住房、教育和医疗保障等情况下，积极帮助分析致贫原因，找准制约发展的"瓶颈"。二是帮助制定措施，以"短能脱贫、长能长期稳定增收"为目标，采取"一户一策、一户一方案"帮扶方式，帮助制订具体帮扶计划 2467 个，并在资金、物资、技术、信息、就业等方面为贫困户提供力所能及的帮助，促使贫困户早日脱贫。三是帮助落实政策，根据贫困户应享受的政策，积极协调有关部门给予政策支持，帮助贫困户落实各种到户项目，积极帮助协调落实住房、教育、医疗、民政、残联、社保、涉农直补等各项脱贫攻坚政策 12335 项。四是帮助激发动力，大力宣传党的路线方针政策，教育和引导贫困户克服"等、靠、要"思想，累计组织"双挂"群众开展政策宣传 29600 余人次，不断激发内生动力，增强我要脱贫、自我发展的意识。五是帮助脱贫致富，定期走访贫困户，跟踪了解贫困户生产生活情况，帮助贫困户解决生产生活中遇到的困难，帮助解决发展生产、增加收入等方面的实际问题，确保"直过民族"建档立卡贫困户人均产业基地达到 9 亩以上，实现稳定增收。

此外，在项目资金上给予倾斜，累计投入产业发展资金 1.89 亿元，扶持发展畜牧产业 2000 余户，发展甘蔗、茶叶等经济作物 7.68 万亩；对 38 个"直过民族"聚居村优先实施退耕还林还草项目，补助项目资金 2370 万元；派出"双语"技术员进村入户开展农村实用技术培训 142 期 3.5 万余人次。在政策宣传上注重实效，组建少数民族宣传队、派出"双语"干部深入宣传脱贫攻坚政策，让党的声音传递到家家户户。习近平总书记"全面实现小康，少数民族一个都不能少，一个都不能掉队"[①] 的要求得到有效落实。

（四）"零风险"压实干部责任

在脱贫攻坚工作中，为压实帮扶干部责任，双江县推行帮户、挂联干部向包村（社区）单位负责人确认，部门负责人向挂钩本村（社区）的处级领导确认，挂钩村（社区）的处级领导向驻乡（镇）的指挥长确认，驻乡（镇）指挥长向县指挥长确认的"四级零风险确认"制，确保各级干部把工作做实，努力将脱贫攻坚工作风险全

---

① 中共中央党史和文献研究院编：《习近平扶贫论述摘编》，中央文献出版社 2018 年版，第 6 页。

部销号清零。

1. 挂钩挂联干部确认消除风险

双江县对照"两不愁三保障"及贫困户脱贫退出标准，由帮户、挂联干部对所挂钩、挂联的农户的"两不愁三保障"是否达标逐户进行确认。对排查发现的问题，帮户、挂联干部自己能解决的自己解决，自己不能解决的上报"挂包帮"单位和村（社区）共同解决，"挂包帮"单位和村（社区）不能解决的上报驻乡（镇）指挥部分析研究解决，驻乡（镇）指挥部不能解决的上报县脱贫攻坚指挥部研究解决，直至全部风险消除。确认程序为：在规定的时间内，对收入达标、"两不愁"问题已经解决，住房、教育、医疗、养老均有保障，并得到了相应扶贫政策、资金、项目帮扶，庭院卫生整洁、满意度达标的农户，由帮户、挂联干部向本单位负责人进行零风险确认，签订帮户、挂联干部零风险确认书，对所确认的事宜负责。双江县共 2827 名帮户干部对 7514 户建档立卡贫困户、992 名驻组挂联干部对 34456 户非建档立卡贫困户"两不愁三保障"情况进行确认。

2. 包村部门负责人确认消除风险

包村部门负责人听取帮户、挂联干部对帮扶贫困户退出情况、挂联农户风险排除情况的工作汇报，入组、入户进行详细核实，对标对位进行认真分析研判，真正可以确认的给予签字确认；对仍有风险的农户，督促挂钩、挂联干部限时整改后再签字确认，并承诺对确认事宜负全责，全县共 110 个部门负责人签订了包村部门负责人零风险确认书。

3. 挂村处级干部确认消除风险

挂村处级干部对包村部门负责人已签字确认的农户，以每组不少于 5 户的标准走访所有村民小组，重点对收入、住房、教育、医疗、养老、满意度有风险的农户和低保户、重病户、残疾人户、五保户、无劳力户等特殊群体进行入户走访核实，听取包村部门负责人工作汇报，对包村部门帮扶工作和挂联工作的风险排除情况进行认真分析研判。无风险的，签订挂钩行政村处级干部零风险确认书；仍有风险的，责成包村部门限时整改消除后再签字确认，并对确认事宜负全责。双江县共 39 名处级干部签订确认书。

4. 驻乡（镇）指挥长确认消除风险

驻乡（镇）指挥长听取挂村处级干部对风险确认工作汇报，组织乡（镇）指挥部成员对挂村处级干部已确认的村进行抽查核实，同时与市委督查巡查组领导进行沟通汇报，对本乡（镇）脱贫攻坚工作进行全面系统的分析研判，无风险的，驻乡（镇）指挥长与挂村处级干部进行确认；仍有风险的，限期整改消除后再确认。风险全部排除后，驻乡（镇）指挥长向县脱贫攻坚指挥部申请确认，县级脱贫攻坚指挥部根据各驻乡（镇）指挥部确认情况，抽调精干人员进行检查复核，达到确认要求的给予签字确认。

5. 严厉追责消除风险

对工作不力、确认不实的进行追责，截至 2020 年 12 月，累计向处级领导发出督办清单 104 份，向部门主要负责人发出督办清单 145 份，向部门发出督办清单 266 份，对 28 个部门和 28 名干部发出督查通报，对 22 名干部进行了约谈，召回驻村工作队员 30 名。对风险化解确认不力、不实的 8 位部门负责人，采取了限期整改与自动辞职二选一的追责措施。

通过采取"四级确认"措施，进一步压实挂钩干部、挂联干部责任，干部的履职能力、纪律观念、执行力进一步增强，作风进一步转变，脱贫攻坚工作取得了实实在在的成效，双江县 2018 年实现了高质量脱贫摘帽，2019 年实现全部贫困户脱贫清零，2020 年顺利完成了国家脱贫攻坚普查登记。

二、双江县党建助力脱贫攻坚的典型案例

（一）彝家村：党群合力建新村

彝家村是双江县唯一彝族聚居村，自然条件恶劣，多年来，地处高寒山区的彝家村，是贫困落后的代名词。彝家村位于双江县勐勐镇东北部，平均海拔 2100 米，是该镇 10 个建档立卡贫困村之一。全村辖 5 个自然村 13 个村民小组，总人口 493 户 1889 人，其中少数民族人口 1089 人，占 57.64%。全村设 1 个党总支，4 个党支部，有党员73 名。直到 2014 年年底，全村仍有建档立卡贫困户 208 户 802 人，简陋拥挤的住房，落后的生活习惯，萎靡不振、人穷志短的压抑气氛，让每一个到过彝家村的人都唏嘘不已。

如今走进彝家村，村组活动场所上"党的光辉照边疆、边疆人民心向党"几个红色大字在阳光下熠熠生辉，一幢幢白墙青砖黛瓦的新民居错落有致地依山而建，村内干净整洁，群众忙忙碌碌、斗志昂扬，身处其中的人都会被那热火朝天、团结和谐、奋发进取的氛围感染和鼓舞。这与那个曾经房屋破败、垃圾遍地、穷困萧条的彝家村差异颇大，这巨大的变化，都要从村党组织提升组织力、凝聚脱贫攻坚力量说起。

脱贫攻坚大会战打响后，彝家村党组织班子进行了重新调整，一批不甘落后、奋发有为的年轻党员进入了领导班子。新班子经过反复调查研究后认为，各级党委历来关心彝家村，多年来投入了大量的人力、物力、财力，之所以年年扶年年穷，最关键的原因是村党组织的

领导力、凝聚力、号召力不强，村内各类组织各吹各的号、各唱各的调，拧不成一股绳，群众没有主心骨，方向不明、无所适从，党的好政策得不到有效落实。村党总支下定决心，从提升党组织的组织力抓起，坚决打赢脱贫攻坚战。此后，村党总支牢牢把握党组织的领导核心地位，建立健全村党组织领导下的民主协商机制、群团带动机制、动员群众机制，把村内各类组织紧紧团结在周围，充分发挥各类组织的力量，进而调动和激发贫困群众的内生动力，谱写了一曲握指成拳、摆脱贫困的新时代山歌。

1. 党群合力建新村

彝家村上平掌安置点是临沧市最大的易地扶贫搬迁安置点之一，规划用地 140 亩，涉及群众 96 户 395 人。"这么大的新寨子，要盖百把间房，如果不是党支部和理事会领着干，现在我们不可能这样好吃好住！"易地扶贫搬迁户左二木说。2016 年年初，项目启动初期村党总支迅速把涉及搬迁的 15 名党员组织起来，先行成立了安置点党支部。在党总支、党支部的组织协调和党员的示范带动下，征地补偿中的矛盾纠纷得到及时化解，搬迁工作得以顺利推进。

建房是老百姓生活中的大事，建好后牢不牢固，实用不实用，好看不好看，群众都极为关心。党总支指示党支部，立即筹建安置点建房理事会，并向群众推荐由党支部书记李小岩担任理事长。为了让村庄规划能符合群众意愿，在村党组织的引领下，建房理事会组织群众外出学习考察，按照大多数村民的意愿，请住建部门帮助编制了村庄规划。为降低建房成本、加快工程进度、保证建设质量，在村党组织的指导下，理事会牵头与建筑材料供应商协商价格，统一采购钢筋、水泥、砖块、石料、沙子等主要建材，户均降低建材成本 0.9 万元；统筹调配脚手架、抽水机、管子、电表等建筑物资，为每户节约 0.3 万元；以 15 人左右的规模结成互助小组，自愿换工，集体劳动，户均降低了 1.2 万元用工成本。

彝族老人李光明说："我们老一辈彝家村人就兴互帮互助，这几年淡了些，这回搬迁盖房子，老传统又回来了。"2017 年 11 月 20 日，上平掌安置点最后一间安居房顺利竣工。据以前的风气，村里肯定是接连不断摆酒席、"进新房"。但这次，谁家都没有请客。早在建房之初，村党组织就通过理事会和村民"约法三章"，安居房建好后一律不请客不送礼，由理事会负责监督执行。每建好一间房，党员和理事会成员都会去"串门"，传达村党组织的要求，并帮助群众算"请客账"。群众说："党支部这样做是为我们好，家家建房，家家请客，吃吃糟糟，肯定倒贴不少。"新村建成毕竟是村里人的大喜事，村党总支和安置点党支部商议，决定搞个集体"进新房"仪式，由党支部牵头，理事会具体操办。2017 年 11 月 23 日，彝家村上平掌新村集体"进新房"仪式在村民小组活动广场隆重举行，鞭炮过后，芦笙悠扬，搬迁群众身着盛装，打歌唱调，扶老携幼喜迁新居。

2. 妇女组织美环境

彝家村施行农户门前"三包"，划片包干负责，定期组织清扫，集中清运焚烧，自从"党总支+理事会+妇女监督管理员+农户"环境卫生管理机制建立后，彝家村彻底解决了"污水靠蒸发、垃圾靠风刮、室内现代化、室外脏乱差"问题。

环境卫生"脏乱差"一直是彝家村的老大难问题，村组干部、扶贫工作队员反复开会要求，一直不见成效。村党总支研究这个问题时，总支书记王顺斌说，"以前的方法太简单，路子不对，改变群众的习惯要有人教、有人管，还要有些基础条件。妇女最爱干净，这事让她们议议。"村党总支委员兼妇联主席刘廷菊领命后，立马召开妇联执委会，经过反复商议讨论，村妇联向党总支提出建议：把彝家村划分为 10 个卫生片区，将公共区域包干到户，每个片区挑选 1 名妇女代表作为卫生监督管理员，负责组织本片区群众定期开展日常卫生保洁，同时督促各家各户做好自家庭院卫生和门前"三包"。

村党总支对妇联提出的方案进行了研究，决定建立"党总支+理事会+妇女监督管理员+农户"村庄环境卫生管理机制：村党总支成立环境卫生管理领导小组，负责组织制定《彝家村环境卫生管理办法》并领导实施，协调解决垃圾焚烧炉、垃圾池、垃圾清运车辆、工具等问题；筹建彝家村环境卫生管理理事会，推荐骨干党员担任理事长，负责垃圾清运、集中焚烧和公共设施、花草树木管护工作，理事会通过"四议两公开"程序，收取一定的垃圾清运费；村妇联挑选 10 名代表担任片区卫生监督管理员，逐家逐户划分公共卫生责任区，每周至少组织开展 1 次清扫保洁。

村党总支的决定得到了广大群众的积极响应和镇党委的大力支持，"四位一体"环境卫生管理机制迅速运作起来。不久，村里建成垃圾焚烧炉 1 个、垃圾池 18 个、公厕 5 个、排污沟渠 3 千米，全村增花增果 8000 余株，安装太阳能路灯 65 盏，彝家村里里外外大变样。如今的彝家村，群众清早起床，开门第一件事就是打扫庭院卫生；每周一次，非特殊情况无须通知，群众主动集中到卫生责任区清扫；垃圾定期由理事会集中运到焚烧炉处理。村党总支书记王顺斌说："彝家村的人居环境整治，首功要记给村妇联。""党组织交我们妇联事情做，是对我们的信任，我们一定千方百计把事情做好做成！"妇联副主席李明慧说。

3. 团员青年感党恩

随着脱贫攻坚深入推进，党的各项惠民政策、项目、资金源源不断流向彝家村，群众的生产生活发生了翻天覆地的变化。"吃水不忘挖井人，致富不忘共产党"，为了凝聚人心、铭记党恩，教育引导群众饮水思源、自立自强，彝家村党总支决定依托村组活动场所，分别建设 3 个"村史室"。"牵你你要走，背你你要搂，党的政策这么好，任何一个彝家村人都不能当扶不起的猪大肠！"勐麻自然村党支部书记王润林在群众会上作动员。

年轻一代最需要懂得村庄的发展历史。村党总支决定把筹建"村史室"的任务交给村团委负责。村团委接到任务后，立马组建了13个小分队，分别由13名团支部书记带队，走访老党员、老干部、老教师、老军人和熟悉村庄历史的长者，挨家挨户动员群众提供照片、文字、实物资料。在村党总支和驻村扶贫工作队的指导下，按照"新中国成立前、新中国成立后至改革开放前、改革开放至党的十八大、党的十八大以来"四个部分，团员青年们将收集到的图片、文字、实物资料有机结合、融为一体，用文字阐述变化，用物品承载历史，用图片记录进程，一个浓缩着彝家村发展变迁历史的村史室建成了。"刚开始大多数青年只觉得好玩，到后来，对彝家村的发展历史了解得越来越多，每个人都深受触动。好政策是党给的，好日子是苦出来的！"小新寨团支部书记李阿机说。

村史室建成后，彝家村党总支依托村史室，组织开展了"四算账四对比"活动，引导群众"算好惠民政策账、基础投入账、产业发展账、个人贡献账"，对比过去和现在"吃什么饭、走什么路、穿什么衣、住什么房"。每天晚上，村史室里都聚满了人，看变化、做对比、算收入、话幸福。"什么比金子贵，党中央、习总书记的好政策比金子贵。"75岁的彝族老人李文忠道出了彝家村人民的共同心声。"党的光辉照边疆、边疆人民心向党。"在村党组织的带领下，彝家村人脚下"一尺五的冰霜"已消融，头顶"三丈三的浓雾"被驱散，摆脱了贫困的彝家村人民，正阔步走在乡村振兴的大道上，再不唱那"头顶雾露脚踩霜，苦荞粑粑洋芋汤"的悲苦山歌。

4. "5+模式"促脱贫

脱贫攻坚大会战打响以来，彝家村围绕"两不愁三保障"总体目标，以"党建5+模式"全力实施党建扶贫"双推进"，实现基层党建与脱贫攻坚深度融合。

（1）党建+易地搬迁建新村。村党总支针对彝家大寨自然村受地质灾害影响较大的实际，本着"搬得出、稳得住、能致富"的目标，积极协调搬迁地点，完成征地 140 亩，把 96 户 395 人搬迁至上平掌进行集中安置，在安置点成立了上平掌党支部，组建了理事会，构建起"党支部+理事会+农户"的脱贫攻坚组织体系，并制定村规民约，确保整个搬迁点建设都在村党总支、自然村党支部和理事会的组织下有序开展。共 96 户安居房已建成入住，水电路网等基础设施配套完善，并建设集体产业基地 200 亩、黄牛养殖小区 532 平方米、生猪养殖小区 79 间 2840 平方米，切实把安置点建成了规划合理、设施齐全、功能完备、交通便利、生态宜居的新农村。

（2）党建+合作组织兴产业。村党总支结合实施乡村振兴战略，先后注册了烤烟、蔬菜和养殖业 3 个产业合作组织，采取"党支部+企业+合作社+农户"运作模式抓实产业建设。以"13111"产业发展为目标（每户贫困户饲养 1 头牛或 1 头能繁母猪、饲养 30 只鸡，实现人均产业化基地达 10 亩、人均 10 棵高价值林木、人均年增收 1000 元以上），合理谋划烤烟、核桃、蔬菜、畜牧养殖等产业布局，并依托强基惠农"股份合作"经济，让所有建档立卡贫困户加入合作社并参与分红。2020 年，全村共建成产业基地 19600 亩，党员产业示范基地 3 个 150 亩，贫困人口通过参加合作社年人均增收 115元，村集体经济年收入达 31.5 万元，村党总支凝聚力量共谋发展的能力进一步增强，群众增收致富的产业基础不断夯实。

（3）党建+农民夜校提素质。彝家村党总支按照扶贫先扶智的要求，以提高农民整体素质为出发点，充分运用党员干部现代远程教育终端站点和综合服务平台，以及实施人才扶贫和技能扶贫专项行动，深入开展"五基本"教学。全村共开办"农民夜校"20 期，培训3000 余人次。同时，依托 1 个村史室和 2 个村民小组展室，深入开展"党的光辉照边疆，边疆人民心向党"实践活动，让广大党员群众时时感受党的光辉普照和彝家村的发展变迁，进一步树立感党恩、听党话、跟党走的坚定信心。

（4）党建+志愿服务美环境。彝家村党总支按照农村人居环境提升"七改三清"要求，建成寨内排污沟渠3千米、垃圾池18个、垃圾焚烧炉1个、公厕5个，安装太阳能路灯125盏，建立党员示范路4条，增花增果8000余株。制定完善《村规民约》和《环境卫生公约》，严格环境卫生门前"三包"制度，把环境卫生整治工作纳入党员设岗定责、党员积分制管理和"双承诺"内容，使党员群众养成好习惯、形成好风气。按照"党建带团建带妇建"要求，组建彝家村人居环境提升志愿服务大队，以自然村（组）为单位，下设5支小分队，实行分片分段包干，突出党员示范带动，引领群众共同建设环境干净整洁的美丽乡村。

（5）党建+民族文化促和谐。彝家村围绕民族团结进步示范村建设创新基层党建，全面推行"五用"工作法，确保党的十九大精神在边疆民族地区得到落实落地。深入实施民族团结进步示范村项目，积极营造民族文化氛围，建成彝族民居137间、拉祜族民居46间、彝族特色寨门1座、民俗文化墙1500平方米、村组文化室5个、文化活动广场5个，为群众开展各项民族文化体育活动创造了极好的条件。同时，组建彝族、拉祜族文艺宣传队各1支，创作了一批内容健康向上、群众喜闻乐见的舞蹈、歌曲、小品等文艺作品，既丰富群众业余文化生活，又带头移风易俗，凝聚脱贫攻坚正能量。

彝家村抓党建促脱贫成功的关键之处在于，始终坚持党组织的领导核心地位不动摇，加强对农村各类组织的领导和引领，善于通过公开民主程序，把党组织的主张和意志变为各类组织、贫困群众的共识和自觉行动，团结凝聚各方力量，激活一切发展要素，把党的领导落实到各类组织、各村各寨、各家各户，有力保障了脱贫攻坚各项目标任务落地见效。提升边疆民族地区农村基层党组织的组织力，彝家村的经验有其可供借鉴之处。

（二）允俸村："3+"模式增收入

双江县沙河乡允俸村忙孝马铃薯水稻种植农民专业合作社通过"支部+实体""基地+订单""联结+帮带""3+"模式使党组织成为产业发展的领导者、农民增收的推动者，把小农户带入大市场，有效助推脱贫攻坚和乡村振兴。

1. 支部+实体，夯实基础创收益

第一，实行支部领办。成立合作社党支部，把党组织建立在产业链上，推行支部班子与合作社理事会成员交叉任职；注重从致富带头人、种养大户、能工巧匠中发展党员；同时，建立支部带党员、党员带农户"双带"工作机制。党支部的 5 名班子成员都是"双带"能人，党支部 42 名党员都是村里的种养大户、技术能人、致富带头人，为合作社的科学化、规范化发展提供坚强的组织保障。第二，做强经济实体。2007 年，允俸村党组织领办了马铃薯产业协会和马铃薯种植合作社，开始规模化种植马铃薯。2015 年，又创办了水稻种植农民专业合作社，忙孝马铃薯水稻农民专业合作社"一套班子两块牌子"，合作社成立以来，始终在党支部的带领下筹资金、建基地、扩规模、增数量、打品牌、拓市场、增效益，有效推动农业产业组织化，2018 年被评为"省级示范社"。目前，建成优质米加工厂 1 座、收储交易场 300 平方米、仓库 200 平方米、低温冷藏库 1 座、水稻育秧工厂 1 座，配备各种农业机械 92 台（套）、日处理稻谷 45 吨烘干设备 1 套、日加工优质米 50 吨设备 1 套、病虫害飞防无人机 2 台，总资产 1500 多万元，年实现纯利润 300 万元以上。

2. 基地+订单，产销一体稳市场

第一，统一基地管理。坚持人才促发展，建立郭华春专家基层工

作站、刘玉文水稻专家工作站，对马铃薯、水稻品种进行培优改良，全面推广优质高产品种。与云天化集团宇为科技公司合作，开展测土配方施肥技术。推行"两化"+"六统一"种管经营模式发展马铃薯产业2600亩，推行"十统一"种管经营模式发展水稻产业2300亩，着力提高产业组织化生产水平，使马铃薯单产提高2000斤，亩产达6600斤，使水稻单产提高400斤，亩产达1600斤。第二，订单拓展市场。探索建立"订单生产+市场营销+电子商务"营销模式，合作社与安徽农友公司等合作，实施订单农业，开展马铃薯订单生产订单销售，以每千克2元的保底价每年由安徽农友公司统一回收，既为农户消除了价格风险，又为农户解决了农产品销售难的问题。同时，搭建交易平台，拓宽农产品电商营销渠道，开展农特产品推介、收购、营销，互联网年销售产品50.8吨，销售额100万元。

3. 联结+帮带，抱团发展助脱贫

第一，壮大集体经济。允俸村合作社党支部始终围绕"强基惠农"这个目标，争取了5个山区贫困村的产业扶持资金和允俸村集体经济项目资金共150万元入股合作社发展壮大村级集体经济，在有效解决合作社发展资金不足的同时，每年增加村级集体经济收入11.5万元，把村集体、合作社、农户、村干部的利益联结起来。第二，促进群众增收。忙孝马铃薯、水稻专业合作社依据自身发展优势，与大文乡清平村、忙糯乡小坝子村等建档立卡贫困村合作社建立帮带关系，帮助指导大文乡清平村、忙糯乡小坝子村农户发展马铃薯产业，并统一回收农户种植的马铃薯，帮助培养马铃薯种植能手231人，带动清平村、小坝子村218户农户种植马铃薯2050亩，实现户均增收900余元，累计带动216户贫困户822人实现脱贫。

允俸村推行的党支部领办合作社"3+"模式解决了村集体经济薄弱、农民组织化程度较低、农民增收渠道不宽等现实问题。通过强化党支部的政治引领功能，充分利用合作社联结群众的优势，建立支

部带党员、党员带农户"双带"工作机制，实现了人才促发展，强化了党组织的核心领导地位，提高了产业组织化生产水平。通过探索创新营销模式，把群众组织起来规模经营、抱团发展、强村富民，建立起村集体与群众利益共享、风险共担的利益共同体。允俸村依托"3+"模式实现了"支部有作为、党员起作用、群众得实惠、集体增收入"，蹚出了一条党建扶贫的新路子。

（三）那京村：聚焦"三力" 强动能

那京自然村是双江县沙河乡允俸村的一个傣族聚居村寨，距离县城 6 千米，有农户 37 户 171 人，设 1 个党支部。近年来，党支部以"三力"为抓手，激发乡村振兴的组织动能，把群众有效组织起来、动员起来，不等不靠，自我振兴，把所有工作落实到每家每户，特色产业、乡村旅游不断壮大，村容村貌为之一新，群众生产生活水平全面提升，被誉为"鲜花盛开和孔雀栖息的村庄"。

1. 强化引领力

强化引领力，把组织覆盖嵌入每家每户。那京村把组织体系建设作为乡村振兴的重要基础工程，构建党支部+振兴理事会+9 个工作小组的"119"基层组织体系，即：在党支部下面组建 1 个乡村振兴理事会和红白喜事、环境卫生、接待服务、产业发展、餐饮服务、文艺编辑、创意农场、乡风文明、矛盾纠纷排查及社会治安维稳 9 个工作小组。把 7 名党员培养成致富能手，把各类人才推选进理事会，根据农户的专长和愿意，把所有农户纳入 9 个工作小组，党支部统揽各类组织、各项工作，理事会统筹具体事务，各工作组负责各类专项工作，把党的组织和党的工作下沉到每家每户，村庄规划、房屋拆迁、河道治理、饮水入村等重点事项均由党支部牵头，采取"四议两公开"的方式集体研究决定，让各项工作由干部

"大包干"变为党群"共谋划"。

2. 强化凝聚力

强化凝聚力，把产业发展落实到每家每户。那京村结合发展乡村旅游，争取到项目资金 50 余万元，建设集体停车场 1500 平方米，购买了 2 辆旅游观光服务车作为村集体固定资产，培育兰花产业，集体年经营性收入达 10 万元。在巩固好传统产业的基础上，围绕观光旅游需求不断调优产业结构，累计种植兰花 1 万余株，发展渔业 60 亩、桑叶 160 亩，牛油果 186 亩、火龙果 200 亩等特色水果 606 亩，开办亲子农场 1 个，建成了功能完善的泼水广场及停车场，购置了 2 辆旅游观光车，建成傣族特色餐饮 12 家，实现了农业产业和旅游业互促共进发展。成立党员护绿岗，组织群众做好村庄常态化管护，大力实施村庄美化、门庭绿化、河道保洁等绿化项目，引导群众树立绿色生产生活理念。发动群众投工投劳，肩挑背扛，大干基础设施建设，修建道路 7500 米，景观池 16 个，栽植景观苗木 2 万余株，栈道 2100 米。充分发掘村内独特的自然资源禀赋，把区域内的古佛寺、民族文化广场、白龙箐、双头箐、许愿石、榕树王、孔雀山、龙挡坝峡谷等旅游景点连成一线，实施乡村旅游精品工程和一村一品工程，打造绿色生态环保的乡村生态旅游产业链，年接待游客 2 万多人次，创收达 700 余万元，全村经济总收入 1000 万元，有效推动了自然资源向富民资产转化。

3. 强化善治力

强化善治力，把共治共享深入每家每户。那京村充分发挥党支部的号召力和动员力，发挥村民主体作用，推动乡村治理创新，真正让村民成为乡村振兴的建设者和受益者。以户为单位，确定基础积分、民主评议积分、贡献积分 3 大类积分，细化学习培训、勤劳致富、孝老爱亲、遵纪守法、诚实守信、环境卫生、团结和睦、参与公益 8 个积分项目，对农户进行积分管理，经村民表决，村集体收益的 10%根据积分情况用于奖补农户。通过"1+3+8+10% = 让有德者有得"的操作模式，强化积分结果的运用，增强了村民"提高积分、争当先锋"的意识，形成了互帮互带、相互竞争的创先争优格局，确保乡村充满活力、和谐有序。推行以基层党建为引领，自治、法治、德治"三治融合"的乡村治理路子，结合"万名干部规划家乡行动"制定务实管用的村规民约，推动村级自主议事、自我管理、自我服务、自我监督，真正让群众的事群众说了算。依托党群服务中心，适时开展法制宣传教育和邻里纠纷化解工作，让依法办事成为群众行为准则和自觉习惯。同时，开展一月一典型评选活动，评选出一批"先锋党员""好婆婆好媳妇""致富能手""最美家庭"等典型，不断提升党员群众的思想道德水平，助推乡村振兴。

那京村党支部主要在强化组织引领力、激发群众内生动力方面下功夫。一是组织体系有保障，党支部+振兴理事会+9 个工作小组的"119"基层组织体系强化组织引领，9 个工作小组安排合理、面面俱到，把各类人才推选进理事会，建强组织力量。二是规矩制度有效果，那京村各项工作由党支部牵头、党群"共谋划"，充分发挥村民主体作用，完善的"积分"管理制度确保了乡村充满活力、和谐有序，村民竞争意识增强、内生动力提升。

（四）陈家寨村：第一书记暖人心

在双江县大山深处的陈家寨村，一群驻村工作队员正与广大群众一道用辛勤的汗水谱写着精美的华章。"杨书记帮我们建房""杨书记和我们一起修路引水""杨书记教我们遵纪守法做文明人""杨书记领我们发展产业致富奔小康"，杨书记这位驻村干部在陈家寨村已是家喻户晓，他的故事传遍山村的每个角落。这位被村民亲切称呼的"杨书记"，名叫杨绍昌，中共党员，现龄 57 岁，临近退休的他是双江县政策研究室选派陈家寨村蹲点驻村工作第一书记。

杨绍昌进驻陈家村后，扎实开展调查摸底，详细了解村情民意，力所能及地帮助群众解决困难，同时，带领驻村工作队员抓好安居房建设、产业发展、项目争取、卫生整治、政策宣传、纠纷调处等工作，在村里总能看到他忙碌的身影，他成了群众的"贴心人"。

图 4-1　杨绍昌（右二）向群众了解情况

1. 党员干部的"排头兵"

杨绍昌所挂的陈家寨村委会隶属于双江县沙河乡，距县城 16 千米，全村有 6 个自然村 11 个村民小组，2014 年全村有农户 497 户，人口 2002 人，全村有建档立卡贫困户 205 户 756 人。多年来，该村存在组织发展思想不宽、集体经济薄弱、解决群众生产生活困难问题乏力等问题，这些问题致使村级党组织战斗力下降，领导核心弱化。进驻陈家寨村时，杨绍昌看到党员活动阵地是一间占地不到 70 平方米的老房子，房屋墙体开裂、屋架变形、天花板脱落，群众办事不方便，党员集中开会拥挤。于是他把改变这一现状列为驻村帮扶的第一项重点工作来抓，通过积极汇报认真衔接，争取省政策研究室相关项目资金45万元，为该村建成党员活动室180余平方米，还配置了电脑、打印机、办公桌椅等办公设备，让该村多年来未能解决的难题得以迅速化解。

在抓好硬件设施建设的同时，杨绍昌注重把脱贫攻坚与基层党组织建设相结合，以党建带扶贫，以扶贫促党建，着力抓实"好队伍、好基础、好机制""三好"建设工作。按照"两学一做"学习教育常态化制度化的要求，他通过会议、远程教育播放教学、专题授课、技术培训等形式，组织提升党员干部素质，让村班子真正成为群众的"主心骨"。为提高广大群众致富本领，他创建了新型农民培训机制，积极开展技能培训及法制宣传教育，切实为该村培育造就了一批有文化、有道德、守法纪、懂技术、会经营的社会主义新型农民。扶贫先扶智，杨绍昌积极抓好群众思想教育，乡村到处吹起了文明风。他积极筹措资金7万余元，与陈家寨村姬松茸种植合作社合作，实现了集体经济的"零突破"。他积极推行干部与挂钩贫困户"双承诺"制度，牵头制定村规民约"三字经"，成立党员互助组，组织栽种"党员示范树"，开展"党的光辉照边疆，边疆人民心向党"实践活动。

驻村以来，在杨绍昌的带领下，该村基层党组织的创造力、凝聚力、战斗力进一步增强，村"两委"班子的服务方式得到转变，有效地激发了村"两委"班子活力和村干部干事热情。"党组织发挥了作用，凝聚了强大的力量，群众脱贫致富奔小康的目标将会很快实现。"在陈家寨村，一说起杨绍昌，广大党员无不竖起大拇指。

2. 脱贫致富的"引领人"

杨绍昌驻村后，他走村串户，和村民聊家常、谈农事，驻村不到一个月就成了群众的"大熟人"。他带领村组干部和驻村队员，充分发动贫困群众改造危房、建设新居，及时"抢报"贷款和"抢购"

物资，为 171 户房屋新建户申请到了每户 5 万元的贷款，通过与相关企业协调筹措资金 30 余万元，为建房户抢购了 150 多万匹砖、1000 多方沙子、100 多吨钢材，在短短的 3 个月时间里，就启动建房 100 余户。积极协调筹措水泥 400 余吨，为每个建房户发放水泥不少于 5 吨，引导群众统一对建房所需的水泥、砖块、钢材进行采购，为每户节约建房成本不少于 2000 元。

在紧锣密鼓地做好安居房建设的同时，为了让群众富起来，让老百姓的钱袋子鼓起来，让他们真正地幸福起来，杨绍昌与村干部研究出了"培育好新型产业，巩固提升好传统种、养殖业"的产业发展规划。杨绍昌把扩大姬松茸种植面作为加快贫困户致富的举措来抓，他采取"公司+合作社+农户"模式，帮助贫困户成立姬松茸种植专业合作社，邀请相关技术人员对贫困户进行培训指导，并与专业种植公司协商，让他们采取先为贫困户垫付建大棚建设资金，然后逐年从农户中把垫付资金收回的方法，支持贫困户发展姬松茸产业。

罗石松是该村绿那组的贫困户，两年前，由于家里没有像样的产业，收入来源少，他带着媳妇和孩子一直外出打工，但是因为缺技术、不懂文化，每年打工的收入都很低，一家三口人住着不到 50 平方米的土基房，生活非常困难，杨绍昌多次到他家给他讲解国家扶贫政策、帮助他算经济账，动员他建好自己的房子，搞好产业发展。2016 年，罗石松没有外出打工，而是积极响应国家危房改造政策，通过和亲戚朋友借的方式筹集资金，建成了 150 多平方米的小洋楼。为让他家把建房时的欠款还上，早日致富奔小康，杨绍昌积极出谋划策，为他家选准了种植姬松茸实现增收的路子。"姬松茸采摘期可持续到年底，扣除每个大棚建设资金 2 万多元后，今年我家可以获得 7 万元的收入，姬松茸大棚建一年可使用 4 年，今后我家在姬松茸种植上每年可以获得不少于 15 万元的收入。现在房子建好了，产业也发展好了，用不了一年我家就可以把建房欠下的钱还完。"谈到脱贫致富奔小康，罗石松充满了信心。他激动地说："如果没有杨书记和公司的帮忙，不知道我家的穷苦日子还要过多久"。

抓好新型产业培育的同时，杨绍昌也用心帮助贫困户抓好其他传统产业。房子建盖了，产业抓出了，还要抓好环境综合整治。杨绍昌充分发挥理事会作用，以各村组理事会牵头对村寨房屋乱建、车辆乱停、垃圾乱倒、污水乱排、粪土乱堆、柴草乱放、畜禽乱跑等现象进行整治，积极组织村民集中进行环境卫生大扫除，建立门前责任制，哪家门前哪家打扫，组织驻村工作队员分片区定期或不定期检查环境卫生，对检查中发现的问题，按村规民约限期整改到位。他按照房前屋后种植 10 棵树要求，搞好村寨增花增绿，组织群众在房前屋后和闲置地块种植红豆杉、红椿、车厘子共 2100 株，让村寨变得更美的同时，为群众种下了"致富树"。

3. 引进项目的"全能手"

"只有干出实绩，群众才会信任你。"杨绍昌积极争取项目和政策支持，启动建设了 4 个自然村的党员活动室，为群众筹集水泥 1000 余吨，按照一事一议的方式带动群众集资 60 余万元，出劳力 500 余个，硬化村组进村入户道路 19.4 千米，修建了 12 千米机耕路，修建了该村板楞组 5.4 千米的进村道路，成为广大群众的"连心路"。

为解决陈家寨村群众安全饮水问题，杨绍昌钻刺蓬、爬山头，走遍了村里的多个山头寻找水源，经过一个月的寻找，他在离村 19 千米的地方找到了水源。将水引进村组来需要大笔资金，杨绍昌四处寻求技术力量的支持和帮助，通过多次争取，最后获得县水务局人畜饮水项目资金支持 60 万元，但离总投资所需 148 万元还有很大差距。对此，杨绍昌及时组织召开动员会，不等不靠，发扬自力更生、奋力拼搏精神，发动群众以劳折资搞好饮水工程建设。在施工中，他连续 5 天吃住在山上，同广大群众抬水管、开挖沟渠，在他的带领下，整个工程累计投入劳力 800 余个，在规定的时间内圆满完成了项目工程建设。目前，全村家家户户都用上了充足、卫生的自来水。"这是包产到户以来，群众最齐心，场面最大的一次义务劳动，这都是得益于杨书记的有力领导，他真不愧是我们的父母官。"谈到此次义务劳动，同建饮水工程的广大群众深有体会。

为解决村内没有固定的垃圾回收点、垃圾乱扔的问题，杨绍昌主动向相关领导汇报，争取了 40 万元的建设资金建成垃圾焚烧处理场 1 个，并通过召开村组会议，制定了该村垃圾清理机制，每年从每户农户中收取 100 元卫生费，通过招标的形式聘请第三方，把村中的垃圾拉到垃圾场处理。目前，村中环境卫生有了较大改善，受到广大群众一致好评。

4. 服务群众的"贴心人"

"感人心者，莫先乎情。"2016 年，陈家寨村村民缴 2017 年的新农合、新农保"两险"费用时，部分贫困群众因将有限的资金投入到建房和发展产业中，一时交不出，面对上缴截止日期日益临近，杨绍昌看在眼里，急在心上，在回家与妻子商量后，利用家中省吃俭用存下来的积蓄为贫困群众先行垫付了 5 万元，让贫困群众得以在规定的时间内上缴"两险"费用，解了他们的燃眉之急。

杨永科是板楞组的贫困户，他不喜欢和别人沟通交流，思想很固执，不支持配合村里开展的各项工作，村干部每次发动他家参与义务劳动，动员他家搞烤烟等产业发展，都被他拒绝，成了村干部眼中最难啃的"硬骨头"。杨绍昌没有放弃他，以亲人的身份，主动和他交往，给他讲道理，找路子，在无数次的沟通交流下，他的思想得到了转变，2017 年，他家积极响应国家补助政策建盖了一层 60 平方米的砖混结构住房，并种植了 10 亩桑树，开始搞起了桑蚕养殖。"杨书记真有一套！"对于杨永科的转变，村干部都为杨绍昌点赞。"杨书记是近几年来到我们村开展驻村工作中，最好的一个工作队员，他最会关心老百姓，最会帮助老百姓做事，他是我们的贴心人"。这是群众对杨绍昌的评价。

2017 年，杨绍昌被评为"感动临沧 2017 年度人物"，两年多的扶贫道路上，临近退休的杨绍昌始终满腔热情，用"在位一分钟，干好六十秒"的实际举措，站好最后一班岗，以认真执着、无私奉献的扶贫情怀，以心系群众、情牵百姓的崇高境界，以身体力行、奋发有为的奉献精神，诠释着共产党人的初心和使命，使干部群众的鱼水之情得到升华。

三、双江县党建助力脱贫攻坚的政策启示

（一）强化政治引领及压实脱贫责任是基础

抓党建助脱贫的基础是强化政治引领、压实脱贫责任，把党建优势转变为脱贫攻坚优势，充分发挥各级领导班子和党员干部在脱贫攻坚中的关键作用，从严查处脱贫攻坚中的形式主义、官僚主义和不担当、不作为、不担责等问题。双江县践行党建脱贫双推进、同频共振促双赢战略，认真贯彻习近平总书记关于"要以提升组织力为重点，突出政治功能，健全基层组织，优化组织设置，理顺隶属关系，创新活动方式，扩大基层党的组织覆盖和工作覆盖"的指示精神，按照"脱贫精准化、党建项目化"的思路抓党建促脱贫攻坚，党建水平不断提升，脱贫责任有效压实，有力地推进了脱贫攻坚工作。

1. 突出政治引领，凝聚攻坚共识

双江县坚持把党的政治建设摆在首位，紧紧围绕学习宣传贯彻党的十九大精神，广泛开展理想信念教育，用习近平新时代中国特色社会主义思想武装党员群众，凝聚思想共识。一是持续推动习近平新时

代中国特色社会主义思想和党的十九大精神到边到底到心。[1] 把习近平新时代中国特色社会主义思想纳入县乡党校教学计划和教学布局，高扬思想旗帜，筑牢坚定清醒的理论根基，巩固和发展新时代统一思想战线。二是深入推进"两学一做"学习教育常态化制度化。[2] 坚持学做结合、知行合一，突出理论学习中心组、领导干部双重组织生活会、"三会一课""支部主题党日"等基本制度，落实学习教育重点任务、方法措施，使"两学一做"学习教育融入日常、抓在经常。党员的学习兴趣日益浓厚、学习成效不断体现、党员意识不断增强、效能作风不断提升。三是深入开展"党的光辉照边疆，边疆人民心向党"实践活动。把"党的光辉照边疆、边疆人民心向党"实践活动与推进"两学一做"学习教育深度融合，深化理想信念、知党恩感党恩。[3] 双江县脱贫攻坚工作突出政治引领，让党建成为脱贫攻坚的"牛鼻子"，攻坚中全面加强党的领导，全过程体现党的领导，党员群众感党恩、听党话、跟党走的思想意识一步步增强，为抓党建促脱贫打下坚实基础。

2. 突出机制创新，落实脱贫责任

双江县委、县政府在认真落实党政"一把手"负总责、党政主要领导任"双组长"，挂图作战等工作机制的同时，推出了一批务实管用的工作制度，为抓党建促脱贫提供制度保障。一是推广"六个

---

[1] 依托"百名讲师上讲台""千堂党课进基层""万名党员进党校"活动，分期分批对党员、干部进行系统培训。

[2] 各党委（党组）累计开展理论学习中心组学习 320 余场次，党委（党组）领导班子成员以普通党员身份参加支部学习 5700 余人次，到所在支部或挂钩村（社区）讲党课 620 余次，并带动各基层党组织开展学习研讨 2480 余场次，讲党课 1887 场次。

[3] 开展推动跨越式发展、打好脱贫攻坚战、建设民族团结进步示范区、主动融入和服务"辐射中心"建设、建设生态文明排头兵、营造良好政治生态"六个主题实践活动"。以农民讲习所、农民夜校为平台，采取"学一堂政策理论+习一项实用技能"的方式开展讲习活动，并建设 76 个村史室作为感恩教育阵地。

共同"经验。①"六个共同"模式的推广，使各个村寨之间、各民族之间、邻里之间形成一种责任共担、利益共享、更加紧密的利益联结机制，进一步构建起新时代"三个离不开"的新型民族关系，增强了各族群众的民族认同感、自豪感和归属感，使群众更加紧密地团结在以习近平同志为核心的党中央周围，更加坚定感党恩、听党话、跟党走的决心信念。二是推行"双承诺"。"双承诺"机制既解决了一些挂钩帮扶干部找不到工作着力点，不知道劲往哪里使的问题，又解决了部分贫困群众"等、靠、要"思想严重、缺乏脱贫主动性的问题。从实质上来讲，就是全面贯彻落实了"贫困群众既是脱贫攻坚的对象，更是脱贫致富的主体"的要求。通过双向承诺，既督促干部把帮扶工作做实，提升了抓落实的能力，转变了工作作风，成为"党的光辉照边疆"的推动者和实践者，又激发了群众的主人翁意识，少数群众"靠在墙角晒太阳，等着别人送小康"的"等、靠、要"思想得到了改变，牢固树立了自立自强、不甘贫困、心怀感恩的意识。三是推行"双挂制"。稳定实现了"直过民族"贫困人口不愁吃、不愁穿，义务教育、基本医疗和住房安全有保障。同时，针对年轻干部在脱贫攻坚一线政策业务不熟悉、工作方式方法少等实际，由"双挂"领导采取"一帮一""一帮几"的方式，负责对年轻干部进行"传帮带"。通过压担子、教方法、讲政策，让年轻干部在脱贫攻坚一线强化实践锻炼，锤炼意志，丰富阅历，积累经验，增强做好群众工作、解决实际问题、应对复杂局面的能力。四是推行"零风险"。脱贫攻坚不容走形变样，双江县在坚持好述职、末位约谈、队员召回、立军令状等制度的同时，每项阶段性工作安排后，在规定时限内，采取四级零风险确认制，最大限度消除工作风险，督促各级干部自觉做到扶贫工作务实、脱贫过程扎实、脱贫结果真实，使脱贫

---

① 银行贷款共同用、特色民居共同建、大事小情共同帮、公益事业共同干、产业发展共同谋、文明村寨共同创。

攻坚走得更稳。双江县依托"六个共同""双承诺""双挂制""零风险"等制度压实了干部责任，为抓党建促脱贫工作顺利进行打下坚实基础。

（二）筑牢基层党建及夯实要素保障是核心

抓党建促脱贫的核心是加强基层党建、夯实基础要素保障。农村基层党组织是党在农村全部工作和战斗力的基础，是贯彻落实党的扶贫开发工作部署的战斗堡垒。抓好党建促扶贫，要把脱贫攻坚同基层组织建设有机结合起来，抓好以村党组织为核心的村级组织配套建设，夯实基础要素保障，把基层党组织建设成为带领群众脱贫致富、维护农村稳定的"领头雁"。双江县以基层党建工作为载体，努力做好基层党建与脱贫攻坚"双推进"工作，充分利用"三会一课"，组织开展好脱贫攻坚政策知识集中学习。深入开展"自强、诚信、感恩"和"党的光辉照边疆，边疆人民心向党"主题教育活动，切实提升基层党员对政策的理解与把握，充分发挥基层党支部战斗堡垒作用和党员的先锋模范作用，让基层党员在群众中当好政策"宣传员"，并着力提升基层基础保障，乃推动脱贫攻坚和乡村振兴的固本之举。

1. 突出基层党建，筑牢攻坚堡垒

基层党建工作抓得好与坏，直接影响基层作风、工作效能和整体形象。"上面千条线，下面一根针"，反映的就是基层工作的重要性和复杂性，必须以抓铁有痕的精神抓好基层党建，以此来引领和带动基层党员干部更好地为人民服务。双江县牢固树立重视基层、强基固本的思想，深入实施"基层党建推进年、提升年、巩固年、创新提质年"，把农村基层党建摆在更加突出的位置，充分发挥农村基层党组织领导核心作用。一是从严落实党建工作责任。分级制定责任清

单、重点任务项目清单、考评清单，构建了县乡村组四级责任链条，并全覆盖开展党组织书记抓基层党建述职评议考核工作，推动了各乡（镇）和各部门党组（党委）主体责任，书记"第一责任"和班子成员"一岗双责"，党务工作者具体责任落实落地，层层传导工作压力。二是选优配强乡（镇）党委和村（社区）党组织班子。按照"绘出好蓝图、选出好干部、配出好班子、换出好面貌"目标要求选好配强乡（镇）党委和村（社区）党组织班子，乡村两级的班子成员结构进一步优化，引领脱贫攻坚的能力不断增强。三是优化基层党组织设置。结合经济社会发展需要，延伸组建自然村（组）党支部两百多个，在易地扶贫搬迁点、专业合作社、产业协会等建立党支部，做到脱贫攻坚工作开展到哪里，党组织建设就跟进到哪里、党的领导作用就发挥到哪里。四是开展党支部规范化达标创建。以提升组织力为重点，创建规范化党组织，采取处级领导挂点、党（工）委领导包点等措施持续整顿软弱涣散党组织，基层党组织的组织力和领导核心作用进一步提升。五是抓实党建引领示范工程①。深入实施"11216"党建示范提升行动，在农村、机关、"两新"组织等领域选树党建示范点，培育一批抓党建促脱贫工作品牌。在农村党员中开展"亮身份、亮职责、亮承诺"的"三亮"活动。"欲筑室者，先治其基"，基层党组织是整个党组织的"神经末梢"，是落实党的路线方针政策和各项工作任务的"毛细血管"。双江县基层党建工作特色鲜明、成效显著，树立了大抓基层的鲜明导向，大力加强基层党组织建设，拓宽基层党建的领域，做到党员工作生活在哪里，党组织就覆盖到哪里，让党员无论在哪里都能找到组织找到家。同时，提升党员队伍质量，增强党员队伍生机活力，在强基础、补短板上下功夫，把基

---

① 《党组织当好吸铁石，各民族在脱贫路上携手同心不掉队》等一批党建工作经验在《中国组织人事报》、《云南组工通讯》和人民网、新华网、央广网、云南网等全国、省、市媒体刊登；彝家村党组织《提升组织力，合唱新山歌》被中央组织部选入《抓党建促脱贫攻坚案例选编》。

层党组织建设成为宣传党的主张、贯彻党的决定、领导基层治理、团结动员群众、推动改革发展的坚强战斗堡垒。

2. 突出要素保障，夯实攻坚基础

双江县着力推动人财物等资源向基层一线倾斜，不断提升基层基础保障，增强服务脱贫攻坚能力。一是推进村民小组活动场所建设。按照"十有一配套"标准①，实现村民小组活动场所全覆盖。同时，制定活动场所管理使用办法，组织开展村组活动场所管理使用问题专项整治，充分发挥村民小组活动场所"五中心"②功能。双江县地处边境、山高路远、居住分散，村民小组活动场所建设有特殊的意义。把阵地建到村民小组，让党员群众在家门口就有开展学习、议事、文化活动的场所，才能把人心凝聚到一起，保证边境的稳定和发展。实施过程既要整合资源，也要避免重复浪费，双江县采取了盘活存量、调整置换、集中利用等方式，新建一批、改造修缮一批、共建共用一批。傣族、佤族、拉祜族等民族元素融入其中，活动场所成了村寨里一道道别致的风景，真正把活动场所建成团结群众、教育群众、凝聚人心的重要阵地。二是发展壮大村级集体经济。把实施集体经济强村工程作为深化农村综合改革和打赢脱贫攻坚战的重要举措，研究制定《双江县发展壮大村级集体经济实施方案》，用足用好脱贫攻坚政策、财政部扶持村级集体经济发展试点政策和农村集体产权制度改革政策，统筹各级各部门政策、项目和资金，加大专项扶持力度，采取城市拉动、产业带动、服务创收、招商合作、资源开发等模式发展壮大村级集体经济，并把发展壮大村级集体经济纳入基层党建述职评议和责任制考核的重要内容，有效推动村级集体经济稳步健康发展，村级"无钱办事"的难题逐步得到解决。三是实施"基层党员带领群众创

---

① 有党员活动室、有群众活动广场、有牌匾标识、有旗杆国旗、有党旗党徽、有电教设备、有桌椅板凳、有培训资料、有大喇叭、有管理制度，并配套公共厕所等必要设施。
② 办公议事中心、党员活动中心、教育培训中心、综合服务中心、文体娱乐中心。

业致富贷款"工程。该项目是加强基层服务型党组织建设的重要举措和推动广大党员率先实现收入倍增的有力抓手，是进一步提高基层党组织凝聚力、号召力、服务"三农"能力的有效措施，可有效解决农村党员群众创业致富无门路、发展产业无资金、申请贷款无抵押的"三无"难题，有效推动农村经济社会快速发展，切实增强农村基层党组织和党员带头致富、带领群众致富的能力和水平。四是落实村（社区）干部待遇。出台了《关于建立村干部岗位补贴长效机制的通知》，建立村干部"基本报酬+绩效补贴+村级集体经济创收奖励"结构性岗位补贴长效机制，并落实在职村（社区）干部医疗保险、养老保险、工伤保险、住房公积金等政策，进一步调动广大农村基层干部在脱贫攻坚和乡村振兴中的积极性和主动性。双江县通过不懈努力，基层队伍"活"起来、基层堡垒"强"起来、基层地标"树"起来，为打赢脱贫攻坚硬仗提供强力保证。

（三）优化攻坚队伍及激活攻坚动力是关键

抓党建促脱贫的关键是优化攻坚队伍、激发攻坚动力。"为政之要，莫先于用人，选人用人，事关人民群众福祉利益。"攻坚工作应精准选派干部、抓好干部能力培训、优化教育培训内容，持续锤炼脱贫攻坚过硬本领，并充分发挥党员在攻坚队伍中先锋模范作用。双江县结合本县实际，建立完善脱贫攻坚第一线考察识别干部工作机制，围绕政治品质、能力素质、担当精神、工作实绩和纪律作风等内容抓好干部考察识别，考察识别成果作为选拔任用干部、激励干部和调整问责干部的重要依据，注重用少数民族干部做少数民族工作，把优秀少数民族干部选出来、用起来，同时强化教育管理，增强干部谋事情的脑力、察民情的听力、走基层的脚力，此举为抓党建促脱贫顺利进行提供强劲动力。

1. 突出想干会干，精准选派干部

双江县存在边疆少数民族山区和县域贫困的实际，在帮扶干部的选派上，既要考虑思想政治素质，又要考虑能力水平和民族结构等因素。要把工作经验较丰富的干部派到任务较重、难度较大的贫困村，把熟悉经济工作的干部派到产业基础薄弱的贫困村；把熟悉民族工作、懂民族语言的干部派到少数民族聚居的贫困村，用少数民族干部做少数民族工作，实现情感交流零距离、工作沟通无障碍。为把优秀少数民族干部选出来、用起来，双江县在事业人员招考录取中，对拉、佤、布、傣族考生的比例给予适当倾斜，坚持在脱贫攻坚一线考察识别干部，让工作实绩突出的少数民族干部当主官、挑大梁。① 坚持政治标准，把农村最有本事的少数民族群众发展成党员、培养成村干部、锻造成脱贫攻坚战场上的骨干力量。为使派到一线的干部会做民族工作，脱贫攻坚战打响以来，双江县三分之二的干部驻扎在脱贫攻坚一线，为确保干部与各族群众无障碍沟通，在组建工作队时充分考虑民族结构，每个村至少安排 3 名熟知当地民族习俗、历史与现状的少数民族工作队员，确保沟通交流不犯"禁忌"，有共同语言。精准选派干部是实施抓党建促脱贫的关键，双江县在选派干部方面体现了"细心把脉、找出疾症，聚焦重点、对症下药"，深入分析了各个贫困村的具体问题，根据贫困村实际需求分类施策，做到了把熟悉党群工作的干部派到基层组织软弱涣散、战斗力不强的贫困村，把熟悉经济工作的干部派到产业基础薄弱、集体经济脆弱的贫困村，把善于做少数民族工作的干部派到少数民族聚居的贫困村，帮助贫困村解决脱贫攻坚面临的突出困难和问题。

---

① 截止到 2020 年 12 月，全县 6 个乡镇有 4 名少数民族正职，县直部门有 15 名少数民族正职。

2. 突出教育管理，激发攻坚动力

党的十九大报告提出"加强组织队伍建设"的要求，党建队伍培养工程必须准确奏响打牢思想根基、夯实能力主体、强化作风防护"三部曲"，才能使脱贫攻坚"大楼"在新时代新思想浪潮中经得住风吹雨打、屹立不倒。双江县牢固树立党的一切工作到支部的鲜明导向，抓培训、补短板、提能力，全面加强党员队伍素质能力建设。一是实施农村"领头雁"培养工程①。推动了农村带头人队伍整体优化提升，培养造就一支政治立场有定力、为民服务有情怀、勤政务实有本事、认真负责有担当、干事创业有办法、廉洁公道有口碑的"六有"农村基层干部队伍，为双江县打赢脱贫攻坚战、推进乡村振兴提供干部人才支持。二是抓实"三培养"工作②。因人施教，分类培养，不断优化农村党员队伍结构，下力气指导帮助贫困村做好发展党员工作。同时，深入开展发展党员违规违纪、宗教势力干扰侵蚀基层党组织和党员信教及涉赌涉责问题专项整治，保持党员队伍先进性和纯洁性。三是实施学历提升计划③。鼓励全县基层干部提高学历水平，有效促进了基层干部队伍学历水平和能力素质双提升，为乡村振兴积聚人才力量。四是开展大规模培训。"非学无以广才，非志无以成学"，干部教育培训是干部队伍建设的先导性、基础性、战略性工程，在进行伟大斗争、建设伟大工程、推进伟大事业、实现伟大梦想中具有不可替代的重要地位和作用。双江县着力增强干部教育培训的政治性、针对性和有效性，实施"四个一批"干部素质提升工程和领导干部"四有四敢"能力提升培训，举办习近平新时代中国特色

---

① "领头雁"培养工程采取现场观摩、经验交流、专题辅导等方式，强化对乡（镇）党委和村（社区）党总支、支部班子成员的培训。

② 把 185 名致富能手培养成党员，221 名党员培养成致富能手，290 名致富能手中的优秀党员培养成村（组）干部，每个贫困村每 2 年至少发展 1 名青年农民党员。

③ 依托云南开放大学，组织实施了"双江县村（社区）干部学历提升计划"，共有 134 名村（社区）干部参加学历教育，2019 年又新增加报名 45 人。

社会主义思想和党的十九大精神专题研讨班和驻村工作队员培训等。拓展"走出去"培训渠道，发挥组织、人社、农业、教育等部门力量，实施"人才技能扶贫行动计划""千人培训计划"，开展脱贫攻坚、乡村振兴知识培训，各类人才的科技素质和专业技能不断提升，基层干部从思想上建立"主人翁"意识，增强扶贫中的主动性，为脱贫攻坚凝心聚力。五是管好用好驻村工作队。为切实关心激励脱贫攻坚一线驻村干部，制定出台《双江县贫困村驻村工作队选派管理办法》《双江县从严管理驻村扶贫工作队及队员十条规定》，成立县驻村扶贫工作领导小组和乡（镇）驻村工作协调小组，建立完善的工作例会制度、民主评议制度等9个制度，切实提升74支驻村工作队管理的制度化规范化水平，做到严管厚爱双向发力，做好日常管理、考核评价、关爱激励、责任落实四大举措，不断激发驻村工作队发挥好脱贫攻坚生力军作用，有力推动了脱贫攻坚各项工作任务落实落地。双江县依托完善的教育管理制度，干群内生动力得到了充分激发，"发展生产、早日脱贫"已成了双江县人民的共同心愿和努力方向。

第五章

特色支撑：特色产业发展
助推可持续脱贫

　　产业扶贫是打赢扶贫攻坚战的最重要抓手和重要保障，是实现可持续脱贫不返贫的可靠保障和经济基础。自 2013 年 11 月习近平总书记正式提出"精准扶贫"以来[1]，各级政府就双江县面临的经济发展滞后导致的贫困问题，陆续出台了一系列的产业发展（扶贫）政策[2]来推动双江县经济增长方式转变、产业结构升级，进而带动贫困人口脱贫摘帽。在实地调研过程中，很明显地感受到双江县作为一个国家级贫困县，其贫困主要是由于经济发展滞后所导致的收入上的贫困，是远离"市场"的贫困。在这种贫困状态下，维持人的基本生产的物质保障问题不大，但由于地形地貌的复杂多样、交通设施的严重滞后，使得当地的经济生产活动辐射范围在相当程度上限制在双江县县域境内，部分地区经济生产活动限制在乡镇乃至村级行政区划范围之内。极小的经济生产活动辐射范围实际上形成了一个个相对封闭和独立的经济生产活动低水平小循环；而小范围内的资源禀赋、技术水平、人力资本等生产要素高度趋同，使得其产业结构高度同质化、市场活跃度不高但交易成本极高，从而使得双江县的经济产业结构特别是农业产业结构实际上是基于生存目的而形成的。

　　因此，推动双江县特色产业扶贫以实现可持续脱贫的根本问题和约束在于：如何利用国家扶贫攻坚战和精准扶贫战略的契机和杠杆来打破原来的自然条件约束和产业结构樊篱，推动双江县的产业发展方向从相对封闭状态下的"生存型"产业结构向逐步开放条件[3]下基于

①　杨宜勇、吴香雪等：《全面建成小康社会奋斗史》，人民出版社 2020 年版，第 90 页。
②　单从县级层面来看，2016—2020 年双江县出台了 15 个产业扶贫政策。
③　这里的"开放状态"，更多的是指交通基础设施的不断完善使双江县及其偏远地区逐步与市场接轨并不断深化的一种状态，是各个相对独立封闭的小市场（循环）之间及小市场与大市场之间在"空间意义上"的一种不断"相互交融"的状态。

自身资源禀赋优势的"市场型"产业结构转型。在这一转型过程中，特色产业，特别是具有投资小、见效快且符合自然禀赋特征的特色农业产业发展对双江县实现可持续脱贫具有决定性意义。

那么，什么是特色产业呢？特色产业是指在特定的区域内，以当地的特色资源（包括自然资源、文化资源等）为基础，围绕特色资源开发、特色产品生产制造而形成有别于其他地域的产业体系[①]。靠山吃山，靠水吃水，一个地区的特色产业发展及其形成有赖于当地独特的资源，也可能涉及当地各个产业领域，如特色种养殖业及其深加工、传统（民族）文化产品开发与利用、民俗生态旅游等，具有较强的地域属性或民族文化属性和"短平快"属性。

双江县的特色产业发展，对于推动双江县由"生存型"产业结构向"市场型"（特色）产业结构转型升级、实现双江县的贫困户和贫困地区可持续脱贫具有重要意义；也对其"脱贫摘帽"后进一步巩固深化精准扶贫成果与实现乡村振兴具有现实意义。同时，也可以为国内外其他具有类似禀赋特征的贫困地区提供可借鉴、可复制的经验和素材。

一、双江县特色产业发展概述

（一）双江县特色产业发展的基础

1. 丰富的自然资源

双江县地广人稀，从人口密度来看，双江县 2017 年的人口密度

---

① 赵荣钧：《特色产业发展的减贫效应研究——基于精准扶贫调研数据实证分析》，硕士学位论文，武汉大学，2017 年。

约81人/平方千米，约相当于同年全国人口密度的57%，云南省人口密度的67%，但资源禀赋优势明显。双江县光照充足，有一定的热区土地资源，有海拔1300米以下热区土地资源83.07万亩，占总面积的25.58%，县域境内有多处热水泉。双江河流属澜沧江水系，全县有106条河溪，水资源2.04万亿立方米，水能蕴藏总量为223万千瓦。境内生态植被资源丰富，双江县森林覆盖率70.24%。县域内具有经济价值的动植物资源种类繁多，有野生动物资源87种，其中兽类40种、鸟类47种；有动物药材34科38种；有植物资源62科145属288种；粮食作物有水稻品种192个、陆稻品种33个、玉米品种14个、麦类品种14个；经济作物有甘蔗、花生、油菜、生姜、辣椒、草淤、棉花、席草、麻类及蔬菜；经济林木有紫胶、勐库大叶种茶、橡胶、油桐等；药材香料植物有胡椒、砂仁、草果等60种。有国家二级保护植物5种，三级保护植物10种。另外，双江县还具有丰富的矿产资源，具有开发价值的主要有铁、褐煤、铅、铜、锑、铀、水晶、石棉、石墨、硫黄、云母、大理石、硅藻土、地热、稀土、高岭土、硅石、沸石、花岗岩、砖瓦黏土等。

2. 独特的民族文化资源

双江县是全国唯一由拉祜族、佤族、布朗族、傣族4个主体民族共同自治的多民族自治县，具有"多元民族文化之乡"的美誉。境内居住着23种少数民族，少数民族人口占47%，是布朗族的主要聚居地和文化发祥地之一，各民族同生共荣，孕育了多姿多彩的民族文化与民族风情习俗，是一方神奇而又充满希望的热土。目前，双江县有国家级非物质文化遗产保护项目1项（布朗族蜂桶鼓舞），省级保护项目4项（东等佤族鸡枞陀螺、布朗族纺织技艺、大南直布朗族传统文化保护区、拉祜族"七十二路打歌"），市级保护项目5类15项，县级保护项目8类110项。截至2020年年底，双江县共有传承人24人（健在18人）：县级传承人1人、市级传承人12人、省级传

承人 10 人、国家级传承人 1 人。代表性民族特色手工产品有布朗族
"牛肚被"、拉祜族传统服饰、傣族刺绣、土陶等。

3. 优异的生态旅游资源

多样的自然环境与丰富的文化资源使得双江县的生态文化旅游资
源禀赋得天独厚。双江因水而得名，澜沧江、小黑江交汇于县境东
南，北回归线横穿县境，被誉为"北回归线上的绿色明珠"；境内森
林覆盖率达 70.24%，被称为"中国绿色竞争力十强县"，是"中国
百佳深呼吸小城"。独特的区位使双江四季温差小，冬无严寒，夏无
酷热，气候条件优越，故有"草经冬而不枯，花非春亦不谢"之说。
双江因茶而闻名，境内有 1.27 万亩被认定为全世界密度最大、海拔
最高、植被保存最完整、抗逆性最强的野生古茶树群，是世界茶树发
源地中心之一，对于进一步论证茶树原产我国云南，研究茶树起源、
演变、分类和种植及云南茶文化等具有十分重要的价值；另有 20 万
亩生态茶园、13 万茶农，茶产业综合产值 15 亿元，拥有"世界古茶
原乡第一标志地"、"中国国土古茶树种质基因宝库"、双江古茶山国
家森林公园、全国重要农业文化遗产等多张茶叶名片，是"全国重
点产茶县"、"云南省高原特色农业茶产业十强县"、云南省"一县一
业"示范县——茶叶示范县，勐库牌、冰岛茶品牌效应不断凸显，
双江正逐步成为全国知名的茶乡。"茶"，在双江人民的生产生活中
担当着重要角色，各民族丰富多彩的茶史、茶文物、茶俗、茶艺、茶
道、茶人、茶事、茶歌、茶风情、茶文化和多元和谐民族文化相互融
合，相互渗透，融为一体，形成双江独特而绚烂的人文生态旅游
资源。

丰富的自然资源、独特的多元民族文化资源与优异的生态旅游资
源为双江县发展特色产业、推动产业结构由"生存型"向"市场型"
转型升级并最终实现可持续脱贫奠定了坚实的基础。

（二）双江县特色产业发展现状

"十二五"以来，双江县政府主动出击，在贫困村大力推动"一村一品、多村一品"产业结构优化调整战略，在确保粮食安全的前提下，着重引导和扶持发展特色产业，推动双江县农业产业由传统的"生存型"产业结构不断向现代的"市场型"产业结构转型升级。突出发展升级传统的甘蔗、茶叶、畜牧、核桃等特色产业，并加大发展烤烟、咖啡、坚果、生物药业等新兴特色产业，确保每个贫困村有1—2个产业发展项目、每个贫困户至少有1个增收项目；引进、培育一批具有地域特色的农业产业龙头企业为特色产业的生产市场通过利益联结机制有机对接起来。双江县特色产业发展已经取得一定的成绩（如表5-1所示），并在种植业、林业、生态旅游业等方面具备一定的产业基础。根据实地调研的情况和与地方政府部门访谈的结果，双江县特色产业发展可以总结为以下几个特征。

1. 双江县特色产业发展较为迅速，以特色农业为主

2001年双江县被国务院确定为国家扶贫开发工作重点县，2020年全县农村经济总收入25.84亿元，农民人均可支配收入12863元。受制于交通条件的制约，县内的产品出不去、县外的资源（资金、技术、人才……）进不来，市场的区隔使得双江县的农业产业发展非常滞后，其农业产业具有结构单一、质量低、规模小的特点，农村经济总量小，特色产业的发展更是无从谈起。近年来，尤其是脱贫攻坚战打响以来，随着交通条件的不断完善，双江县充分利用扶贫攻坚战带来的政策优势，充分发挥地方政府的主观能动性，不断加大发展特色产业力度，抓特色产业基地建设、特色产品市场开拓、特色产业帮扶带动、区域特色品牌创建（其中

"三品一标"① 认证已达 26 个），使贫困群众户户有产业、户户有产业收入来源、户户可依靠产业实现增收脱贫。截至 2020 年，全县累计建成农业产业化基地 150 万亩，较 2001 年增加 99.8 万亩，年均增加 5.87 万亩，农民人均约 10 亩，其中贫困户人均约 9 亩；2020 年全县农林牧渔业总产值达 25.67 亿元（现价），比 2015 年增加 54.55%，年均递增 9.09%，农民人均占有农业总产值达 1.6 万元；2020 年农民人均可支配收入 12863 元，"十三五"期间年均增速达 9.82%，与上年相比增加 7.9%，同比增速居全市第 2 位；贫困人口人均纯收入达 10187 元。

从特色产业发展的种类及发展方向来看，双江县立足于自身的资源禀赋优势，主要以特色农业、生态旅游业和民族文化产业为主体，并不断加大对传统的特色农业产业（以茶叶、甘蔗等为主）和新兴特色农业产业（以坚果、咖啡等为主）的投入力度。2014—2020 年间，双江县累计投入产业扶持资金 4.16 亿元元，在巩固提升甘蔗、茶叶、核桃、烤烟、畜牧等传统特色产业发展的同时，培育壮大坚果、咖啡等新兴产业，因地制宜发展石斛、茯苓、大黄藤、葛根、火镰菜及桑蚕养殖、蔬菜等区域性产业。通过发展产业，实现了每个村有 1—2 个主导产业，每户贫困户有 1—2 个产业增收项目，精准的特色产业发展带动贫困户实现人均纯收入 4588 元。

表 5-1 双江县特色农业产业发展情况（2020）

产业基地建设情况　单位：万亩/户/元								
粮食			茶叶			甘蔗		
耕种面积	带动贫困农户	贫困户人均纯收入	耕种面积	带动贫困农户	贫困户人均纯收入	耕种面积	带动贫困农户	贫困户人均纯收入
32.84	6752	873	28.4	4228	1220	9.2	1251	4045

---

① "三品一标"是指无公害农产品、绿色食品、有机农产品和农产品地理标志，是政府主导的安全优质农产品公共品牌，是传统农业向现代农业转变的重要标志。

续表

产业基地建设情况　单位：万亩/户/元								
烤烟			核桃			坚果		
耕种面积	带动贫困农户	贫困户人均纯收入	耕种面积	带动贫困农户	贫困户人均纯收入	耕种面积	带动贫困农户	贫困户人均纯收入
2.84	1250	796	50	5021	802	23.78	3323	76
咖啡			蔬菜			橡胶		
耕种面积	带动贫困农户	贫困户人均纯收入	耕种面积	带动贫困农户	贫困户人均纯收入	耕种面积	带动贫困农户	贫困户人均纯收入
4.17	4000	8	4.02	5975	—	5.32	—	—
水果			竹子			生物药业		
耕种面积	带动贫困农户	贫困户人均纯收入	耕种面积	带动贫困农户	贫困户人均纯收入	耕种面积	带动贫困农户	贫困户人均纯收入
3.14	—	—	45.32	—	—	5.62	—	—

规模化标准化养殖场（小区）　单位：个/户/元								
生猪			肉牛			肉羊		
养殖场	带动贫困农户	贫困户人均纯收入	养殖场	带动贫困农户	贫困户人均纯收入	养殖场	带动贫困农户	贫困户人均纯收入
45	3120	730	17	115	8	18	52	37
蛋（肉）鸡			渔业养殖（万亩/万吨/亿元）					
养殖场	带动贫困农户	贫困户人均纯收入	面积	产量	产值			
13	6136	58	5.36	3.09	4.0186			

数据来源：2020 年 12 月双江县农业局《双江县产业扶贫报告》。

2. 双江县特色产业发展基础较弱，但发展势头良好

特色产业发展必须依赖于当地的特色资源，而双江县资源禀赋具有得天独厚的优势，具有特色产业发展优势和发展潜力，也取得了一

定的成效。2020 年年底，双江县共有县级农业龙头企业 37 个，其中省级及以上龙头企业 5 个，市级龙头企业 18 个。但成也萧何败也萧何，复杂的地形地貌使得双江县具有得天独厚的资源优势的同时，也使得其交通等基础设施建设长期滞后，导致其经济生产活动长期远离市场，严重制约了双江县的经济产业结构转型升级。因此，双江县的特色产业依然以"一家一户"的小生产经营为主，没有形成规模化发展；农产品品牌建设滞后，"大产业无品牌"和"大品牌小产业"现象突出，澳洲坚果、核桃、茶叶、畜牧业等已成规模的产业，发展过程中缺乏真正有实力的龙头企业的辐射和带动，特色产业发展层次低，品牌带动效应不明显，直接制约着贫困地区的产业发展和农民增收；特色产业经营主体规模偏小，加之龙头企业量小质弱，导致贫困农户抵御市场风险能力相对较弱；特色产业价值链较短，主要是向市场提供初级农产品或初级加工产品，处于产业价值链的底端，产品附加值低。总体来看，双江县的特色产业发展基础依然非常薄弱。

但在政府引导与市场推动的合力下，双江县的特色产业发展以点破面，逐步培育出具有一定市场竞争力和规模的产业经营主体，推动双江县的特色产业不断发展壮大。以茶叶产业为例，尽管双江县在茶资源方面具有得天独厚的资源禀赋优势，但这种资源禀赋优势难以转化为市场竞争优势。为了打破这种窘境，在政府部门的主导下，1999 年对双江县国营茶厂进行改制并建成了云南双江勐库茶叶有限公司，改制后云南双江勐库茶叶有限公司发展势头强劲，目前其主营业务收入超过亿元，是第四批农业产业化国家重点龙头企业，也是双江县唯一一家国家级龙头企业；除此以外，还有双江荣康达投资有限公司和双江县勐库镇俸字号古茶有限公司规模相对较大。事实上，双江县茶叶产业已经形成了以云南双江勐库茶叶有限公司为核心、双江荣康达和勐库镇俸字号古茶有限公司为两翼的茶叶产业集群，具有勐库大叶茶、冰岛茶等多个公共品牌，并通过对茶叶的深加工和产业价值链延伸，逐步完成了产业价值链低端（提供低附加值的原材料、初级农产品或初级加工产品）向产业价值链高端延伸和转型。

3. 双江县乡村（生态）旅游业蓬勃发展

双江县有丰富而独特的民族文化资源和生态旅游资源，具有较大的乡村（生态）旅游的发展基础和发展潜力。受制于区位约束、交通条件和基础设施，双江县的乡村（生态）旅游起步较晚，但发展迅速，并取得了较好的成效。到 2020 年年底，花果飘香的村庄——那洛、金链子花盛开的村庄——那京、田园综合体——南角、城郊旅游村——景亢、瀑布小镇——邦佑等一批乡村旅游示范村初具雏形。以双江县平掌村邦佑组的瀑布小镇为例，截止到 2020 年年底，各级政府及村小组共投入了约 2100 万元的资金进行基础设施改造，建民宿、公厕，打造瀑布小镇。短短几年时间，瀑布小镇的打造使得被群山阻隔的"世外桃源"平掌村邦佑组发生了翻天覆地的变化，基础设施和配套的餐饮娱乐住宿设施不断完善，2015 年进村道路全部完成了硬化。交通阻碍的打破把隐藏在群山里面的绝美瀑布呈现在世人眼前，各地游客的到来使得这个偏僻闭塞的拉祜族自然村破天荒地在 2017 年 7 月开了第一个农家乐——红田农家乐，以满足外来游客的需求。

为了更好地开发利用生态旅游资源禀赋的优势，双江县通过以规划引领促聚集、政策引领建家园，推进美丽乡村建设，打造乡村旅游，提振乡村村域经济发展。2019 年 8 月出台《双江县乡村旅游示范村建设实施方案》，按照双江县境内全域旅游发展"一城一镇三区"①的空间布局，坚持"围城、绕景、靠路"原则，在全县优选18 个交通便利、资源优越、民风淳朴、文化厚实的村发展乡村旅游，

---

① 按照该实施方案，"一城"是指北回归线多元民族文化体验康养宜居城；"一镇"是指勐库冰岛茶旅游小镇；"三区"是指双江茶旅深度融合发展观光体验区、云南古茶山国家森林公园（含古茶山片区、冰岛湖片区、大浪坝片区以及仙人山）康体养生度假区、双江澜沧江流域生态文化休闲观光区。

打造全域旅游，把更多的村建成景区。到 2019 年，完成 18 个旅游示范村规划策划，全面启动建设，6 个以上村达国家 A 级景区标准。到 2020 年，完善提升 18 个示范村旅游品质，6 个以上村达国家 AA 级景区标准。到 2021 年，18 个示范村全面建成特色鲜明、配套丰富、环境优美、吸引力强的典范，10 个以上村达国家 AAA 级景区标准。全县接待乡村旅游人数超 200 万人次，乡村旅游总收入超 25 亿元。发展特色客栈、乡村民宿 36 家以上、乡村旅游专业合作社（公司）18 个、旅游商品生产企业 36 户以上、乡村旅行社 2 家，乡村旅游从业人员达 5000 人以上，实现旅游兴村、旅游强镇、旅游富民的目标。

4. 双江县特色产业发展以横向集聚为主，处于产业链低端

特色产业发展的理想方向是基于地域特色资源形成具有竞争力的特色产业集群。根据产业发展和集聚的不同选择，特色产业的发展方向有两个：纵向型特色产业集群和横向型特色产业集群。纵向型特色产业集群是指围绕区域内已经成长起来的特色产业或具有不可替代性特色资源向前、向后不断延伸，最终形成完整的特色产业链；横向型特色产业集群是指围绕已经成长起来特色产业或具有不可替代性特质的特色资源不断做大做强，在产业链的某一个或几个节点上聚集大量同类或相关企业。特色产业的纵向集聚对产业链相关的产业基础、人才储备、技术水平等要求很高；而横向集聚的要求相对较低，只要在产业链的任意一个节点具备竞争力或独特性（不可替代性）即可形成。

根据双江县特色产业发展的现状和规划，双江县特色产业是基于对本地域特色自然资源和特色文化资源的开发利用来推动的，通过对域内特色资源简单利用（如相对粗放型的种养殖业）或初加工（如特色农产品粗加工和传统手工业产品等），并基于不同区域特色资源禀赋形成了具有典型特质的特色产业横向集聚态势。双江县特色产业

发展的横向集聚态势与其 71.77% 的贫困户"因缺技术致贫"这一特征是契合的。

二、双江县特色产业扶贫的主要举措

（一）双江县特色产业扶贫的总体战略

根据《双江县"十三五"产业精准扶贫规划》，双江县特色产业扶贫的总体战略包括以下三个维度：

1. 指导思想

深入贯彻落实习近平新时代中国特色社会主义思想和中央扶贫开发工作会议精神，坚持从实际出发，以创新、协调、绿色、开放、共享的发展理念为引领，严格按照各级政府关于脱贫攻坚的战略部署和精准扶贫、精准脱贫的基本方略，紧紧围绕建档立卡贫困户增收脱贫目标，整合财政涉农资金，加大金融支持力度，发挥新型经营主体帮带作用，创新产业扶贫模式，构建利益联结新机制，切实做大做强特色优势产业，促进贫困群众长期稳定增收，实现产业发展、主体壮大、群众增收，举全县之力，坚决打赢脱贫攻坚战。

2. 基本原则

（1）坚持突出重点、区别对待的原则。突出扶贫效应，以"六个精准"统领全县脱贫攻坚工作，瞄准贫困人口，因户、因人施策，集中各类资金和资源向扶贫对象倾斜，向贫困人口产业发展集中，努力解决好制约贫困人口致富产业发展的关键因素，增强贫困人口自我发展的能力，做到识真贫、扶真贫、脱真贫。（2）坚持政府引导、群众参与的原则。按照"县负总责、部门配合、乡（镇）落实、工作到村、扶贫到户"的工作思路，以问题、目标为导向，充分发挥政府投入在脱贫攻坚中的主体引导作用，加大产业扶贫资金投入力度，拓宽扶贫融资渠道，引导社会力量参与扶贫开发，发挥贫困户在产业发展中的主体地位，调动贫困户根据自身条件和能力自主选择产业发展，加快脱贫致富步伐。（3）坚持因地制宜、分类指导的原则。按照统筹城乡经济发展的要求，科学定位农业产业布局，优先支持农业产业化发展，统筹农业和其他产业融合发展，实现产业互补。立足当地条件、资源状况和气候特点，因地制宜地选择效益好、见效快、覆盖面广、能带动贫困户致富的优势产业，科学客观分析产业现状，找准发展重点和突破口，做大做强扶贫产业。对已有的主导产业，继续扩大产业规模，完善产业链，构建产业发展体系；对正在培育的产业，注重技术培训和市场开拓。（4）坚持市场导向、效益优先的原则。发展扶贫产业要以市场为导向，积极扶持市场竞争力强的优势产业优先发展，科学客观分析资源承载能力和市场发展空间，合理确定产业发展规模。立足市场需求，突出扶贫效益和经济效益。（5）坚持创新驱动、科技支撑的原则。通过开展技术攻关、成果转化、平台建设、要素对接、创业扶贫、教学培训、科普惠农等行动，形成贫困山区创新驱动发展的新模式。动员号召全县农业科技工作者，调动全县科技资源投身服务于脱贫攻坚战，以科技创新驱动精准扶贫精准脱贫，在坚决打赢脱贫攻坚战的实践中充分发挥科技创新的支撑引领作用。（6）坚持保护生态、绿色发展的原则。牢固树立绿水青山就是金山银山的理念，把生态环境保护放在首要位置，探索生态脱贫有效途径，推动扶贫开发与资源环境相协调，脱贫致富与可持续发展相促进。实行最严格的生态环境保护制度，强化资源保护、环境整治和生态修复。严把农产品质量安全关口，从技术和生产环节上保障农业投入品科学使用，倒逼产业环境保护和源头治理。用好绿色生态牌，大力发展资源节约型、环境友好型特色产业，实现贫困地区经济、社会、生态效益有机统一。

3. 主要目标

以贫困户稳定增收为核心，以实施产业精准扶贫为根本抓手，以培育壮大新型经营主体为重点，全面推进产业精准扶贫"十大工程"①。着力构建新型产业扶贫利益联结机制，确保每个贫困村有1—2个产业发展项目，每户贫困户有1个新型经营主体带动发展、有1个增收致富好产业和1名致富明白人，贫困人口人均有9亩以上增收产业基地，每个贫困村至少建立1个资金互助组织，村集体经济收入在5万元以上，有劳动能力的贫困户至少加入1个合作组织，每个贫困村互助资金规模不少于50万元。2018年年底，产业扶贫利益联结机制初步建立，全县有劳动能力的贫困户100%全覆盖，确保一批有发展愿望和发展能力的贫困户通过发展产业增收脱贫，实现忙糯、勐勐2个贫困乡（镇）、32个建档立卡贫困村脱贫出列，全县如期脱贫摘帽退出贫困县，达到"两不愁三保障"标准。经过2019年和2020年的巩固发展，实现农村贫困人口"两不愁三保障"和饮水安全的目标，基本公共服务主要领域指标接近全省平均水平，农村常住居民人均可支配收入增长幅度高于全省平均水平，实现产业发展主体壮大、农民持续增收，全县与全国全省同步进入小康社会。

（二）双江县政府因地制宜培育特色产业

特色产业的培育和发展就是特定区域内特色资源产业化的过程。因此，培育和发展特色产业，其核心在于立足和合理开发当地独特的

---

① 见《双江县"十三五"产业精准扶贫规划》，双江县的精准扶贫"十大工程"是指：特色经济作物提升工程、畜禽水产增收工程、品牌培育创建工程、电商物流体系工程、多业态融合发展工程、科技素质提升工程、服务体系建设工程、经营主体培育工程、创业就业增收工程、经营机制创新工程。

自然与人文资源。根据自身特色资源禀赋、人力资源禀赋和技术发展水平，双江县政府确立的 23 个重点招商引资项目中（如表 5-2 所示），有 13 个特色农业项目、4 个生态旅游项目、5 个民族文化项目和 1 个矿产资源开发项目。这 23 个重点项目的选择都是基于丰富的自然资源优势和独特的民族文化资源优势，再结合双江县地理区位不佳、交通不便、人力资源素质不高、产业主体规模小等不利因素，有针对性地培育发展有利于充分发挥当地自然资源与人文资源禀赋优势

表 5-2 双江县招商引资项目表（2019/2020）

项目类型	项目名称	项目类型	项目名称
茶产业类项目	冰岛旅游度假区	生物资源类项目	双江县竹纤维开发
	古茶山国家森林公园		双江县核桃基地建设及深加工
	双江县勐库古茶旅游小镇		双江县林下食材、中药材种植及精深加工
	双江县茶饮料开发		双江县澳洲坚果基地建设及加工
	双江茶叶深加工	城镇建设类项目	双江县勐库华侨农场侨乡文化园建设
水资源类项目	森林湖国际营地旅游度假区		双江县大文乡小城镇建设系列项目
	双江县澜沧江旅游圈	农业类项目	双江县国有锰峨林场梅花鹿驯养繁殖产业开发
	双江县回东河旅游区		双江县马铃薯种植基地建设及深加工
	双江勐库东来温泉旅游度假区		蔬菜外销基地及产业园区建设
民族文化族类项目	南勐河民族风情长廊旅游综合体		双江县优质蔬菜基地建设
	双江生态文化产业园	矿产资源类项目	花岗岩
	双江县民族传统手工艺产品开发		

数据来源：2020 年《双江招商引资项目册》。

的特色产业。具体到特色农业方面，双江县政府通过优化产业规划，大力推动和打造贫困地区高原特色现代农业、"一村一品"特色优势产业基地建设，加快形成"一区、二带、七基地"的布局，促进双江县特色产业转型升级、做大做强①。

以勐库镇②为例，一方面，勐库镇可耕地面积较大、水资源丰富、日照时间长达 2400 小时、降水量较多，年平均相对湿度 75%，年最长无霜期日数 343 天，光热资源丰富，适宜种植多种作物和进行畜禽养殖，发展高原特色农业，坝区还适宜发展冬季农业和水产养殖。另一方面，勐库镇境内有 1.27 万亩被认定为全世界密度最大、海拔最高、植被保存最完整、抗逆性最强的勐库大雪山野生古茶树群，是世界茶树发源地中心之一，也是勐库大叶茶主要原产地。基于此，当地政府部门立足于勐库镇的特色资源禀赋优势，从"茶"入

① 见《双江县"十三五"产业精准扶贫规划》。其中"一区、二带、七基地"中的"一区"指勐勐坝区、勐库坝区，重点以发展粮食、蔬菜、渔业为主，着力打造好高产、优质、高效、生态、安全的农产品。"二带"指低海拔经济带、中高海拔经济带。低海拔经济带指海拔在 1400 米以下，勐勐坝、勐库坝周围丘陵地区及沿江适宜热带作物生长的地区，以发展热带作物为主，重点发展甘蔗、咖啡、坚果、橡胶、热带水果等产业；中高海拔经济带指海拔在 1400—2000 米之间的地区，以稳定粮食生产为主，重点发展茶叶、核桃、烤烟、林下经济、生物药业及畜牧业等产业。"七基地"指茶叶产业园、甘蔗产业园、咖啡（坚果）产业园、烟草产业园、蔬菜产业园、畜牧产业园、渔业产业园等基地。

② 勐库镇土地面积 446.78 平方千米，有耕地面积 55369 亩（水田面积 15784 亩，旱地面积 39585 亩），园地 15559 亩，林地面积 78000 亩。境内河谷交错、山峦起伏、河沟纵横，有大小河流 14 条，其中主河道为南勐河境内长 37 千米，河流总长度 206 千米，径流总量 3.93 亿立方米，流域面积 326.26 平方千米，年均流量 3.85 亿立方米。有水库 5 座，其中 1 个中型水库，4 个小（一）、（二）型水库，库容 6134 万立方米，有大小沟渠 326 条，灌溉面积 1.73 万亩。境内最高海拔为 3233 米的大雪山，最低海拔勐库大河与回雷河交汇的大河湾，为 1040 米，立体气候突出，年日照 2400 小时左右，年平均气温 18℃，境内降雨量丰富，坝区年平均降水量 1065mm，山区年平均降水量 1700—1900mm。2018 年 8 月 6 日，农业农村部和财政部公布"2018 年农业产业强镇示范建设名单"，全国有 254 个镇（乡）获批准开展农业产业强镇示范建设点，其中云南省有 8 个镇获批，分别是：楚雄州姚安县光禄镇、红河州建水县南庄镇、丽江市华坪县荣将镇、曲靖市马龙区月望乡、德宏州芒市遮放镇、保山市昌宁县柯街镇、昭通市鲁甸县水磨镇、临沧市双江县勐库镇。

手，打造和推进"茶"产业与文化、教育、旅游、康养等产业深度融合，打造勐库冰岛茶旅游小镇为核心的双江茶旅深度融合发展观光体验区、云南古茶山国家森林公园等，将茶叶生态环境、茶生产、自然资源、茶文化内涵等融为一体进行综合开发，做大做强"茶"产业及基于"茶"衍生出来的茶文化产业、乡村（生态）旅游产业等。

（三）市场引导推动双江县特色产业可持续发展

特色产业发展的出发点在于当地特色资源禀赋，但其落脚点却在于市场，即如何将特色资源禀赋优势转化为特色（差异化）产品的市场竞争优势，进而实现特色产业的发展壮大并获得可持续的经济效益。因此，能否满足人民群众（消费者）对美好生活（市场）的需求是特色产业可持续发展的生命线。双江县政府以市场为抓手，不断完善市场环境与促进产业融合发展，推动双江县特色产业的可持续发展。

1. 鼓励区域品牌（地理标志品牌）和龙头企业品牌塑造

区域品牌（地理标志品牌）是一种公共资源，域内企业可以通过搭便车的方式享受区域品牌（地理标志品牌）知名度和美誉度带来的品牌效应，以帮助域内中小企业以较低的成本快速打开市场，有利于域内中小企业和新创企业的快速成长；而域内龙头企业则可以在区域品牌（地理标志品牌）的基础上进一步打造独属、强势的企业品牌，获得更高的市场认可和经济效益。区域品牌（地理标志品牌）和龙头企业品牌交相呼应、相互强化，更有利于域内特色资源的开发、特色产业的培育和发展，加速特色产业集群的形成壮大，推动域内经济健康可持续发展。

以勐库大叶茶为例，2011年5月，双江县启动勐库大叶茶地理标志登记和申请工作，但进展缓慢。2014年，结合云南双江勐库大叶种茶及茶文化系统申报中国重要农业文化遗产工作，双江县政府加大勐库大叶种茶农产品地理标志登记申请工作力度，并在"2015年第二次农产品地理标志登记专家评审会"上通过评审，极大提升了双江县茶叶，特别是勐库大叶茶的品牌效应。同时，鼓励和支持龙头企业依托当地的资源优势和产业优势，大力开展"三品一标"认证和品牌创建工作，不断提高双江县特色产业的市场竞争力和品牌影响力，不断延伸产业链，提升特色产业的附加值，真正把双江县的特色资源优势转变为产业发展的特殊竞争力。这些努力结出了硕果：培育了双江县唯一一家国家级特色产业重点龙头企业和国内知名品牌——云南双江勐库茶叶有限责任公司（业务收入超亿元）；2019年双江县被评为云南省"一县一业"示范县——茶叶示范县；云南临沧市十大名茶中有三个来自双江县：云南双江勐库茶叶有限责任公司（勐库牌普洱茶——博君熟茶）（排名第一）、双江荣康达投资有限公司（荣康达牌高山乌龙茶）（排名第八）、双江县勐库镇俸字号古茶有限公司［俸字号牌冰岛金条（紧压茶）］（排名第九）等[①]；2020年茶及相关产业的市场产值近50亿元。

2. 构建和完善双江县电商物流体系

物流问题是制约农村和边远地区经济发展的主要短板之一，电商物流在特色产业集聚、特色产品供应链畅通、电商发展等方面起重要作用。双江县是资源物产非常丰富但位于边境地带集"老少边穷"于一身的贫困县，其特色产业的发展远离其主要潜在市场，生产与消费在空间上的脱节严重挫伤了双江县的特色产业发展前景与发展潜力。基于此，双江县以政府为引导、企业为主体、市场需求为导向、县级带动、资源培育为基础、精深加工与综合利用相结合，加快贫困乡（镇）、村市场体系建设。鼓励支持各类市场经营主体在贫困地区

---

① 其他还有：双江冰岛茶、冰岛老寨茶（冰岛正山茶）等。

建设冷藏保鲜、加工配送、电子结算、信息与追溯平台、质量安全检测、交易厅棚和废弃物处理等流程基础设施，建成灵敏、安全、规范、高效的农产品物流和信息平台。大力开展贫困地区农特产品推介、收购、营销及电子商务活动，搭建贫困地区农特产品"线上线下"交易平台，打通生产与销售之间的通道，切实解决双江县特色产品的销售难问题，实现特色产品优质优价。

3. 推动双江县特色产业多业态融合发展

党的十九大报告第一次提出"现代化经济体系"的概念，强调多产业多业态的融合发展，是指不同产业（行业）之间的相互渗透（交叉）并逐渐形成新产业的发展过程。推动双江县特色产业多业态融合发展，既可以借助服务业（特别是生态旅游、生产性服务业等）做大做强域内特色产业，夯实双江县实体经济的基石，又可以为域内特色产业的发展开辟新的发展空间，推动域内传统的"生存型"产业结构向"市场型"产业结构转型，实现双江县的可持续脱贫摘帽。基于此，双江县积极推动和发展特色产品产地初加工，提升加工产品副产物综合利用水平。依托贫困地区自然资源、农事景观、乡土文化和特色产品，结合美丽宜居家园建设和传统村落保护，按照"因地制宜、分类指导、多元推动、特色建设"的原则，优先选择、交通便利、旅游资源好、临近景区或园区、有鲜明特色、有发展基础的贫困地区，以环境改善为基础，以村容村貌美化为重点，积极培育乡村旅游新业态，大力发展景观农业、家庭农场、现代农业庄园、特色农家餐饮、特种养殖、民族手工业和农产品加工业，打造美丽乡村、美丽田园、美丽产业，促进乡村文化旅游等新兴产业发展，推进特色产业与教育、文化、健康养老等产业深度融合，实现一、二、三产业有机融合，让农户通过直接参与旅游经营、提供接待服务、出售土特产品、土地租金、入股分红等途径，最终实现双江县特色产业的可持续发展。

（四）鼓励农户参与，激发双江县特色产业发展内生动力

双江县的特色产业主要是农林等种养殖业，因此，农民的积极参与是推动双江县特色产业发展壮大的主要内生动力。因而，如何激励农户积极有效的参与、激发产业发展的内生动力，是双江县特色产业发展壮大的重要途径和保障。从双江县的实践来看，主要从"推""拉"两个维度来鼓励农户（特别是贫困农户）参与特色产业发展、实现可持续脱贫。

从"推"的维度来看，以特色产业项目为依托，以新型职业农民培训为重点，大力开展"菜单式""订单式""绿色证书式"农村实用人才技能精准培训，提升农民基本素质和人力资本，着力提高有劳动能力的贫困人口劳动技能。同时，实施农村贫困人口文明素质提升工程，依托农民学校、农家书屋等阵地，从思想观念、道德意识、价值取向、文化认同方面开展不同形式的乡村新风教育，加强智力扶贫，防止贫困的代际传递，推动农户积极参与特色产业的培育和发展，从源头上增强致富的可持续内生动力。

从"拉"的维度来看，双江县以特色产业基地和特色产业项目为依托，积极构建"专家+农技人员+科技示范户+贫困户"技术推广服务模式；鼓励和支持各类科技机构单位、涉农企业、技术团体和社会组织与贫困乡（镇）、村各类新型经营主体合作对接，开展技术承包、技术转让、技术培训等服务，大力兴办农资经营服务网点，特色产业发展提供技术服务、技术支撑及物资保障，完善特色产业发展的外部基础条件。同时，坚持外引内培，加快龙头企业、家庭农场、专业合作社、种养大户等新型农业经营主体的培育发展，推进家庭经营、集体经营、合作经营、企业经营共同发展，着力构建以农户家庭经营为基础，切实转变发展方式，促进产业发展，带动群众增收，利

用市场力量"拉"动农户积极参与，激发双江县特色产业发展的内生动力。

（五）借"农遗"申报打造县域公共品牌，提升双江县特色产业发展质量

农业文化遗产是指人类与其所处环境长期协同发展中创造并传承至今的独特农业生产系统①，具有较强的经济价值和区域品牌属性，对实现域内经济高质量发展具有重要意义。双江勐库古茶园与茶文化系统于 2015 年 10 月 10 日被国家农业部认定为第三批中国重要农业文化遗产，2016 年 3 月 16 日被国家农业部列为中国全球重要农业文化遗产预备名单。遗产地涵盖双江拉祜族佤族布朗族傣族自治县所辖的 4 乡两镇两农场，系统覆盖土地面积 2157.11 平方千米，涉及总人口 17.6 万人，其中少数民族占 44.5%；直接涉茶人口达 13 万人，占农业人口的 82.36%。双江勐库古茶园与茶文化系统农业文化遗产申报成功，极大提升了遗产地区域公共品牌——勐库大叶茶的影响力，提升了双江县特色产业的发展质量。

一方面，"农遗"申报成功极大地助推了双江县茶叶产业的做大做强。目前，双江县茶叶产品形成了以普洱茶、红茶、绿茶和乌龙茶为主的 4 类 80 多个品种，注册商标 74 个；茶叶企业在全国范围内共设置销售网点 127 个。有"勐库""勐康"牌获云南省著名商标，其中"勐库"牌荣获中国驰名商标。勐库大叶种茶农产品通过农业部地理标志认证；2017 年省农业厅授予双江县为云南省高原特色现代农业茶产业"十强县"之一，双江勐库茶叶有限责任公司进入云南省高原特色现代农业茶产业"二十强企业"名单，双江县冰岛古茶

---

① 《农业部公布我国首批 19 个重要农业文化遗产》，2013 年 5 月 21 日，见 http://www.gov.cn/jrzg/2013-05/21/content_2407999.htm。

园被列入云南省高原特色现代农业茶产业"魅力古茶园"名单，双江县勐库华侨管理区茶园被列入云南省高原特色现代农业茶产业"秀美茶园"名单。在中国茶叶经济年会暨中国临沧首届红茶节上，双江又被授予"中国最美茶乡"和"全国重点产茶县"称号。通过争创区域公共品牌扩大对遗产地的宣传，加大"三品一标"认证；争创中国驰名商标，云南省著名商标，云南名牌农产品，增加遗产地茶叶品牌的知名度，提高茶产品的附加值，增加茶企的收入，提高了茶农的原料收购价，实现了茶农增收。2020年累计建成优质生态茶园面积28.4万亩，可采摘面积19.09万亩，其中，有机茶园4.6万亩，百年以上古茶园2.2万亩。有茶叶精制企业64户，其中：国家级龙头企业1户，省级龙头企业3户，市级龙头企业7户，规上企业8户；有茶叶初制企业2378户，组建茶叶专业合作社和家庭农场174个。注册商标120个，其中2个获中国驰名商标，3个获云南省著名商标。2020年，全县毛茶总产量1.62万吨，茶产业综合产值59.69亿元，茶产业农业产值11.5亿元，加工产值20.7亿元，茶产业第三产业产值27.49亿元，茶农人均收入6858元，2020年实现茶叶税收1193万元。

另一方面，建立和完善遗产地龙头企业与贫困户利益联结机制，抓实一、二、三产业融合发展，释放产业发展增收新潜力。依托勐库大叶茶生态资源、文化资源、景观资源和勐库大叶种茶农产品地理标志认证产品、中国重要农业文化遗产等公共品牌及"勐库""勐康"等云南省著名商标，"勐库""勐库戎氏"等国家驰名商标，2020年累计通过SC生产许可证认证的茶叶精制企业64户，茶叶初制企业2378户，建成规模化初制示范所10个、茶叶专业合作社和家庭农场174个。勐库戎氏、冰岛茶叶精制厂等6家茶叶生产企业通过HACCP认证。遗产地企业通过"公司+基地+合作社+农户"的发模式，建立和完善利益联结机制，有力促进山区茶农脱贫致富的步伐。同时，坚持"在发掘中保护、在利用中传承、在创新中发展"，加快遗产地农产品开发，加强茶产业与旅游、文化产业的融合，实现以茶带旅，以旅促茶，把双江建设成为集茶旅游、茶休闲、茶养生为一体的茶旅融合发展示范区，将旅游产业与茶叶的种植、加工、营销、品饮等环节相结合，发展庄园经济；将茶文化与企业生产、加工环节相结合，运用"互联网+茶叶"，培育发展新业态，建设茶业发展综合体，促进茶产业持续健康大发展。

三、双江县特色产业扶贫的地方经验

（一）因地制宜，科学选择与资源禀赋相匹配的特色产业

特色产业的选取必须符合契合当地的资源禀赋优势，充分发挥其比较优势并避免其可能面临的比较劣势。双江县具有独特的地形地貌、丰富植被和动物资源、境内水系密集、丰富多样的独特民族文化资源等，使其在特色产业发展方向选择上看似具有很多可能性。但由于双江县地处偏远、交通相对不便、产业基础极其单薄，使得双江县在特色产业选择过程中受到较多限制。特别是，双江县地理环境恶劣，集"边、山、少、穷"四位一体，山区、半山区占96%以上，山高谷深，干旱、洪涝、风灾等自然灾害频发，农业基础设施极其落后，农业综合生产能力低，农业生产还未摆脱雨养农业的格局；地理区位偏远，交通基础设施落后严重制约了双江县的产业发展方向和规模；双江县人口文化水平较低、缺乏技能，素质型贫困突出，尤其是农村人口受教育程度不高，劳动力素质普遍较低，培育懂技术、善管理、会经营的新型农民难度大，自我发展能力较弱。基于此，双江县政府在产业选择过程中因地制宜、扬长避短，充分发挥双江县自身的

资源禀赋优势，尽量避免交通滞后及人力资源水平偏低的劣势，明确特殊农业产业、生态旅游、民俗文化等产业作为双江县特色产业的发展方向。

以茶产业为例，双江县选择茶及衍生产业作为重要特色产业发展方向，有以下几个优势：第一，特色产业的选择必须充分利用地方资源禀赋优势。双江县选择茶产业作为切入点，可以充分利用境内有1.27万亩勐库大雪山野生古茶树群落资源优势和"世界古茶树原乡第一标志地"品牌优势，有利于快速聚齐市场人气和市场认可度、降低产业发展的市场风险。第二，特色产业的发展有赖于大量的特色产业从业人口。双江县人力资源水平偏低、产业基础单薄，但双江县长期有采茶制茶的历史传承，茶产区的农户稍加培训就是熟练的种茶、采茶、制茶的专业农户，发展茶叶产业有利于扬长避短、化人力资源劣势为人力资源优势。第三，特色产业的选择必须符合市场发展的脉搏。双江县选择勐库大叶茶这样具有养生、保健且易储藏的茶叶作为主打产业完全契合市场发展的脉搏，顺势而为，迅速打开并占领市场。第四，双江县交通环境长期滞后，而勐库大叶茶质轻价高且因该茶叶对独特的自然环境要求使其具有极强的市场垄断力，对交通条件的依赖相对较低，有效避免产业发展初期交通滞后对产业发展的制约。

（二）市场引领，加速培育契合市场脉搏的新型主体

特色产业发展必然是直接面向市场的，以市场为引领，不断构建和完善产业扶贫联结机制和不同市场主体之间的利益分配机制是双江县特色产业发展过程中很重要的一条经验。在实践过程中，双江县大力推广"企业+合作社+贫困户""公司+基地+中介+贫困户"等经营模式，鼓励通过企业、家庭农场、种养大户带动、加入专业合作社等途径，提高贫困群众的组织化程度，构建紧密联结、利益共享的运行机制。发挥各类农业企业的引领带动作用，采用"公司+贫困户"、

封闭式委托养殖等模式，引导和扶持贫困户发展特色种养产业。加快构建贫困村新型农业经营体系，培育一批"互联网+特色农产品"企业品牌，逐步实现农业商业网点线上线下全覆盖。积极推进贫困户土地、林地直接流转、入社托管、作价入股、资金入股，参与产业发展，从中获得收益。

加速培育新型特色产业经营主体。围绕双江县特色产业发展的重要节点和环境，加快培育农民合作社、家庭农场、种养大户等经营主体。对集体资产采取合作、联营、入股等方式联合创办或投资参股经济实体，创办、领办种养业及加工业等实体项目和专业协会、专业合作社，走"资产经营型、资源开发型、产业带动型、服务创收型"发展模式，壮大集体经济实力，消除集体经济"空壳村"。拥抱"Internet+特色产业"，发挥大型电商企业孵化带动作用，支持有意愿的农户、农民专业合作社开办网上商店，拓展特色产品网上销售渠道。鼓励引导电商和电商平台企业开辟特色农产品网上销售平台，与合作社、种养大户建立直采直供关系，在双江县培养一批契合市场脉搏的电子商务市场主体。

（三）沪滇扶贫协作，消费扶贫带双江县特色产业走向广阔天地

远离市场是双江县特色产业发展最大的痛点：既不知道市场要什么，也不知道如何来满足市场的需求。而上海市是我国的经济金融中心，也是我国最具活力的市场中心，拥有大量对优质特色产品具有很强消费能力的高收入人群，也具有很强的市场示范效应。通过东西协作，实现双江县特色产品与最具活力的上海市场对接，可以有效解决双江县特色产业发展面临的痛点，并在一定程度上满足上海市广大市民对美好生活向往的多样化、特色化需求，实现双赢。另外，上海市自身也在积极探索消费扶贫新模式，成立了"上海消费扶贫联盟"，

并在上海市城区设立了 60 多个消费扶贫专柜，帮助对口帮扶地区的特色产品进入上海市场，为上海市居民的需求和帮扶地区的特色优质产品之间构建良性通道，建立长效的农特产品供应体制和销售机制，形成自种植上游到销售终端的良性产业循环。

在实践环节，自 2019 年以来，崇明区和双江县携手协作，通过龙头企业带动发展、电商扶贫助力发展，变"补给式"扶贫为"带动式"扶贫，将"政府独角戏"变成了"社会大合唱"，采用"电商+订单+扶贫"新模式促贫困户增收脱贫。双江县电子商务公共服务中心与上海崇明的马拉松小镇酒庄达成合作后，第一批双江特色紫心火龙果于 2019 年 8 月初启程发往上海。2019 年 10 月 17 日举办上海对口帮扶地区特色商品展销会，双江县的茶叶、坚果、核桃、橄榄、酱菜等系列特农产品和民族文化产品进入展销会参展，取得了较好的市场成效。双江电商农产品"电商+订单+扶贫"的经营模式，整合了各个市场环节：以双江县县内农产品为供应基地，整合农村合作社、农业经济企业的产品、品牌资源；以网络销售、两地企业合作为平台，将原先"提篮小卖"的分散、粗放的经营销售模式升级为"多线经营"和"精挑细选"的集约化、品牌化模式，进一步拓展了双江农产品的市场、提高了特色农产品的品质、拓宽了贫困户发家致富的渠道，收到了良好的市场和社会效益。

（四）企业扶贫，培育具有企业家精神的新型市场主体

在发展特色产业，特别是特色农业产业过程中，农民是天然的市场主体之一，而传统的农民和农业生产显然不能适应现代市场竞争的需要，因而在推进产业扶贫过程中如何培养具有企业家精神的新型市场主体变得极为关键。双江县地处偏远、位于崇山峻岭之中，长期游离在现代市场体系之外，再加上广大农民受教育水平较低，要通过本土市场自身的发展演变培养出具有现代企业家精神的新型市场主体将

会变得极其困难且时间漫长。在这样的背景下，通过外部干预，借用外部力量对双江县现有的特色产业经营主体进行培育，加速培育具有企业家精神的新型市场主体很有必要。

相对于其他参与扶贫主体来讲，企业是最具有企业家精神的扶贫主体，其扶贫项目的导向和扶贫资金的投向更多集中在培养和形成具有企业家精神的新型市场主体。目前与双江县进行结对帮扶的企业主要有三家：东方航空集团、中国华能集团和兴业银行云南省分行。以最早在 2003 年开始与双江县结对进行帮扶的东方航空集团为例。根据双江县扶贫办的梳理和东方航空集团的帮扶总结，2003—2020 年间，东方航空集团累计投入帮扶资金约 4432 万元，其中 2006—2018 年共投入帮扶资金约 2530 万元，帮扶项目 19 个①。具体来看，与产业扶贫相关的项目 10 个，包括 5 个民族风情村建设项目、1 个乡村旅游建设项目、1 个农机合作社项目和 3 个残疾人产业帮扶项目，共投入资金约 1124 万元，即有一半以上的帮扶项目导向和约一半的扶贫资金投向集中培养贫困地区内生发展动力和具有企业家精神的新型市场主体。通过有指向性的企业帮扶，以特色产业扶贫项目为纽带、言传身教，为把双江县的农民企业家和农业经营主体培育成具有现代企业家精神的新型市场主体进行了最初也是最直接的市场启蒙，成效显著。

---

① 5 个民族风情村项目：忙乐布朗族风情村项目（75 万元）、忙品拉祜族风情村项目（200 万元）、南京佤族风情村项目（200 万元）、景亢傣族风情村项目（200 万元）、那洛傣族风情村项目（100 万元）；1 个乡村旅游项目：邦佑自然村项目（150 万元），打造邦佑瀑布小镇；1 个农机合作社项目：云岭铁军党员帮扶农耕机队项目（169.48 万元）；3 个残疾人产业扶贫项目：宏源养鸡场项目（15 万元）、竹鼠养殖场项目（8 万元）、双江文氏天香茶叶初制项目（7 万元）；3 个教育扶贫项目：千蚌小学建造教学楼及食堂项目（80 万元）、忙笼完小建造教学楼及购置教学设备项目（150 万元）、东航双江宏志班项目（170 万元）；5 个基础设施项目：勐勐镇细些村项目（250 万元）、千蚌村硬板路项目（30 万元）、忙建村边疆文化广场项目（200 万元）、南骂河村怕扎自然村党员活动场所建设项目（39 万元）、"地企合作，联合监督"项目（即援助建设 76 个村级活动场所脱贫攻坚公开栏，20.52 万元）；1 个危房改造项目：215 户建档立卡户危旧房改造项目（447.43 万元）。

四、案例：大文乡集体经济"空壳村"的 "脱壳"之旅

几年前，大文乡 11 个村委会只有少部分村有集体经济，全乡村级集体经济非常薄弱，大部分村级组织仍处于无经营性收入的"空壳村"状态，"穷家难当""无钱办事""有心却无力办事"是当时村"两委"的真实写照。脱贫攻坚大会战打响以来，大文乡抓实村级集体经济，推进村集体经济由输血型向造血型转变，提升贫困群众自我发展能力，为增强发展后劲开出一剂良方，让集体经济"空壳村""脱壳"变成"殷实村"。

图 5-1　双江县大文乡健康茶园

（一）争取政策支持，建立发展基金

随着脱贫攻坚号角的全面吹起，如何筹措资金，壮大集体经济，成了大文乡一个巨大难题。为此，大文乡全力组织各村深入细致地开展清产核资工作，切实把集体所有各类资产资源全部统筹起来打捆安排使用，并积极向上争取政策支持、向社会争取扶持帮助。2017年，大文乡抓住政策扶持机遇，为4个建档立卡贫困村（清平村、太平村、邦烘村、户那村）分别争取50万元的产业发展资金，并把资金整合到一起，建立了总规模达200余万元的产业发展基金，帮助贫困户解决产业发展的资金难题。"这种做法，为贫困村集体经济发展提供了资金保障的同时，还集中了力量，切实让资源项目变成强有力的'造血'机器，让集体资产成为村民增收致富的'源头活水'。"大文乡宣传委员石凤飞介绍说。

（二）用活发展资金，壮大合作社

以"小资金大作用"为原则，通过村民代表会、小组会、户代会等反复征求群众意见和建议，找准产业与贫困户增收的结合点，在4个建档立卡贫困村成立茶叶专业合作社，并积极与当地龙头企业云南南国雄茶叶有限公司签订合作协议，把746户贫困户吸纳成为会员，将180万元产业发展资金经合作社以资金入股的方式注入云南南国雄茶叶有限公司。合作社与公司签订资金使用合同，3年后归还合作社入股资金，3年内合作社每年从公司获取5万元红利，作为村集体经济收入，其中：清平村1.2万元，太平村1.2万元，邦烘村1.3万元，户那村1.3万元。公司在各建档立卡贫困村建立茶叶初制所，与合作社签订鲜叶收购合同，以略高于市场的价格收购建档立卡贫困户鲜叶。各合作社集体经济收入实行全程透明公开、全程接受群众监督，坚持做到滚雪球式地循环投入、发展产业，发挥集体资产乘法效应，努力让群众得到更多更大收益。

（三）打造健康茶园，创响茶叶品牌

茶叶是大文乡的传统产业，全乡共有茶园 27563 亩，其中可采摘面积 21733 亩，由于受到品牌、品种等因素影响，全乡茶叶面积大却收入少。自从云南南国雄茶叶有限公司与各村茶叶专业合作社签订合作协议后，大文乡按照"村党组织+公司（合作社、初制所）+农户+基地"的模式打造健康茶园，严格按照"四无一有"的标准对茶园进行管理，保证茶叶健康、绿色、安全。云南南国雄茶叶有限公司（合作社、初制所）积极组织农户开展茶叶种植管护技术培训和组织相关技术人员到田间地头对农户进行技术指导，同时，按照"基地+科技+农户"的模式建设有机茶园，在大文乡清平村建成了一个占地面积为 1.5 亩的有机肥料厂，用于研发肥料，专供有机茶园。有机茶园通过自己施肥，科学管理，自然薅铲，安装防虫灯、防虫贴，申报有机认证书等一系列措施，保证了茶叶质量，目前，茶园有机认证面积达 6000 余亩。

（四）扶持龙头企业，实现农企双赢

云南南国雄茶叶有限公司的进驻让很多贫困户实现了增收，公司以每千克鲜叶 0.4 元的标准对建档立卡贫困户交售的鲜叶给予收购价外的补助，贫困户每户可实现增收 426 元，公司还与部分有劳动力的贫困户签订了就业协议，有 20 余名贫困户到公司常年打工，每天能拿到 80 元工钱，公司每年聘请当地散工近 600 名，就地为公司打工让很多贫困户收入增加。

在集体经济发展中，大文乡把云南南国雄茶叶有限公司作为重点扶持企业，积极帮助企业申报项目，不断壮大企业实力，拓展脱贫攻坚成效。公司自 2015 年成立以来，始终秉承"提升茶叶价值，树立大文乡茶叶领军品牌，为地方茶文化传承与发展做贡献"的发展理念做实茶叶产业，目前有员工 48 人，拥有生产流水线 7 条，毛茶年生产达 200 吨以上，在政府精心帮扶下企业规模日益壮大。

第六章

以人为本：全面提升
贫困人口内生发展动力

习近平总书记曾多次强调："扶贫必扶智，治贫先治愚。"① 扶贫扶志、志智双扶，是脱贫攻坚的重要内容，也是打赢脱贫攻坚战的重要基础。双江县扶贫工作进入脱贫攻坚新阶段以后，针对人口素质整体偏低、技能劳动力总量过少、少数贫困群众"等靠要"思想严重存在、脱贫主体意识淡薄、自身脱贫发展能力严重不足等实际情况，强调坚持"以人为本"理念，着重突出对贫困人口人力资本的整体开发与提升，贫困人口脱贫内生发展动力得到了显著提升。首先，十分重视贫困家庭人口优生优育问题，避免因智力、先天性疾病等因素导致的贫困。其次，加大教育扶贫力度，促进贫困人口素质提升，促进教育资源特别是人才资源向贫困地区倾斜，出台各项有效激励措施吸引人才、留住人才；充分发挥义务教育在教育扶贫中的重要作用，提升贫困人口素质，有效阻断贫困"代际传递"发生。最后，认真抓好职业教育与技能培训工作，深化产教融合，促进全县教育链、人才链、产业链与创新链的有机衔接融合；广泛开展送科技下乡活动，结合当地产业发展状况，因地制宜，按需施教，激励贫困人口积极参与系列职业技能培训，努力确保培训形式多样化，培训效果实用化。与此同时，有效实施多方联动举措，构建多元协作扶贫机制，通过金融资助、信息互通与促进转移就业等多种方式进一步合力促进贫困人口内生发展能力的有效提升。多年扶贫实践经验证明，贫困人口的教

---

① 中共中央党史和文献研究院编：《习近平扶贫论述摘编》，中央文献出版社 2018 年版，第 137 页。

育水平、知识水平和思想道德素质等已成为影响脱贫致富事业的根本性因素，因此双江县适时调整扶贫战略方向，重点由过去传统的"输血式"扶贫逐渐转向"造血式"开发扶贫方式，通过贫困人口人力资本的开发与提升，贫困人口内生发展能力得到明显提升，真正实现贫困人口脱贫致富的可持续发展，进一步稳定和巩固了脱贫攻坚的伟大成果。

一、加强教育提素质

党的十八大以来，以习近平同志为核心的党中央提出精准扶贫新战略的同时，更加强调"扶贫必扶智，治贫先治愚"，并将"发展教育脱贫一批"① 作为精准减贫脱贫的重要途径之一。党的十九大报告也明确指出："坚决打赢脱贫攻坚战。……确保到二〇二〇年我国现行标准下农村贫困人口实现脱贫，贫困县全部摘帽"②。随着贫困形态从单维贫困向多维贫困的转向，扶贫脱贫工作的深入推进，扶贫脱贫也从传统、单一的物质扶贫向多元、创新的专项扶贫发展，其中教育扶贫是实现全面脱贫的重要路径之一。

习近平总书记指出："农村经济社会发展，说到底，关键在人。"③ 人力资本、可行能力的缺失正是导致农村贫困人口产生贫困的根本原因。舒尔茨（1990）指出，现代经济发展中，全面生产要素起着重要作用，除了物质资本，也包括人力资本；所有的生产技

---

① "五个一批"内容之一。"五个一批"指发展生产脱贫一批、易地搬迁脱贫一批、生态补偿脱贫一批、发展教育脱贫一批、社会保障兜底一批。
② 习近平：《决胜全面建成小康社会　夺取新时代中国特色社会主义伟大胜利——在中国共产党第十九次全国代表大会上的报告》，人民出版社 2017 年版，第 48 页。
③ 中共中央宣传部编：《习近平总书记系列重要讲话读本》，学习出版社、人民出版社 2014 年版，第 70 页。

术、土地本身并不是使人贫困的主要因素，人的能力和素质才是决定贫富的关键。[①] 阿马蒂亚·森（2002）提出的可行能力理论同样认为，贫困的本质在于人的可行能力的缺失，而教育机会的丧失造成了部分人群可行能力的缺失或缺陷，从而导致社会贫富分化，产生贫困人口。[②] 因此，大力发展贫困地区的教育是扶贫减贫的根本举措之一。教育扶贫就是提供教育投入和教育资助服务，使贫困人口掌握一定的知识和技能，提高文化素质和经济收入，最终摆脱贫困，并有效阻断贫困"代际传递"现象的发生。

教育扶贫作为一种内生式扶贫脱贫方式，主要通过提高贫困地区人力资源的数量和质量，增强其自主发展的内生能力，为贫困人口提供代际上升的发展能力和平台，通过子代或父代综合素质的提高，逐渐打破贫困家庭代际贫困的传递发展，从而着眼于消解贫困地区长期存在的贫困文化和状态。提高贫困人口的思想意识、知识水平、技术水平，激发农村贫困人口的积极性则是教育扶贫的工作重点。从根本上讲，解放和发展贫困地区生产力，必须依靠全面提高贫困人口的素质与能力来实现，而教育正是提高贫困人口素质、摆脱贫困面貌的内生发展动力源泉。

（一）完善基础教育，逐步提升人口素质

针对基础教育存在的教育办公经费不足、财政投入有限，农村地区办学条件差、基础设施落后，教育资源严重不足、师资力量短缺，留守儿童教育问题凸显等问题，双江县做到始终把教育放在优先发展的位置，全面落实各项教育惠民政策，紧紧围绕"义务教育有保障"

---

① ［美］西奥多·W. 舒尔茨：《论人力资本投资》，吴珠华等译，北京经济学院出版社1990年版。

② ［印］阿马蒂亚·森：《以自由看待发展》，任赜、于真译，中国人民大学出版社2002年版。

目标，持续实施 14 年免学费教育，扎实推进教育精准扶贫工作，确保每一个贫困家庭子女都能接受公平而有质量的义务教育。2017 年 2 月，双江县被国务院教育督导委员会评估认定为"全国义务教育发展基本均衡县"。为了巩固义务教育发展成果，全县义务教育工作进一步由基本均衡转向优质均衡的方向发展。

创新帮扶新模式，基础教育有保障。为认真落实习近平总书记"扶贫必扶智。让贫困地区的孩子们接受良好教育，是扶贫开发的重要任务，也是阻断贫困代际传递的重要途径"[1] 的指示精神，双江县创新性地构建了"普惠+特惠""卡户+非卡户""义务教育+非义务教育"的教育帮扶新模式，即在落实教育普惠政策的同时又制定具有针对性的特惠政策，在重点解决好贫困户特殊困难的同时又统筹考虑解决非贫困户的实际问题，在着重强调义务教育阶段的同时又兼顾非义务教育阶段的教育扶贫方式，强力抓好各项教育资助政策的具体落实，全面深入推进教育精准扶贫工作。

1. 办学基础条件的改善与优化

近年来，双江县根据义务教育发展基本均衡的相关要求，积极统筹城乡资源配置，合理规划中小学校布局，加快乡村薄弱学校改造工程，全面推进县域内城乡义务教育一体化均衡发展。为确保农村义务教育学校办学条件全部达到国家规定的办学标准和创优办学条件，重点加强乡村寄宿制学校和小规模学校建设；积极实施教育信息化 2.0 行动计划，加强学校网络教学环境建设，共享优质教育资源。2014 年以来，全县教育投入累计 15.79 亿元，新建、加固、改扩建校舍和运动场 23.24 万平方米，县域内校舍全部安全达标。32 个建档立卡村新改建幼儿园 32 所，基本实现了幼儿园"一村一幼、一乡一公办、

---

① 中共中央党史和文献研究院编：《习近平扶贫论述摘编》，中央文献出版社 2018 年版，第 133—134 页。

一县一示范"的目标。加强教育信息化建设，县域内中小学校音、体、美教学仪器及实验室设施配备率均达 100%；多媒体设备实现班班通，中小学校网络覆盖率达到 100%。

2. 资助帮扶政策的有效落实

双江县创新"3+"帮扶新模式[①]，确保教育资助政策全覆盖，既做到了统筹协调，又做到了精准帮扶。构建从幼儿园到高中及以上的教育惠民全覆盖资助体系，注重抓好教育惠民政策的广泛宣传落实；完善学生的学籍系统和资助系统，以更加准确认真落实好各项教育资助政策；完善学生资助公开公示制度，主动接受社会监督。全面抓好教育普惠政策的落实。实施对贫困户幼儿给予每生每年 300 元的保教补助政策，对共计 3326 人次农村贫困家庭幼儿补助保教费达 100 万元；并对贫困山区幼儿给予享受与义务教育阶段学生同等的营养餐补助。2014 年以来，营养改善计划专项补助资金累计落实 9168 万元；义务教育阶段家庭经济困难寄宿生生活补助累计发放 7007.09 万元；普通高中免学费资金累计发放 783.62 万元；中职生减免学费累计发放 392.37 万元。累计为 4003 名（8710 人次）在读大中专学校的家庭经济困难学生办理生源地助学贷款 5856.31 万元，其中：建档立卡户 591 名 278.9 万元。与此同时，双江县率先实施对非义务教育阶段贫困家庭的精准帮扶，对贫困家庭子女实行高中免学费教育措施。自 2014 年实施以来，截至目前对全县 1.02 万人次高中学生免学费 1020 万元，贫困家庭高中生享受资助共 1739 人次、1190 万元；贫困家庭中高职学生享受减免学费、助学金、雨露计划补助共计 2087 人次、641 万元；对贫困家庭大学生也实施了教育资助政策，贫困家庭大学生享受奖学金共 94 人次、47 万元，助学贷款共 7060 名、4668 万元，

---

① "3+"帮扶新模式指："普惠+特惠""卡户+非卡户""义务教育+非义务教育"的教育帮扶新模式。

资助金共 3761 名、373 万元。在强力抓好教育惠民政策的落实过程中，既统筹兼顾做到了全面覆盖（从幼儿到大学阶段），也有效实施精准帮扶突出了重点（普惠+特惠）。全县确保做到了没有一个孩子因贫失学辍学，没有一个家庭因学返贫，没有一个"两后生"因贫影响继续升学就读。

3. 控辍保学目标的联防联保联控

双江县积极落实教育精准资助政策，认真实施好农村义务教育、学生营养改善计划、14 年免费教育等具体教育帮扶措施。组织开展学籍系统和国家人口基础信息库信息比对核查工作，对贫困家庭适龄儿童、青少年实行台账化精准控辍，确保不因贫失学辍学。全县认真落实联防、联控、联保工作机制和"双线四级六长"① 目标管理体系，实行"四包"② 工作责任制。成立了由县处级领导挂钩乡镇负总责，乡镇主要领导、脱贫挂钩联系单位、学校、村委会抽调工作人员组成的控辍保学专项工作组，努力做到精准组织入学、精准动员返学、精准控辍保学，确保了全县所有贫困家庭子女无辍学现象发生。2020 年，小学、初中入学率分别达 100%、103.91%，义务教育基本均衡发展成果得到初步巩固。2019—2020 学年度，全县学前三年毛入园率达 85.36%，小学入学率、初中毛入学率均达到国家规定标准。32 个贫困村适龄儿童年均 100% 入学，全县小学、初中年辍学率均控制在国家规定范围之内。全县共有建档立卡贫困户义务教育阶段在校生 3460 人，其中：小学 2455 人、初中 1005 人。全县建档立卡贫困户子女无义务教育阶段辍学学生。

---

① "双线四级六长"指："双线"（工作机制）指"教育部门与扶贫部门"双向双线；"四级"指县、乡镇、村、组四级组织；"六长"（工作机制）指县长、局长、乡镇长、校长、村长（村委会主任）、家长共同负责，做好教育扶贫工作。
② "四包"工作责任制指：县领导包乡镇、乡镇干部包村、村干部包村民小组、村民小组包户。

4. 优质师资资源的优化均衡配置

为进一步巩固县域义务教育均衡发展成果，推进县域教育由基本均衡向优质均衡发展，双江县积极促进优质教育资源向贫困地区流动，通过加大贫困地区乡村教师待遇的改善力度，落实教师生活补助政策，确保优秀教师资源在城乡的均衡配置。针对乡村贫困学校部分学科师资欠缺的实际问题，双江县一方面采取正常流动机制来解决，出台相应激励和补助制度，鼓励优秀教师往山区流动；另一方面通过采取支教方式对乡村贫困学校部分学科师资欠缺问题进行了有效的补充解决。

积极合理引导社会力量资助办学。双江县还通过实施"东航—大山梦想""顺丰基金"等项目，积极争取社会资金促进办学。推进实施东西（粤滇）协作计划，落实东西协作计划（沪滇）师资培训、教师支持等项目。加大贫困乡村教师特岗计划实施力度，积极开展"银龄讲学计划"试点项目和对口帮扶工作，落实"聘请普通高中教育人才援建边疆帮扶临沧"工作，确保援建教师按计划全部到岗并发挥作用。鼓励通过公益捐赠等方式，设立贫困乡村优秀教师奖励基金，用于表彰长期扎根基层的优秀乡村教师。

（二）创新职业教育，培育发展人力资本

职业教育作为高中阶段教育的重要组成部分，一方面承担普及高中阶段教育的责任，另一方面也负有适应当地经济发展培养一线劳动者和技能人才的重任，特别是在广大农村和贫困地区，职业教育还具有精准扶贫、精准脱贫的作用。双江县针对该县致贫原因中 70% 为缺少技术的实际状况，更加注重职业教育培训的功能价值体现，创新性抓好职业教育培训具体工作，更好地促进了职业教育潜在作用的发挥。双江县职校作为县域内唯一一所职业学校，主动、积极适应地方

经济和特色产业发展实际需要，开设相应专业，为培养该县人力资源的内生动力和能力，助推全县经济的良好运行发展不断积极探索和创新。

推进职业教育基础能力建设。县职校努力推进省级示范特色学校创建和茶叶生产加工等示范实训基地建设工作，完成农林（茶）基地与园林绿化项目建设，提升了基础能力，改善了实训装备水平，提升了实训能力。同时，深化选择性课程改革，开设与本土经济发展相关的专业或培训班，培养符合区域经济发展需要的本土人才，全面提高人才培养质量，为招商引资和地方经济发展提供大量人才支持，促进产业融合、校企合作水平的全面提升。以服务为宗旨，以就业为导向，改革培养培训模式和方法，改革招生和教学模式，大力推行订单式培养培训，开展以"招工即招生、入厂即入校、校企双师联合培养"为主要内容的现代新型学徒制试点。主动与大中型企业和产业园区开展合作，促进新技术、新工艺、新材料、新装备的应用，加快先进技术转化和产业转型升级。推进教育教学改革，全面提高教育质量，坚持学校教育与职业培训并举，全日制与非全日制并重。

发挥培训优势，助力双江脱贫。结合双江县脱贫攻坚的工作需求，县职校充分发挥职业学校资源优势，为区域经济社会发展服务。面向贫困地区农村未升学初、高中毕业生和农村转移劳动力开展就业技能培训，提高他们就业创业和脱贫致富能力。认真落实贫困家庭"两后生"职业技能教育培训任务，对"两后生"采取集中到县职业教育中心进行职业技能培训，2016年12月至2020年12月，培训"两后生"646人（建档立卡户学生65人），职教中心现有产教融合实习学生131人，月最高工资达8000元，平均月工资达4700元。大力开展农民实用技术和劳务输转相关技能培训工作，2014年以来，共培训46期4768人（建档立卡贫困人口1747人），新增转移就业6366人（建档立卡贫困人口2209人）。

（三）推进"志""智"双扶，增强脱贫主体意识

抓好脱贫攻坚，必须突出群众主体。贫困群众是脱贫攻坚的对象，更是脱贫致富的主体。为此需要注重发挥好贫困人口共同参与脱贫攻坚、自我培育内生动力、自我发展的主体作用。贫困人口的贫困原因除了外在的一些客观因素之外，内在致贫因素主要在于贫困人口思想上、观念上的落后，以及自身缺乏一种内在的脱贫致富发展动力。因此，针对以往传统的扶贫政策与方式，即采取外源式的物质帮扶方式，虽然能够取得一定的短期效果，但是如果贫困人口依然缺乏脱贫致富的内在动力和脱贫的能力，就有重新返贫的可能，脱贫不具有可持续性。为此，双江县全县上下积极做好宣传、教育、培训和组织工作，强化思想扶贫、智力扶贫、能力扶贫，引导群众树立自力更生、脱贫光荣的理念和志向，让群众认识到"幸福不会从天降，好日子是干出来的"，实现由"要我脱贫"到"我要脱贫"观念的重大转变。

1. 主题教育活动的深入开展

全县深入开展"自强、诚信、感恩"和"党的光辉照边疆、边疆人民心向党"主题教育活动，累计开展宣传教育 1115 场次 54000 余人次，建成村级感恩教育阵地 76 个，建好用好 76 个村史室，组织农村党员群众参观 240 余次，受教育 4.6 万余人次。创办"农民夜校"和"新时代农民讲习所"，开辟《政策解读·民语译播》栏目，向贫困群众宣传阐释党的政策、党的主张，广泛宣传在党的领导下群众生产生活发生的巨大变化，引导其知党恩、感党恩，听党话、跟党走，靠自力更生、辛勤劳动过上幸福生活。

2. 以工代赈实施有效激励

加大以工代赈实施力度，用好"四议两公开"① 工作法和"一事一议"议事决策制度，动员更多贫困群众投工投劳。双江县制定出台了《双江县农村劳动力外出务工交通费奖补办法》，严格落实好农村劳动力外出务工交通奖补办法，对具有双江户籍、稳定就业三个月以上的农村劳动力外出务工人员由县财政按照外出地点远近给予交通补贴。

3. 先进典范作用的发挥

双江县每年组织评选一批扶贫先进单位、社会扶贫模范、扶贫先进工作者、优秀驻村工作队员、优秀村干部、光荣脱贫户；编印《双江县脱贫攻坚先进典型风采录》，拍摄一批双江县脱贫攻坚专题片、宣传片，征集一批宣传双江县脱贫攻坚成效的优秀民族歌曲。通过加大舆论引导和典型示范的宣传推广，不断激发内生动力。

4. 文化理念的正确引导

坚持自治、法治、德治相结合，把法治观念、诚实守信、自力更生、革除陋习等要求融入村规民约，结合少数民族地区实际发动群众编写便于记忆、传唱的村规民约，坚决纠正骗取扶持、好逸恶劳、不履行法定义务等行为。进一步弘扬社会主义核心价值观，组建自然村振兴理事会，规范农村操办婚丧喜庆事宜，促进移风易俗，选树一批文明村镇和星级文明户，倡导尊老爱幼、新事新办、厚养薄葬，树立文明新风，培育乡风文明。

---

① "四议两公开"指农村所有村级重大事项都必须在村党组织领导下，按照"四议""两公开"的程序决策实施。"四议"：党支部会提议、"两委"会商议、党员大会审议、村民代表会议或村民会议决议；"两公开"：决议公开、实施结果公开。

5. "双承诺"帮扶机制的实践创新

双江县针对存在"靠在墙角晒太阳，等着别人送小康"现象的实际情况，为发挥贫困群众在脱贫中的主体作用，及时制定并实施了"双承诺"帮扶新机制。规定由挂包帮干部每年对群众承诺，从基础建设、产业发展、生活习惯的改变到政策的要求做出承诺；群众也向村两委作出承诺，包括产业发展，邻里和谐，教育、卫生习惯、家庭整洁等。由提诺、商诺、评诺等部分组成，驻村帮扶工作在群众的监督之下实现"承诺"。通过"双承诺"帮扶机制的实施，促进了干部作风的转变，工作做得更加扎实，同时极大地激发了群众内生发展动力，贫困群众的主动脱贫意愿得到了明显提高。全县共承诺11.2万件，已履诺11.15万件，826户脱贫先进户受到了表彰。

双江县通过系列"扶志"主题教育活动的开展，广大群众感党恩、听党话、跟党走的爱党爱国意识和主人翁意识、自力更生意识得到大力增强，脱贫为荣的思想更加牢固，脱贫致富的自我发展动力得到了明显提升；民风乡风转变明显。少数群众"靠在墙角晒太阳，等着别人送小康"的"等靠要"思想得到根本改变，"安贫、守贫"问题得到了彻底解决。全县有1户光荣脱贫户受省级表彰，826户光荣脱贫户受市县表彰，苦干实干奔小康的内生动力得到全面有效的整体激发。

二、注重培训强能力

双江县认真贯彻和落实中央和省、市关于脱贫攻坚的各项决策部署，按照精准扶贫、精准脱贫基本方略，以促进贫困劳动力通过实现就业增加收入为目标，积极完善和落实就业扶贫政策各项措施，结合全县缺技术是最主要致贫因素的实际，着重抓好贫困劳动力的职业技能培训与转移就业能力的培训，为全县农村贫困人口实现就业、增收、脱贫提供了能力保障。

（一）因地制宜，按需施教，确保培训做出实效

双江县实施对全县劳动力的培训主要以建档立卡贫困户为重点对象，同时兼顾非建档立卡户。实施培训过程中坚持因地制宜，按需施教。根据全县产业发展实际及对劳动力的现实需求，结合贫困户的培训意愿与实际培训需求，对有劳动能力、发展愿望和培训要求的贫困人口开展"绿色证书"、新型职业农民和农村实用技术等培训，确保每个有培训意愿的贫困家庭劳动力100%参加免费培训，100%推荐就业岗位，有劳动能力的贫困家庭劳动力转移就业达50%以上，每一户有劳动能力的贫困户都有1名致富明白人。实施"千人培训计划"，实施精准培训，围绕产业，推进产业实用技术培训，提升贫困劳动力的生产技能和综合素质，实现贫困家庭中有培训需求的劳动力职业技能培训全覆盖，确保每个脱贫户掌握1—2门实用生产技能，增强贫困户产业发展能力。力争做到产业覆盖到村、措施精准到户、技术培训到人。一是结合当地主导产业发展布局，尊重贫困户意愿，突出甘蔗、橡胶、咖啡、坚果、茶叶、核桃、烤烟、油菜等主导产业操作技能培训。二是开展小众产业培训。开展蔬菜（洋芋、莲花白、菜豌豆）、养殖（养猪、养牛、养羊、养鱼）、建筑业、家政服务等培训。本着实际需求的原则开展培训，截至2020年12月30日，全县共有农村劳动力97418人，其中：贫困劳动力17037人，占农村劳动力的17.49%，占贫困人口的64.8%。2016年以来，累计开展农村劳动力培训113991人次，其中引导性培训94974人次（建档立卡贫困人员22360人次），职业技能培训19017人次（建档立卡贫困人员

6737 人次），完成 33 个贫困村创业致富带头人培训 99 人。① 三是全面跟踪回访确保培训质量。对参训人员是否参加培训、培训时间、培训地点、培训内容、培训满意度以及是否就业等情况进行回访，确保培训的真实性与有效性。四是实施参加培训补贴制度，以激发群众的参培积极性。

双江县贫困劳动力的技能培训重点依托县职教中心，充分发挥师资、专业资源的整体功能作用。深化产教融合的同时，强力有序开展专业技术人员送科技下乡实践活动，将技能培训服务送到贫困劳动力所在的乡镇、村，甚至下到田间地头对村民实施现场教学，让当地村民既可以实地观察了解到技术的实际运用操作过程，又可以实时就生产现场发现的农技问题向专家进行咨询了解互动，技能培训模式由专家单向传授，转为专家与学员的双向互动方式，增强了培训的实际效果。专技人员送科技下乡活动中，注重尊重民意，按需施教，并持续实施村民参加培训补助政策，以此更加激发了贫困劳动者主动积极参与技能培训的热情和主动性。实现了对贫困村民培训方式多样化、培训效果实用化。

此外，全力依托县职教中心、新型经营主体，大力实施对新型职业农民的培育工作，重点扶持培养一批农业职业经理人、经纪人、乡村工匠、文化能人、非遗传承人；大力培养贫困村创业致富带头人，出台相应税费减免、资金资助等激励政策措施吸引各类人才到村创新创业，鼓励本地籍高校大学生、退伍军人，在外务工经商等本土人才返乡担任村干部和带动村民的创新创业，打造一支"不走的扶贫工作队"。此外，积极开展科技精准帮扶行动，县级建立产业扶贫技术专家组，各涉农部门组建产业扶贫技术团队，重点为贫困村、贫困户提供技术服务。近年来，双江县有效实施了科技"进村入户"工程，建立"县培训到乡（镇）、乡（镇）培训到村、村培训到农户"的职业技术培

---

① 数据来源：双江县 2020 年政府工作报告。

训机制体系，确保做到贫困村、贫困户技术培训全覆盖。实施农技推广特聘计划，从农村乡土人才、种养能手等一线服务人员特聘一批农技员，由县政府聘为贫困村科技扶贫带头人。建立科技特派员与贫困村结对服务关系，实现科技特派员对贫困村科技服务和创业带动全覆盖。

（二）聚焦精准，强化服务，转移就业促进脱贫

双江县为了更好地贯彻落实就业扶贫各项政策和抓好就业扶贫工作，通过就业援助、就业培训、创业带动就业等措施，提升贫困劳动力就业创业能力，以帮扶贫困劳动力实现稳定就业，促进贫困家庭尽快脱贫。首先，强化组织领导，健全工作机制，明确工作目标。专门成立县"技能扶贫专项行动和农村劳动力转移就业专项行动"工作领导小组，负责统筹"两个专项行动"的具体工作。并制定下发《双江县技能扶贫专项行动和农村劳动力转移就业扶贫行动计划实施方案》和分年度工作实施方案。其次，重点瞄准全县建档立卡贫困人口，确定"对每个有劳动能力的适龄贫困人口开展1次以上技能培训，让每个有适龄劳动人口的贫困家庭至少有1名技能劳动者就业"的目标，形成县领导牵头抓，人社部门具体抓，相关职能部门合力抓，各乡（镇）协同抓的齐抓共管的工作格局。

1. 聚焦"组织谁"，精准核实对象

摸清底数，建立相关台账。以建档立卡贫困户为重点，按照"不漏一户、不缺一人"原则，对贫困户基本情况、培训状况、就业状况、技能培训需求和转移就业需求等基础数据进行调查统计，分别建立好贫困村建档立卡贫困户及其他农民转移就业暨技能培训工作台账，通过开展摸底调查登记，全面掌握农村劳动力信息。切实做到了人员底数清、岗位信息清、培训需求清，为开展技能培训和转移就业工作奠定坚实基础。

2. 聚焦"怎样培"，建立完善培训机制

围绕群众意愿，提高培训精准性。充分整合部门资源，发挥各部门的项目和资金优势，构建以县级为平台、以项目为载体，按照"渠道不变、统筹规划、整合使用、各计其功"原则，坚持以"促进产业提质增效"和"促进农村劳动力转移就业"为导向，以贫困家庭劳动力、"直过民族"为重点对象，引导性培训与技能培训相结合，确保各类培训取得实实在在的成效。2016 年以来，累计开展农村劳动力培训 113991 人次，其中：建档立卡贫困人员培训 29097人次，完成 33 个贫困村创业致富带头人培训 99 人。通过培训，培养乡土人才 216 名，有 5 名获得云南省"拔尖乡土人才奖"，1 名佤族技能人才获得"云南省技能大赛"三等奖，8 名建档立卡人员参加"云南省临沧市·上海市崇明区劳务协作贫困劳动力就业技能大赛"，有 6 人获奖，极大提高了农村劳动力的劳动技能和素质。

3. 聚焦"怎样转"，提高劳务输出组织化程度

一是引导劳务派遣公司和人力资源服务企业，通过"春风行动""转移就业百日行动""民营企业服务周"的方式，深入开展劳务用工专场招聘会，搭建劳务对接平台，不断拓展贫困劳动力劳务组织输出路径，为各类求职人员牵线搭桥，累计组织招聘会 30 场次，提供岗位信息 4.5 万条。二是依托龙头企业，建立"就业扶贫车间"，帮助贫困劳动力实现就地就近高质量就业。累计创建扶贫车间 12 个，吸纳贫困劳动力就业 157 人。比如，勐库茶叶有限责任公司建立"就业扶贫车间"，吸纳贫困劳动力就业 20 余人次。三是制定出台《双江县农村劳动力外出务工交通费奖补办法》，对具有双江县户籍、稳定就业三个月以上的农村劳动力外出务工人员由县财政按照外出地点给予补助。2016 年以来，依托乡村建设和地方特色产业就近实现产

业间转移就业 4.19 万人次；依托城镇化和"五网"① 建设等重点项目实现城乡间转移就业 1.6 万人次；依托区域经济发展实现省内区域间转移就业 1.2 万人次；依托劳务输出机构实现省际转移就业 3.7 万人次。通过转移就业，外出务工人员人均月工资收入达 2600 元以上，务工人员人均增收 1.6 万元。劳务输出成为广大群众脱贫致富的重要渠道。

4. 聚焦"如何管"，强化外出务工人员的跟踪服务

为强化外出务工人员的跟踪服务管理，双江县由县人社局牵头，从各乡镇、人社、公安、农业、职教中心抽调了 38 名干部，组成外出务工人员跟踪管理服务组，分赴外出务工人员较为集中的山东省、江苏省、上海市、广东省、浙江省和省内的昆明市、普洱市、西双版纳州，开展主题为"家乡牵挂你——送温暖、送政策、送服务"活动。全面摸清在省内外务工人员的务工地点、务工人数、工作生活情况、家庭人员基本情况、子女就学情况和居住状况等基本情况。宣传县情、脱贫攻坚政策、就学、就医、就业、养老等政策，听取务工人员的诉求及困难，帮助解决务工人员的实际困难。共跟踪服务 3111人（其中建档立卡劳动力 575 人），2018 年以来累计发放一次性交通补贴 194.7 万元。开展外出务工人员跟踪管理服务活动，使外出务工人员及时了解家乡，增强信心，感受到温暖，也使外地企业加深了对双江县的了解。同时，通过对企业的考察和与企业的沟通对接，联系了一批诚信度较高，工作待遇和工作环境较好，能提供较多岗位的企业。例如，江苏省昆山市的联滔电子厂，用工人数在 2 万人以上，员工的工作、生活环境较好；广东省龙亿有限公司，用工人数在 1000人以上，可为双江县提供 300 人以上的就业岗位。通过与外省各地企业的主动对接沟通，有效拓宽了双江县组织有转移就业意愿人员的转

---

① 五网指路网、航空网、能源网、水网和互联网基础设施建设。

移就业输出渠道。

5. 聚焦"如何帮"，强化就业创业服务

一是做好创业扶持。围绕"大众创业、万众创新"的要求，充分发挥创业担保贷款助推器作用，"零"距离服务好创业群众。进一步简化创业担保贷款经办流程，开辟创业"绿色通道"，帮助有创业意愿人员解决创业资金短缺、创业"门槛"过高等实际困难和问题，为创业群众提供"一站式"服务。2016 年至今，全县共扶持创业2166 户，发放创业贷款 2.27 亿元，带动就业 4332 人。累计为 60 户企业发放岗位补贴 220.72 万元。比如，家住勐库镇洗菜河的退伍军人罗明宏，通过就业创业资金扶持，经营起了勐库宏源汽车美容中心，并投入了部分资金建立了茶叶专业合作社，开办了双江勐库冰岛忆古茶业精制厂，现在精制厂的面积有 4000 多平方米，有固定员工19 人，获得"2016 年度云南省就业创业奖"，被评为优秀创业者。二是做好就业援助。以"公益性岗位"开发作为实施再就业援助工作的突破口，切实帮助"4050"人员、"零就业"家庭、残疾人、未就业大中专毕业生等就业困难对象实现再就业，进一步优化了就业环境，有效确保了全县就业总体稳定。2016 年以来，支付公益性岗位人员岗位补贴 930.94 万元，支付公益性岗位人员社会保险补贴 633万元，支付灵活就业人员社会保险补贴 591.22 万元。三是开发乡（村）公共服务岗位。认真落实《临沧市人力资源和社会保障局临沧市财政局关于印发临沧市乡村公共服务岗位管理暂行办法》文件精神，结合双江实际，制定了《双江县乡村公共服务岗位管理实施细则（试行）》，以帮助建档立卡贫困人口就业为重点，结合实际，对有劳力无法离乡、无业可扶、无力脱贫的建档立卡贫困户，设置公路管护、环境卫生管理等"400+X"公益性岗位，实现了有劳务意愿的贫困户就业全覆盖。2016 年以来，累计开发乡村公益岗位 3705 个，安置建档立卡贫困劳动力 1734 人次，增加贫困户工资性收入 901.1

万元。四是认真落实职业培训补贴、社会保险费补贴和资金奖补等就业创业补贴政策。鼓励企业、农民专业合作社、扶贫车间等各类用人单位吸纳贫困劳动力就业，对开展以工代训的，给予职业培训补贴；对企业按规定给予一定数额的社会保险费补贴；对吸纳就业成效好的就业扶贫基地，给予一次性资金奖补。五是加快推进返乡创业园建设，培育一批创业项目，对吸纳贫困劳动力就业并稳定就业 1 年以上的，给予一定奖补。实施返乡创业带头人培养计划、创业服务能力提升计划，对吸纳贫困劳动力多的创业企业，优先落实扶持政策。对贫困劳动力、农民工等返乡下乡创业人员首次创办小微企业或从事个体经营并且正常运营 6 个月以上的，给予一次性创业补贴。对入驻实体数量多、孵化效果好的创业孵化载体，积极申报创业孵化基地奖补资金。

（三）选齐配强，注重培训，干部表率作用彰显

习近平总书记强调："脱贫攻坚任务能否完成，关键在人，关键在干部队伍作风。要把全面从严治党要求贯穿脱贫攻坚全过程，强化作风建设，确保扶贫工作务实、脱贫过程扎实、脱贫结果真实。"[①]双江县为确保帮扶工作取得实际成效，注重加强对帮扶干部队伍素质能力的提升。全县从县级机关精准选配村党组织"第一书记"、驻村工作队开展驻村帮扶。着眼想干会干，精准选派干部。结合双江县边疆少数民族山区和贫困现状的实际，在帮扶干部的选派上，既考虑思想政治素质，又考虑能力水平和民族结构等因素。把工作经验较丰富的干部派到任务较重、难度较大的贫困村，把熟悉经济工作的干部派到产业基础薄弱的贫困村，把熟悉民族工作、懂民族语言的干部派到少数民族聚居的贫困村。全县共组建 74 支工作队 242 名队员驻村开

---

① 《习近平李克强栗战书汪洋王沪宁赵乐际韩正分别参加全国人大会议一些代表团审议》，《人民日报》2019 年 3 月 8 日。

展帮扶工作，省、市、县110个部门包74个行政村（社区），确定2827名干部全覆盖帮扶7514户贫困户，派出992名干部驻组以"网格化"负责制全覆盖对34456户非贫困户开展挂联工作，实现农户挂钩挂联全覆盖。

双江县在选齐配强帮扶干部队伍的同时，还不断加大对驻村帮扶组员的培训力度。采用实战培训方式，分级负责对乡（镇）干部、村第一书记、驻村工作队员和村干部等进行全面轮训。帮扶干部素质能力的提升进一步增大了扶贫脱贫的工作实际效果，凸显了杠杆效应。

（四）多方联动，协同发力，发展能力稳步提升

1. 多元协同齐发力

双江县为了促进自身发展能力的不断提升，主动创新工作方式，有效破解扶贫资金压力，在资金保障工作方面，通过多方积极汇报争取，获得更多的支持。

一是拓宽资金来源，强化资金整合使用，资金投入精准到位。全县按照"多个渠道引水，一个龙头放水"的机制，强化资金整合，确保资金投入，保障到位。2014年以来累计投入脱贫攻坚资金23.36亿元。其中：累计统筹整合涉农资金15.17亿元、争取社会帮扶资金2.17亿元、金融支持6.02亿元。

二是严格过程监控，确保协作帮扶资金使用安全、高效。按照省、市要求，把好资金使用方向，加强资金使用过程监管，确保把上级的各项专项补助资金用在扶贫脱贫工作这一"刀刃"上。全县定期对各项专项资金使用情况进行审计监督、公示公告，杜绝截留、挤占、挪用扶贫资金，着重防范扶贫领域腐败问题的发生，从而确保各项扶贫资金使用精准、专款专用；规范程序，强化事前、

事中、事后全程监管，提高资金使用效益。例如，因地制宜为贫困户提供扶贫小额信贷，累计发放扶贫小额信贷4086.51万元，获贷贫困户1437户（次）。

2. 东西协作谋共赢

双江县完善市场主体参与扶贫开发机制，推动金融资源、科技资源、人才资源向深度贫困地区倾斜，始终有效抓住华能集团、东方航空公司、上海崇明区对口支援的有利契机，坚持新增资金、新增项目、新增举措主要用于深度贫困村，加大对深度贫困村的扶持帮扶力度，从而进一步提升贫困地区的内生发展能力。

一是强化社会力量参与。把人才支持、市场对接、劳务协作、资金支持等作为协作重点，加强与中央、省、市定点扶贫、东方航空公司和华能集团等帮扶单位汇报衔接，争取更多支持。协调驻地部队积极承担帮扶任务，参与扶贫行动。激励各类企业、社会组织扶贫，深入推进"百企帮百村"精准扶贫行动，引导民营企业积极参与脱贫攻坚。精心组织开展"扶贫日"系列活动，大力推广应用"中国社会扶贫网"，引导和鼓励更多社会力量参与特殊群体关爱服务。动员组织各类志愿服务团队、社会各界爱心人士开展扶贫志愿服务。

二是在东西部扶贫协作上持续发力。双江县成立县沪滇扶贫协作领导小组及办公室，制定下发了双江县挂职干部管理办法、县沪滇扶贫协作三年行动计划和实施方案，加大与上海市崇明区东西部扶贫协作力度，推进"携手奔小康"行动，拓展帮扶协作领域，提高帮扶协作实效。上海市崇明区竖新镇与双江县2个建档立卡贫困乡镇、4个建档立卡贫困村签订携手奔小康协议，建立了贫困村结对关系；崇明区22家企业与双江县28个贫困村建立了村企结对关系。2018年以来共投入携手奔小康资金442万元。崇明区大公中学与双江县第一完全中学签订了为期2年的结对协议；上海交通大学医学院附属新华医院崇明分院与双江县第一人民医院开展为期 2 年的结对，双江县得到了人才、资金、信息等方面的帮扶支持，惠及贫困人口达 12582 人。

促进人才交流。2018 年，对口帮扶双江的上海崇明区派双援滇干部 3 名、专业技术人才 40 名，上海市第十人民医院派双医疗专家 10 名，为双江脱贫攻坚及教育、医疗卫生事业发展献计献技，提供了有力支援。2018 年以来，崇明区委领导和区农委、供销合作总社、竖新镇、新海镇主要负责同志分别率团到双江指导脱贫攻坚，在资金、项目、产业等方面给予极大支持，惠及贫困人口 16582 人。双江县委主要领导带团到上海市崇明区新海镇、竖新镇、供销合作总社汇报了脱贫攻坚情况，考察学习社会治理、产业运作、企业管理等方面先进经验；先后派出涉及农业、畜牧、林业、水利等行业 65 名专业技术干部到崇明学习、挂职，并多次派出允俸水稻合作社、绿森源蔬菜合作社等多个企业、农村致富带头人到上海、崇明接受培训指导。

（1）沪滇协作项目有效推进。2017 年以来，申请上海帮扶援助资金 10190 万元，实施项目 48 个，主要涉及茶叶种植、砂仁种植、火镰菜种植、桑树种植、甘蔗覆膜种植、生猪养殖等各类产业，村组道路硬化、安居房建设、便民服务大厅、自然村文化活动室、排污管网、公厕等基础设施建设。2017 年援建项目 5 个 1000 万元（产业发展项目 3 个 685 万元、农村建设项目 2 个 315 万元）；2018 年援建项目 12 个 2356 万元（产业发展项目 9 个 1810 万元、农村建设项目 2 个 390 万元、劳务协作项目 1 个 156 万元）；2019 年援建项目 17 个 3278 万元（产业发展项目 5 个 270 万元、农村建设项目 11 个 2930 万元、劳务协作项目 1 个 78 万元）；2020 年援建项目 14 个 3556 万元（产业发展项目 3 个 705 万元、农村建设项目 10 个 2795 万元、劳务协作 1 个 56 万元）。项目涉及 29 个行政村（18 个建档立卡贫困村），覆盖建档立卡贫困人口 5125 户 16218 人，目前全部项目已经完工。

（2）产业及劳务协作持续深化。精心组织参加上海崇明区举办的云南省临沧市"崇明临沧一家亲，帮销帮扶暖人心"特色商品展销会，参展企业与崇明区数家单位和企业签订供销协议，展销会现场交易额达182万元，带动60户134人贫困人口脱贫致富。通过开展"10·17"扶贫日消费活动，累计销售特色农产品1500多万元；在崇明区农业农村委的支持下，启动了特色养殖大闸蟹（试点）项目并获得成功，大闸蟹在临沧沃尔玛销售良好，为农民增收进一步探索新路子。自2017年年底启动沪滇扶贫协作以来，开展招商引资，引进落地企业2个，实际投资额134万元。

双江县始终把农村劳动力转移就业作为群众增收最直接最有效的手段，进一步完善县乡村三级就业服务体系，在县乡村分别设立就业服务站，在省外设立12个就业服务站、33个信息联系点、33名信息联络员，加强与崇明区、省内外用工企业对接联系，全力搭建平台。上海崇明区支持290万元帮扶资金，自2017年年底启动沪滇扶贫协作以来，共举办13期就业培训班，750人贫困人口参加就业培训，举办专场招聘会2场次，实现1060人贫困人口就业，其中就近就地就业860人，转移到上海就业42人，其他省份158人，群众内生动力得到进一步激发。8名建档立卡人员参加"云南省临沧市·上海市崇明区劳务协作贫困劳动力就业技能大赛"，有6人获奖（一等奖2名，二等奖2名，三等奖2名），坚持"转移就业为核心，脱贫、摘帽、增收为目标"，做好做实农村劳动力转移就业和创业工作。两地人社部门协作，收集了上海市有关企业用工的第一手信息资料，对接就业岗位300余个。

（五）聚焦"直过"，重点帮扶，小康路上共同致富

按照习近平总书记"全面实现小康，少数民族一个都不能少，

一个都不能掉队"① 的要求，双江县突出对"直过民族"聚集村加大政策、项目、人力的倾斜，集中力量脱贫攻坚。

一是在政策宣传上注重实效。组建少数民族宣传队，派出"双语"干部深入宣传脱贫政策。创作了《拉祜心中党中央》《布朗人民心向党》等系列歌曲，在全县演出 132 场次，让党的声音传递到家家户户。习近平总书记"全面实现小康，少数民族一个都不能少，一个都不能掉队"的要求得到有效落实。

二是制定特殊帮扶机制，强化帮扶，实施"双挂制"，强化帮扶力量。针对"直过民族"特殊困难地区，双江县坚持用少数民族干部做民族地区工作，对拉、佤、布三个"直过民族"实行"双挂制"，采取 1 名干部具体挂、1 名科级干部联合挂的"双挂制"，加大帮扶力量。全县 345 名科级干部挂钩 2467 户"直过民族"贫困户。通过采取特殊帮扶措施，2467 户"直过民族"贫困户全部脱贫退出。

三是在素质提升上优先考虑。派出"双语"技术员进村入户开展农村实用技术培训 142 期 3.5 万余人次。同时，认真做好"直过民族"普通话培训工作，创建 13 个普及普通话示范村，组织 38 名少数民族开展双语教师培训，完成 619 名"直过民族"青壮年劳力普及普通话培训。

四是在项目资金上给予重点倾斜。累计投入产业发展资金 1.89 亿元，扶持发展畜牧产业 2000 余户，发展甘蔗、茶叶、核桃、坚果、杉木等经济作物 7.68 万亩；将 38 个"直过民族"聚居村 25 度以上 1.58 万亩陡坡地全部纳入新一轮退耕还林还草范围，发放补助资金 2370 万元；统筹整合资源，集中力量解决贫困问题，全面改善"直过民族"聚居区基础设施、基本公共服务设施、生态环境、人居环境，推动民族文化传承。通过以上措施，双江县争取确保实现拉祜

---

① 中共中央党史和文献研究院编：《习近平扶贫论述摘编》，中央文献出版社 2018 年版，第 6 页。

族、佤族、布朗族 3 个"直过民族"整族脱贫。

三、健康扶贫强基础

双江县一方面紧紧围绕《云南省健康扶贫 30 条措施》，从强化医疗服务体系建设入手，落实"四重保障"，做实"三个一批"，切实提高防保意识，扎实抓好兜底保障，让贫困群众方便看病、看得起病、看得好病、尽量少生病，为脱贫打下坚实基础；另一方面，双江县针对本地健康扶贫面临的特殊威胁，将已有的艾滋病防控经验与当地实际紧密结合，形成了多层面协同配合的艾滋病防治和救助机制，不仅对云南边疆民族地区具有现实意义，同时对其他广大边疆地区应对当前社会和经济发展过程中的挑战与危机也有重要的借鉴意义。①

（一）因地制宜推进健康扶贫

双江县的健康扶贫工作严格贯彻中央、省、市的决策部署和目标要求，针对本县的医疗卫生突出问题和特殊威胁因地制宜，多措并举助力脱贫攻坚。

1. 强化组织保障，协同推动健康扶贫工作全面落实

双江县委、县政府高度重视健康扶贫工作，健康扶贫办联合成员部门认真落实党委、政府健康服务主体责任，将健康扶贫纳入脱贫攻坚战重要内容。成立由政府分管领导为组长的领导小组，加强领导，

---

① 张金鹏：《云南跨境民族社会危机应对管理机制研究——基于边疆地区对艾滋病防控的社会调查》，《云南民族大学学报》（哲学社会科学版）2010 年第 11 期。

挂图作战，建立健康扶贫联席会议制度，部门协同推进，先后制定《双江县健康扶贫行动计划（2016—2020年）》《双江县建档立卡贫困人口疾病筛查方案》《双江县农村贫困人口大病专项救治工作方案》《双江县农村贫困住院患者县域内先诊疗后付费实施方案》等方案，卫计部门建立健康扶贫挂钩服务工作机制，加强指导、督导，紧紧围绕《云南省健康扶贫30条措施》目标要求，狠抓推动落实。就医费用报销比例由2016年的70.31%提高到2020年的90%以上，个人住院自付费用由2016年的1282.41元降至2020年的611.62元。健康扶贫的实施打破了建档立卡贫困人口贫病交加的困境，有效遏制了因病致贫返贫的增量。

2. 强化服务体系建设，让贫困群众方便看病

双江县通过进一步加强基础设施、医疗设备、重点专科打造、医院文化等软硬件建设，医疗机构综合服务能力全面提升。一是抓好基础建设。加快推进县乡村三级卫生服务标准化建设，全面推广县乡村医疗卫生服务体系一体化管理模式，所有乡（镇）卫生院设立中医馆，80%以上的村卫生室能够规范开展5类以上中医药适宜技术，提升乡（镇）标准化卫生院、行政村标准化卫生室服务能力。投资3亿元的县第二人民医院、县中医医院搬迁、县疾控中心业务综合楼等项目建设正在加快推进，乡（镇）卫生院、行政村卫生室基础设施及医务人员配备全部达标；6个乡（镇）卫生院均达到标准化，业务用房面积、床位数、全科医生数，全套生化等设备配备齐全，西医综合诊疗和中医药诊疗服务工作全面开展。全县75个行政村（社区）全面建成标准化村卫生室，建筑面积达60平方米以上，设有"诊断室、治疗室、公共卫生室和药房"，每个村卫生室配备2名以上村医，每个卫生室有1名乡村执业医生，基本诊疗设备配备到位。二是抓好对口支援，以上海十院，昆医附一、附二院对口帮扶、专科联盟为契机，人才引进、名科室打造、新技术引进、人才培养等工作得到突

破。自 2010 年 4 月起，上海十院先后派出 17 批医疗队 85 名专家到双江帮扶，经过帮扶，双江先后开展了髋膝关节置换术、关节镜术等 175 余项新项目，培养了 15 名学科带头人。通过聘请医疗专家援建帮扶、三级医院对口支援、制定人才培养激励政策、业务培训等方式加强人才培养，逐步缓解双江高层次医疗卫生人才紧缺状况。三是全面落实便民惠民措施，建档立卡贫困人口在县内医疗机构就诊实行"先诊疗后付费"和"一站式"结算服务。指定县人民医院为大病专项救治定点医院，全县所有公立医疗机构全部开展"先诊疗后付费"和"一站式"结算服务；提升签约服务质量，深入开展医疗卫生对口帮扶工作，组织临床专家到农村开展诊疗服务、临床教学、技术培训等系列帮扶活动，保障困难群众就近就地就医。

3. 落实"四重保障"机制，让贫困群众看得起病

双江县落实好城乡居民基本医疗保险、大病保险、医疗救助、医疗费用兜底保障等措施，确保建档立卡贫困人口个人年度支付的符合转诊转院规范的医疗费用不超过上年全市农村居民人均可支配收入，有效解决建档立卡贫困人员看病负担重的问题。建档立卡贫困人口 100% 参加基本医保和大病保险，个人缴费部分由财政定额补贴 180 元，补贴资金 2064.47 万元，健康扶贫 30 条措施有效落实，各项报销比例全部到位。截至 2020 年年底，全县建档立卡贫困人口符合转诊转院规范住院 17701 人次，医疗总费用为 9502.61 万元，"四重保障"报销金额为 8626.47 万元，其中基本医保报销 7138.32 万元、大病保险报销 521.77 万元、医疗救助 632.52 万元、兜底保障 333.86 万元，建档立卡贫困人口符合转诊转院的住院治疗费用实际补偿比例达 90% 以上，28 种疾病门诊报销比例达到 80% 以上。对个人年度支付的符合转诊转院规范的医疗费用超过全市农村居民人均可支配收入的农户 100% 实施了兜底保障。全面实施"光明扶贫"工程，免费救助符合手术指征的建档立卡贫困户白内障患者。

对符合条件的 80 户 85 名医疗支出的大户进行社会医疗救助，救助金额 46.52 万元。

4. 做实"三个一批"，让贫困群众看得好病

一是动态排查锁对象。双江县先后组织 30 支医疗小分队、257 人次医务人员全覆盖开展疾病核查、政策宣传、巡回医疗义诊等活动。在邦丙乡南协村探索出了"村级健康扶贫 9 个方面的总结+风险点排查及整改化解的南协模式"，核实核准全县农村贫困人口患病情况，找准因病致贫原因，落实帮扶措施。对核实核准患有大病和长期慢性病的贫困人口，根据疾病情况，按照"三个一批"要求，能一次性治愈的大病，组织到县医院集中治疗，救治不了的给予转诊到上级医院治疗；需住院维持治疗或者康复治疗的疾病，由乡（镇）卫生院在县级医院指导下实施治疗和康复管理；轻症慢性病患者给予居家康复，服药指导和定期随访管理。二是开展送医送药活动。采取"病人不动专家动"的方式，对瘫痪在家或身患疾病未能到医疗机构就诊的患者，由医疗服务小分队入户上门进行诊治，对部分患病群众提供免费常用药品。受益群众 3.6 万人次，免费发放药品折合人民币 4.6 万元。三是规范管理救治。对核实核准患有大病和长期慢性病的贫困人口，按照"三个一批"要求管理救治，截至 2020 年年底，大病集中救治 2059 人次，慢性病签约管理 4859 人次，重病兜底保障 11 人次，其中 36 种大病 605 人全部得到救治与管理。

5. 强化疾病防控，让贫困人口尽量少生病

一是扎实开展家庭医生签约服务。认真落实家庭医生签约服务工作，签约聚焦重点人群，改进签约方式，做到"应签尽签"。2020 年全县共组建家庭医生签约团队 89 支，由 519 名县、乡、村医务人员组成，每支团队中均有 1 名县级业务骨干。截至 2020 年 12 月 31 日，全县家庭医生签约 69557 人，签约率为 37.48%。其中，重点人群签

约38804人，签约率在90%以上。建档立卡户人群签约27372人，签约率95.40%。二是加大重点疾病防控工作力度，突发传染病疫情及时处置率达到100%，适龄儿童疫苗接种率达95%以上，慢性病健康管理率达95%以上。有效落实季节性重点传染病各项防控措施及疫苗预防接种，乙类传染病控制在全市平均水平以下；死因监测及肿瘤登记报告覆盖率达100%。对重点疾病实行"一病一策"管理，有效应对特殊威胁。其中肺结核83人（卡内19人），艾滋病病毒感染者和病人718人（卡内54人），高血压9622人（卡内2411人），糖尿病1902人（卡内371人），重性精神病1087人（卡内349人），全部人群健康管理率95%（其中建档立卡贫困人口管理率100%），对符合条件的肺结核、艾滋病、重性精神病提供免费治疗药物，纳入低保救助。三是扎实抓好"关爱妇女儿童健康行动"。全面落实孕前优生检查、叶酸补服，两癌筛查、儿童营养改善、新生儿疾病筛查、儿童先心病救治等项目，各类项目指标完成率达80%以上。加强孕产妇和0—6岁儿童健康管理，全县无孕产妇死亡，婴儿死亡率6.97‰。四是广泛开展居民健康教育，提升建档立卡贫困人口健康意识。利用电视、微信、宣传折页、宣传画、专栏、标语、健康知识讲座、咨询等形式，广泛开展健康教育。截至2020年年底，累计设立健康教育宣传栏98块，发放宣传材料13万份，咨询166次、参与人数5658人次，健康讲座978次32498人次，宣传教育做到了贫困人口全覆盖。充分发挥村三委、驻村工作队和挂钩干部等力量，加大健康扶贫政策宣传力度，充分发挥医务人员开展巡回义诊和入户随访等方式加大健康扶贫政策宣传力度，讲清讲透政策，让群众真正了解和享受健康扶贫政策的实惠；由挂钩干部深入农户家中，进行政策宣传告知，努力做到让所有患者明明白白知晓看病就医享受的优惠政策。利用健康教育服务网络，大力宣传家庭医生签约服务内容，力争使每位居民都能了解家庭医生签约服务的内容及意义，使每位居民都能主动参与进来。同时，针对少数民族较多的情况，加强语言沟通，保证健康扶贫政策的知晓度；大力开展环境卫生综合整治，广泛开展健康素养促进行动与健康教育，不断提高群众健康意识和健康水平。

通过落实健康扶贫的各项举措，双江县的综合医疗保障机制有效运行，医疗服务体系的服务能力不断提升，群众就医负担明显减轻，因病致贫问题得到基本解决。

（二）实施重点举措有效应对特殊健康威胁

双江县所属的临沧市地处云南边境地区，与缅甸、老挝和越南三个国家毗邻，边疆地界4061千米，生活着十余个跨境民族。特殊的地缘环境、深刻的历史文化根源及复杂的社会因素导致自20世纪90年代全面开放以来，形成了传统社会安全问题与非传统社会安全问题交叉重叠的复杂局面。其中毒品、艾滋病带来的问题尤为突出，不仅严重危害当地各族人民的身心健康，家庭稳定，而且弱化了当地居民的自我发展能力，加剧了边疆民族社会的综合性贫困，严重影响了当地的社会秩序稳定与可持续发展。根据云南省防治艾滋病局的通报，截至2018年10月，临沧市、文山州、普洱市、西双版纳州以及怒江州的疫情尚未有效控制。其中临沧市西南部与缅甸交界，毗邻毒品生产地"金三角"地区，吸毒人员众多，2010—2020年共报告HIV/AIDS感染者9291例，其中沧源佤族自治县等四县为艾滋病的高发地，在地理上对双江县形成包围之势。各县之间往来频繁的经济型流动人口（包括务工、务农、经商、服务暂住人口）是艾滋病的易感人群，由于受教育程度较低、卫生习惯较差、对疾病的认知水平有限，在流动的过程中成为媒介和渠道，使艾滋病由高发人群向一般人群扩散。

特殊的边疆地理环境以及社会和经济高速发展下流动人口的频繁往来，致使艾滋病成为双江县健康扶贫工作面临的特殊威胁，截至2020年年底，双江县有艾滋病病毒感染者和病人718人（卡内54

人）。为应对这一情况，双江县采取了多项举措（如图6-1所示）：第一，广泛筛查，发现传染源。大多数艾滋病感染者的早期症状并不明显，双江县通过多种方式动员目标人群接受HIV筛查，采用血液HIV快速检测方法，2020年在县乡范围筛查达13万人次，最大限度发现感染者，现已开始推广操作更简便快速的口腔黏膜渗出液检测方法；对确认为艾滋病传染源的患者，由专业团队进行抗病毒治疗的依从性教育和心理疏导。第二，中西医结合抗病毒治疗。中西医结合的方法治疗艾滋病优势较为明显。双江县除向艾滋病患者提供国家免费的西医药物以外，还提供免费的中医治疗，艾滋病患者的症状有所改善，机体抗病能力也得到加强。第三，实施母婴阻断。艾滋病母婴传播是婴儿和儿童感染艾滋病病毒的最主要途径，母婴阻断能够大幅降低母婴垂直传播率。双江县要求艾滋病患者和感染者领结婚证时必须进行HIV检测，依从医生管控。艾滋病母婴阻断成功率已经达到100%。第四，关爱救助。双江县落实国家防治艾滋病的"四免一关怀"政策，加大对艾滋病患者的关怀和救助力度，使用民政资助资金救助艾滋病致孤儿童6名，每人每月资助1045元；强化心理干预，引导病人自觉接受相关治疗。第五，对接公安管控经吸毒传播艾滋病病例。注射吸毒者是艾滋病的高危人群，患病风险高且易造成艾滋病病毒传播。双江县为提高针对这部分人群的防治效率和效果，与公安对接，管控吸毒致艾滋病患者，协同实施禁吸戒毒和抗病毒治疗。

双江县通过广泛检测筛查、心理疏导、中西医结合抗病毒治疗、母婴阻断、关爱救助等措施，有效遏制了艾滋病的威胁，不仅为巩固脱贫攻坚成果提供了重要保障，也为其他边疆地区应对健康脱贫中的特殊威胁提供了一定的借鉴。一是重点防控，全面覆盖。双江县从重点人群、重点疾病做起，重点聚焦对公共卫生和健康扶贫造成严重威胁的病症。不断建立健全县、乡、村三级监测检测网络，提高咨询检测的可及性。在开展高危人群、婚姻登记者、孕产妇、无偿献血者、

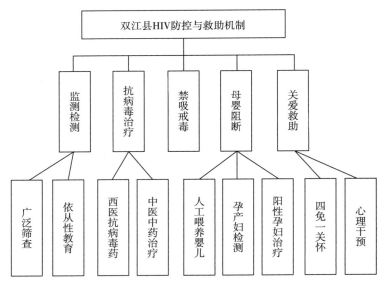

图 6-1 双江县 HIV 防控与救助机制

资料来源：笔者参考《云南跨境民族社会危机应对管理机制研究——基于边疆地区对艾滋病防控的社会调查》（作者：张金鹏，载《云南大学学报》（哲学社会科学版）2010 年第 11 期），根据双江县的情况整理绘制。

监管场所等人群监测检测工作的基础上，依托省级重点地区项目进一步扩大检测范围，对到医疗机构就诊的患者主动提供艾滋病咨询检测服务。针对艾滋病、重性精神病和肺结核，采取广泛和全面的排查，加强监测和检测，通过提高基层医疗防治机构服务的可及性，做到早发现患者早治疗。二是"一病一策"，精细化管理。双江县运用家庭医生签约工作模式，到村到户筛查疾病，筛查后锁定救治对象，进行精准的分类救治，并全部纳入管理体系，提供服药指导和定期随访。三是救治与关怀并行，提升满意度。双江县在采取因病施策分类救治的同时对患者进行心理疏导等综合干预，根据边疆少数民族的特点采取更加人性化的管控措施，满足了患者诊疗中对人文关怀的需求，重建了民众适应社会发展和应对生活挑战的信心，切实提升了广大群众对健康扶贫工作的满意度。

四、案例：因地制宜、按需施教，技术培训促脱贫

陈法支，双江县沙河乡南布村农民，中共党员，小学文化。2013 年，在当地帮扶干部的指导帮助下，选准适合当地发展的短、平、快种桑养蚕产业，2016 年 3 月注册成立双江支福蚕桑养殖农民专业合作社，并任合作社理事长。带领群众发展种桑 4000 亩，养蚕户 260 户，2020 年蚕茧产量 100 吨，产值达 450 万元，养蚕户户均可增收 1 万元以上。

在种桑养蚕产业发展过程中，随着蚕桑产业的大面积推广，出现了不少实际困难，购买桑苗、建蚕房、买蚕苗等都需要资金。当地信用社及时贷款 15 万元，帮助农户购买桑树苗。资金问题解决后，接着就是农户不懂养殖技术的难题。

图 6-2 双江支福蚕桑养殖农民专业合作社养蚕房

基于"有技术才有优势，有技术才有发展"的理念，合作社外派4人专门学习养蚕技术，经过1个月的学习，回来担任种桑养蚕技术指导员，对农户开展种桑养蚕技术培训。双江县还将上海援滇资金216万元支持合作社的发展，用于农户购买桑苗、用具、抗旱设备等补助。经过3年的发展，合作社培养了一批专业技术人员，为稳步发展蚕桑产业提供了坚实的技术保障。

"合作社的发展壮大得到了政府和相关部门的大力支持，我们理应回报社会。"2017年，合作社积极作为，加入带动全县贫困户发展的行列。至今3年时间，协助政府在全县6个乡（镇）的27个村推广蚕桑产业，应县扶贫办、县农业局、县职教中心等部门要求，到全县15个村指导和开展技术培训15期1200余人次。合作社还建起了示范基地460亩，示范基地成为双江县蚕桑产业学习培训基地，各乡镇蚕桑养殖户都来基地观摩学习种桑养蚕技术。每年合作社在基地组

图6-3　贫困户张石华在采蚕茧

织培训 3 期，每期培训人员 200 余人，接待自发到合作社学习技术人员 300 余人，每人学习 20 天，合作社都是无偿进行技术指导。

　　蚕桑产业的发展有力助推着双江县的脱贫攻坚，带动了部分建档立卡贫困户脱贫。南布村贫困户张石华就是受益者之一。张石华是聋哑人，两个孩子一个上大学、一个读高中，家庭经济收入主要靠妻子劳动收入，没有好的产业，经济十分困难。合作社积极动员他家加入该社，主动帮助他家发展桑树种植 3 亩，无偿资助 2000 多元的桑树苗，并进行养蚕技术实地指导。现在张石华家种桑养蚕纯收入达到 2.6 万元，收入增加了，缓解了供两个孩子上学的压力。全家对合作社充满了感激，张石华妻子说："是合作社给了我们家一个好产业，增加了收入，提升了生活质量，孩子的学费不用愁了，他们可以安心读书。"

第七章

多维成效：减贫、发展与
民族团结进步

脱贫攻坚是全面建成小康社会的标志性指标和底线任务。到 2020 年在全国范围内全面消除绝对贫困，是我们党向全国人民和国际社会作出的庄严承诺，也是我们党现阶段肩负的重大政治责任和底线任务。自脱贫攻坚以来，双江县委、县政府不断强化使命担当和责任担当，把思想和行动统一到中央和省委、市委的要求部署上来，全县上下凝心聚力，以脱贫攻坚统领经济社会发展全局，把脱贫攻坚作为近年来双江县的最大政治责任、最大民生工程和最大发展机遇，在高质量完成脱贫攻坚任务的同时实现了经济社会的全方面进步，各项成效显著。截至 2019 年年底，全县实现累计脱贫 7514 户 28682 人，2 个贫困乡（镇）、32 个贫困村全部脱贫退出，贫困发生率降至零，2020 年顺利完成了国家脱贫攻坚普查登记；县域经济实现稳步增长，年均经济增长率保持在 9% 左右，农村居民人均可支配收入稳步提升，年均增长率保持在 10% 以上，均超过了全国及全省的平均水平；民族团结与脱贫攻坚同频共振，进一步巩固了民族团结基石，实现了各民族和睦相处、和衷共济与和谐发展，2018 年被国家民委命名为第六批"全国民族团结进步示范县"。

一、县域减贫成效显著

（一）农村贫困人口大幅度减少

双江县 2001 年被国务院确定为国家扶贫开发工作重点县，2011

年被列为滇西边境片区贫困县，通过 2014 年开展贫困对象识别和年度动态管理，全县共有 2 个贫困乡（镇）、32 个贫困村（深度贫困村6 个），建档立卡贫困人口 7514 户 28682 人，贫困发生率为 16.93%。截至 2019 年 10 月，累计脱贫 7514 户 28682 人。2014 年年底脱贫1185 户 5238 人，贫困发生率降至 13.96%；2015 年年底脱贫 1001 户4086 人，贫困发生率降至 10.78%；2016 年年底脱贫 628 户 2328 人，贫困发生率降至 11.25%；2017 年年底脱贫 3862 户 14463 人，贫困发生率降至 2.02%；2018 年年底脱贫 628 户 1914 人，贫困发生率降至0.53%；2019 年脱贫 210 户 653 人，贫困发生率为 0。32 个建档立卡贫困村全部出列，其中，2016 年出列 7 个、2017 年出列 23 个、2018年出列 2 个；2 个建档立卡贫困乡（镇）全部退出，其中，2016 年退出 1 个、2017 年退出 1 个，脱贫成效显著。2020 年，双江县顺利完成了国家脱贫攻坚普查登记。具体的贫困人口退出情况如表 7-1所示。

表 7-1 双江县 2014—2020 年间贫困人口退出情况

年份	减贫户数（户）	减贫人口（人）	贫困村出列（个）	贫困乡退出（个）
2014	1185	5238	—	—
2015	1001	4086	—	—
2016	628	2328	7	1
2017	3862	14463	23	1
2018	628	1914	2	—
2019	210	653	—	—
2020	0	0	—	—

数据来源：双江县历年的脱贫攻坚工作报告。

（二）扶贫产业不断发展壮大

2014 年以来，双江县累计投入产业发展资金 4.16 亿元，截至

2020 年年底，已累计建成高原特色农业产业基地 150 万亩，农业人口人均 10 亩，其中贫困户产业基地 26.22 万亩，贫困人口人均 9.1 亩；规模养殖场（小区）共有 106 个，其中生猪规模养殖场（小区）46 个，肉牛养殖场（小区）29 个，大型蛋鸡养殖场 1 个，肉鸡规模养殖场 12 个，肉羊规模养殖场 18 个；全县已发展省级以上重点龙头企业 5 个，市级龙头企业 18 个，建成农民专业合作社 351 个，全县认定的家庭农场达 24 个。扶贫产业进一步壮大，2020 年全县农林牧渔业总产值达 23.7 亿元，比 2015 年增 42.77%，年均递增 7.37%，农民人均占有农业总产值达 1.6 万元。扶贫产业覆盖了全县所有建档立卡贫困户，共惠及贫困户 7514 户 28682 人。

（三）易地扶贫搬迁与住房保障满意度高

自脱贫攻坚战打响以来，双江县采取"易地搬迁新建、原址拆除重建、改造加固除危、保护修缮提升、进城定居、政府兜底""六个一批"的方式精准实施"四类重点对象"农村危房改造，同时统筹推进非"四类重点对象"农村危房改造，2016 年以来完成了 C 级危房改造 12746 户、D 级危房改造 12678 户，共计 25424 户（修缮加固 12746 户、原址重建 12678 户，其中建档立卡户 5276 户），其中 2016 年完成 D 级危房拆除重建 4886 户，2017 年完成"四类重点对象"危房改造 5494 户，非"四类重点对象"危房改造 15044 户。①

2016 年以来，双江县共完成了易地扶贫搬迁计划 3784 人，其中：2016 年实施搬迁 485 户 1755 人，涉及集中安置点建设 17 个，集中安置 279 户 1047 人，分散安置 206 户 708 人；2017 年实施搬迁 476 户 2029 人，涉及集中安置点建设 8 个，集中安置 208 户 825 人，分

---

① "四类重点对象"是指建档立卡贫困户、低保户、农村分散供养特困人员（五保户）和贫困残疾人家庭。

散安置 268 户 1204 人。目前，全县 25 个易地扶贫搬迁集中安置点已全部竣工，961 户安置房建设全部竣工，搬迁对象实现全部搬迁入住。从根本上解决了居住在"一方水土养不起一方人"地方的贫困人口的生计问题，贫困人口的生产生活条件得到显著改善，自身的获得感、幸福感、安全感明显增强，群众满意程度高。

（四）生态扶贫成效显著

2014—2020 年累计到位林业生态扶贫资金 4.534 亿元，惠及建档立卡贫困村 9190.8 万元、贫困户 4221.5084 万元。其中，2014—2015 年共投入林业生态扶贫资金 3404.896 万元，惠及建档立卡贫困户 1248 户 568 万元；2016 年投入林业生态扶贫资金 7688.61 万元，全县建档立卡贫困村受益 1496.8 万元，5709 户建档立卡贫困户受益 779.3 万元；2017 年到位林业生态扶贫资金 13266.625 万元，实际投入 5889.205 万元，全县建档立卡贫困村受益 1505.2 万元，6403 户建档立卡贫困户受益 775.0074 万元；2018 年到位林业生态扶贫资金 6596.56 万元，全县建档立卡贫困村受益 1571 万元，7544 户建档立卡贫困户受益 704.88 万元；2019 年到位林业生态扶贫资金 4879.51 万元，全县建档立卡贫困村受益 1321 万元，7529 户建档立卡贫困户受益 860.73 万元，全县 386 户 1633 人贫困人口通过生态补偿实现了脱贫；2020 年到位林业生态扶贫资金 9544.18 万元，全县建档立卡贫困村受益 1067 万元，7529 户建档立卡贫困户受益 533.6084 万元。

全县选聘建档立卡生态护林员 300 名，年核发工资 263.96 万元。

（五）教育扶贫成绩斐然

加大资金投入，农村办学条件得到了全面改善。2014 年以来，全县教育投入累计 15.79 亿元，其中：中央资金 3.08 亿元，省级资金 0.95 亿元，县级资金 11.1 亿元，社会资金 0.66 亿元。累计完成投资 2.71 亿元，扎实推进"薄改"、"全面改薄"、现代职业教育质量提升计划建设等项目，累计新建校舍 11.64 万平方米，改扩建运动场 8.3 万平方米，加固改造校舍 3.29 万平方米。全县校舍建筑面积达 26.53 万平方米，全面消除不安全校舍。小学生均校舍建筑面积达 7.6 平方米；中学生均校舍建筑面积达 8 平方米。目前，双江县已完成全面改善农村义务教育学校基本办学条件和基本消除 56 人以上大班额，91 所义务教育学校（含 10 个教学点）均达到义务教育基本均衡办学标准，"20 条底线"已全部达标。

数字化校园建设不断推进。2014 年以来，教育信息化建设累计投入 2432 万元，新购置计算机 1910 台，建成计算机教室 47 间、多媒体教室 473 间；配置中小学图书 54.61 万册、多功能教室 177 间、实验室 89 间、标准化实验室 75 间；中小学音、体、美教学仪器及实验室配备率均达 100%。

全面落实贫困学生保障政策。2014 年以来，营养改善计划专项补助资金累计落实 9168 万元；义务教育阶段家庭经济困难寄宿生生活补助累计发放 7007.09 万元；普通高中减免学费资金累计发放 783.62 万元；中职生减免学费资金累计发放 392.37 万元。累计为 4003 名（8710 人次）在读大中专学校的家庭经济困难学生办理生源地助学贷款 5856.31 万元，其中建档立卡户 591 名 278.9 万元。

（六）社保兜底与医疗保障体系不断完善

完善了最低生活保障制度，实施了精准施保。实现了建档立卡贫困对象与农村低保的双向衔接，农村低保保障标准随着经济社会发展水平的提高而逐年提高，与扶贫标准相适应，兜准、兜住、兜牢民生底线，实现了"两线合一"的目标。保障标准从 2016 年下半年的 A

类 330 元/人/月，B 类 190 元/人/月，C 类 127 元/人/月提高到 2020 年 A 类 413 元/人/月，B 类 270 元/人/月，C 类 210 元/人/月。截至 2020 年 10 月，全县有农村低保人员共计 7513 户 11070 人，其中 A 类低保 455 户 711 人，占全县农村低保比例为 6.22%，B 类低保 3088 户 4645 人，占全县农村低保比例为 41.2%，C 类低保 3970 户 5714 人，占全县农村低保比例为 51.16%。共发放农村低保资金 3065.58 万元（全年预估发放 3685.58 万元，7520 户 11100 人）。农村低保对象占全县农业人口的 8.1%，年保障水平 4620 元/人/年。与建档立卡重合 2661 户 4322 人，重合 38.65%。

贫困人口 100% 参加基本医疗和大病保险，个人缴费部分由财政定额补贴，补贴资金 2064.47 万元。健康扶贫 30 条措施有效落实，各项报销比例全部落实到位，全县贫困人口符合转诊转院规范住院 17701 人次，医疗总费用 9502.61 万元，"四重保障"报销金额 8626.47 万元，其中：基本医疗保险报销 7138.32 万元，大病保险报销 521.77 万元，医疗救助 632.52 万元，兜底保障 333.86 万元，符合转诊转院规范住院治疗费用实际补偿比例达 90% 以上，28 种疾病门诊报销比例达到 80% 以上。对个人年度支付的符合转诊转院规范的医疗费用超过全市农村居民人均可支配收入的农户 100% 实施了兜底保障。

二、县域经济社会发展成效显著

（一）县域经济稳步健康发展

综合经济实力不断增强。2020 年，双江县全年地方生产总值 597354 万元，比上年增长 2.5%，比上年同期下降 4.5 个百分点。其中，第一产业增加值 168028 万元，增长 5.7%，同比提高 0.2 个百分点；第二产业增加值 140853 万元，下降 6.4%，同比下降 17 个百分点；第三产业增加值 288473 万元，增长 6.5%，同比提高 0.4 个百分点。如图 7-1 所示。

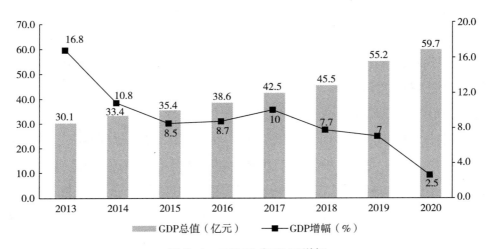

图 7-1 双江县 GDP 及增幅

产业结构进一步优化。2020 年，第一产业增加值占国内生产总值的比重为 28.3%，第二产业增加值比重为 23.6%，第三产业增加值比重为 48.1%，三次产业结构由上年的 26.2：25.9：47.9 调整为 28.3：23.6：48.1。第一产业比重提高 2.1 个百分点，第二产业比重下降 2.3 个百分点，第三产业比重提高 0.2 个百分点，第三产业仍稳居三次产业之首。如图 7-2 所示。

双江县人均地方生产总值逐年递增，从 2014 年的 18449 元增长到 2020 年的 33517 元，年均增幅达 10.4%。如图 7-3 所示。

城镇化率稳步上升，2020 年双江县城镇化率达 43.12%，较 2013 年上升了近 11 个百分点。如图 7-4 所示。

2020 年双江县完成财政总收入 46556 万元（如图 7-5 所示），同比增加 2280 万元，同比增长 5.15%；地方公共预算收入 30917 万元，增加 1218 万元，同比增长 4.1%，其中税收收入 14773 万元，增长 5.92%。

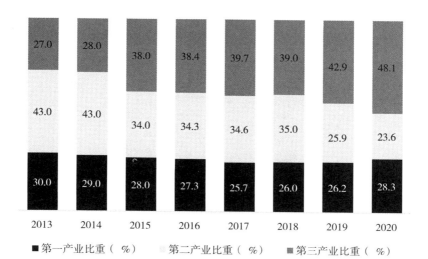

图 7-2 双江县产业结构变迁

图 7-3 双江县人均 GDP 及增幅

2020 年双江县财政总支出 262022 万元（如图 7-5 所示），增长
0.29%；地方公共财政预算支出 248059 万元，同比增长 4.03%。其
中一般公共服务支出 17027 万元，比上年同口径下降 17.62%；公共
安全支出 7030 万元，下降 8.62%；教育支出 37879 万元，增长
16.92%；科学技术支出 1531 万元，增长 270.7%；文化旅游体育与

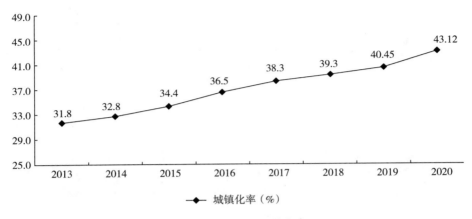

图 7-4　双江县城镇化率

图 7-5　双江县财政收支情况

传媒支出 2289 万元，增长 24.4%；社会保障和就业支出 28243 万元，下降 0.93%；卫生健康支出 31397 万元，增长 58.88%；节能环保支出 4633 万元，下降 71.03%；城乡社区支出 15012 万元，下降 74.76%；农林水支出 66103 万元，增长 61.18%。

（二）"五网基础设施"① 不断完善

随着脱贫攻坚和云南省"五网基础设施建设"（以下简称"五网"）工作的持续深入推进，双江县抢抓机遇，合力攻坚，在全县范围内持续推进以"五网"为重点的基础设施建设，努力补齐城乡基础设施短板。

1. 路网建设日新月异

到 2020 年年末，双江县拥有农村公路总里程 5446.027 千米。其中，国道 1 条 63.27 千米，省道 1 条 6.3 千米，县道 19 条 565.51 千米，乡道 69 条 495.404 千米，村道 257 条 994.775 千米，专用道 27 条 105.812 千米，拟建道路 2473 条 3214.956 千米。市到县已通二级公路，县到乡已通四级沥青（预制块）公路，乡到行政村已通硬化路。全县共 560 个自然村（居民小组），已通硬化路 506 个，硬化率达 90%，乡（镇）通客车率达 100%，通邮率达 100%，行政村通客车率达 100%。"四好农村路"建设全面推进，共创建"美丽公路"示范路 13 条 142.8 千米。"路、站、运、管、安"五位一体交通运输网络不断健全。重大项目上，临清高速公路（双江段）完成投资 9.2 亿元，临双高速公路（双江段）千蚌隧道已全面贯通，完成投资 29 亿元。临清铁路可行性研究报告编制通过咨询审查，双澜高速公路、双江到沧源（勐省）高速公路路线走向踏勘已基本完成。

2. 水网体系全面建成

一是农村水利设施不断得到完善。邦木河水库及勐勐河治河防洪

① 云南省"五网基础设施建设"是云南 2016 年开始实施的带根本性、全局性的发展战略之一，指的是要加快路网基础设施建设、航空网基础设施建设、能源保障网基础设施建设、水网基础设施建设和互联网基础设施建设。

一、二期工程全面完工，勐勐河勐库镇坝区段河道治理工程、沙河坝区段河道治理工程、忙糯河山洪沟防洪治理工程等稳步推进，藤子窝林水库建设获国家烟草总局批准，席草塘水库、香竹林水库、洼底河水库等一批骨干水源工程前期工作快速推进。2020 年年末，全县总灌溉面积达到 15.17 千公顷，其中耕地灌溉面积（有效灌溉面积）达到 15.13 千公顷，耕地有效灌溉保证率达 64.48%；园地灌溉面积达到 0.04 千公顷；节水灌溉面积达到 5.08 千公顷；建成各类水利工程 4656 件。其中水库工程 31 件（中型水库 2 座，小（一）型水库 10 座，小（二）型水库 19 座），总库容 10177.81 万立方米；小塘坝 7 座（西安二号水库提升为小（二）型水库，总库容为 10 万立方米），总库容 37.06 万立方米；窖池 1947 座；引水工程 2213 件；提灌站 1 件；机电井 56 件；城乡供水工程 401 件。二是农村安全饮水工程体系全面建成。全县 13.612 万农村人口饮水水质得到提升（其中建档立卡人口为 2.8655 万人）。通过采取新建、扩建、配套、改造、联网等措施，已建成"从源头到龙头"的农村饮水工程体系，农村饮水保证率、集中供水率不断提高，农村自来水普及率达 100%。通过"十三五"农村饮水安全建设，全县农村供水得到全面提升，全县所有人口均已达到"通自来水或饮水水源有保障，每人每天可获得水量 35 升以上，人力取水半径不超过 0.8 千米"的农村饮水有保障标准。

3. 能源供应全方位保障

打好"绿色能源"牌，南勐河电站改扩建、忙糯风电场项目建设加快推进。农网供电保障能力全面提升，架设 10 千伏线路 17 千米、低压线路 107 千米，实现户户通生活用电、村村通 10 千伏以上动力电，全县供电可靠率达 99.8%。

农村电网改造升级项目共完成总投资 4861.69 万元，其中，新建及改造 10 千伏线路 52.18 千米，配变 124 台、容量 17850 千伏安；

2019 年、2020 年计划完成投资 3541.86 万元，新建及改造 10 千伏线路 59.41 千米，配变 97 台、容量 11110 千伏安。

4. 信息网络全面覆盖

截至 2020 年年底，双江县 74 个行政村（学校、卫生室）已实现 4G 网络、宽带网络全覆盖，宽带网络覆盖 337 个自然村，综合覆盖率为 66.87%；建成 4G 基站 348 个、5G 基站 16 个，所有建制村 4G 网络、电信光网、广播电视实现全覆盖，县城主城区实现 5G 网络全覆盖。广播电视覆盖率达 100%，对贫困村，经全面实施"村村通""户户通"等高山台站等广播电视基础设施工程建设，通过卫星、无线、有线（含中国移动网络、中国电信网络）综合覆盖方式，全覆盖双江县 32 个建档立卡贫困村和 44 个非贫困村（社区）及其所辖自然村，广播电视覆盖率达 100%。

（三）民生事业和社会保障全面发展

党的十八大以来，双江以脱贫攻坚统领经济社会发展全局，大力促进各项社会事业发展，人民群众获得感显著提升，各项民生事业不断优化提升，实现了质的飞跃。

1. 城乡居民收入稳步增长

1959 年双江农村居民人均纯收入仅 63.8 元，城乡居民收入水平普遍较低。随着经济的持续发展和收入分配体制改革的不断深入，全县居民人均收入水平不断提高。2020 年农村常住居民人均可支配收入、城镇常住居民人均可支配收入分别达 12863 元、30569 元，农村常住居民人均可支配收入达到 1959 年的 201.6 倍。收入的增加使城乡居民拥有的财富呈现快速增长趋势，2018 年年末城乡居民人民币储蓄存款余额达 464481.15 万元，是 1953 年的 242.8 万元的 1913 倍。

2. 基础教育质量全面提升

脱贫攻坚以来，随着"全面改薄"等项目工程的实施，教育基础设施显著改善。全县共有各级各类学校172所，其中：幼儿园83所（含3所民办幼儿园）、小学81所（含8个教学点）、初级中学5所、九年一贯制学校1所、完全中学1所、职业教育中心1所；在校（园）学生31278人，其中：学前6616人、小学14167人、初中5426人、普通高中2937人、职中2132人；教职工1992人；学校占地面积111.3985万平方米；校舍建筑面积31.0378万平方米；学前三年毛入园率达85.36%，小学适龄儿童入学率为99.94%，初中毛入学率为103.91%；九年义务教育巩固率为95.11%；高中阶段毛入学率为87.29%；2014年以来，县一中高中录取农村初中学生5875人，其中建档立卡贫困学生699人；高校农村生源专项招生计划共录取考生53人，其中建档立卡贫困学生3人；省内高职（专科）院校单独招生630人，其中建档立卡贫困学生309人；依托云南开放大学开办"一村一大"农村行政管理班，招收学员213人，其中建档立卡贫困学生54人。双江县高中教育取得突破，普通高中招生及普通高考人数逐年增加，高考成绩逐年提高。2019年秋季学期普通高中招生1107人，比2014年增加465人。2019年658人参加高考，比2014年增加151人；本科上线412人，比2014年增加185人。双江县一中成为8县区一中招生规模扩张最快、巩固率最高、教学质量进步最快、近5年总上线率最高、毕业生应征入伍人数最多的学校。职业教育稳步提升，县职教中心目前共有全日制学生677人、非全日制学生1474人，开设农村经济管理、茶叶生产加工、汽车运用与维修、计算机运用4个专业37个班。随着教育基础设施的不断改善、师资素质的不断提高、教育教学质量的不断提升，学生入学就学保障机制的不断健全，尊师重教的氛围日益浓厚，少数民族人均受教育年限由"十一五"末的6.2年提高到目前的8.5年，少数民族科学文化素质得到有效提升。

3. 健康双江建设稳步推进

脱贫攻坚以来，深入推进县级公立医院综合改革，紧密型县乡村医疗卫生服务一体化管理（医共体）工作成效明显。先后投入基础设施建设资金5.1亿元，双江县第二人民医院建设、双江县中医院迁建和双江县疾控中心业务综合楼项目建设稳步推进。县人民医院提质达标晋级行动计划创建通过省级评审验收，率先在全市完成行政村标准化卫生室建设；扎实开展健康扶贫，健康扶贫30条措施全面贯彻落实，100%的乡（镇）卫生院和85%的村卫生室均能开展中医药服务，城乡居民基本医疗保险参保率达96.89%，城乡居民基本养老保险参保率达95.53%，建档立卡贫困人口家庭医生签约服务率、参加基本医保和大病保险率均达100%。少数民族聚集区看病难、看病贵的问题得到有效破解。

4. 社会秩序持续全面向好

在全市率先开展全国民族团结进步"六+n"示范创建工作，创建内容及形式受到省市肯定，被国家民委命名为第六批"全国民族团结进步示范县"。着力落实"三个责任"，安全生产形势持续好转，连续14年保持重特大事故"零纪录"。"两站两员"农村道路治理模式在全省推广。"法治双江"建设全面推进。加强立体化社会治安防控体系建设，连续16年保持了无毒县荣誉，连续9年保持了命案全破，先后被评为"全国法治县创建活动先进单位""全国六五普法先进县""全省法治县创建活动先进单位"。深入开展扫黑除恶专项斗争，社会治安环境不断改善，全县人民群众的安全感、满意度大幅提升，排名跃居全省15位，被命名为第四届云南省"文明城市"。

（四）生态人文居住环境全面改善

脱贫攻坚以来，双江稳步实施区域发展战略，加大投入，全力激发群众自身动力，全面加强城乡经济社会建设，形成城乡一体化发展格局，实现了城乡面貌华丽转身。

1. 城乡面貌显著改观

全面实施城乡人居环境提升行动，城市基础设施不断夯实。铺设第二水厂配套管网 24 千米，埋设污水管网 1.2 千米，改造旧厂房 6000 平方米。累计建成美丽宜居乡村 206 个，建成垃圾池 722 个、卫生公厕 722 个、无害化卫生厕所 18719 座，自燃式垃圾热处理项目 10 个、污水处理设施 14 个，农村环境卫生得到有效整治。"两违"整治强势推进，依法拆除违法违章建筑面积 3.8 万平方米。城市管理水平不断提高，县城绿化美化亮化工程稳步推进，"鲜花盛开的村庄（街道）"打造工作取得新成效，完成"增绿增花增果"40 万株，全县公园绿地面积达 62.4 公顷，绿地率达 74.9%，绿化覆盖率达 95.3%。县城建成区面积达 6.4 平方千米，城镇人口达 6.49 万人，城镇化水平达 43.12%。县城总体规划修编、县城详细规划、村庄规划和各类专项规划编制工作有序推进。扎实抓好特色小城镇建设，勐库特色小城镇规划通过国家级评审，勐库冰岛茶特色小镇建设稳步实施，邦丙乡布朗族小镇规划编制工作有序推进，大文乡扶持布朗族发展示范项目加快推进。

2. 生态环境持续好转

严格落实生态文明建设责任，扎实抓好封山育林工程和自然保护区、水源林保护区等重点林区的保护工作，严格落实《气十条》《水十条》《土十条》，"2018—2019 蓝天保卫战"行动计划扎实推进，县城区空气优良率达 99.25%。建立区域与流域相结合的河（湖）长组织管理体系，78 条河、30 个湖（库）均实现了县乡村三级河（湖）长全覆盖。水污染防治工作扎实推进，水环境功能区达标率 100%。认真贯彻落实最严格的耕地保护制度，耕地保有量达 4.35 万公顷。完成畜禽养殖禁养区限养区和滩涂水域规划工作。完成低效林改造 1 万亩、新一轮退耕还林 7 万亩，义务植树 70 万株，"森林双江"建设全面推进，全县森林覆盖率达 70.24%，生态环境持续改善。

3. 和谐社会不断巩固

双江县始终坚持正确导向，唱响主旋律，打好主动仗，深入开展了文明行业、文明单位（村组）创建，"学雷锋·树先锋"感动临沧年度人物评选"孝老爱亲"系列活动。特别是近年来，双江持续深入开展习近平新时代中国特色社会主义思想、中国梦和社会主义核心价值观宣传教育活动，大力弘扬民族精神和时代精神，深入开展农村精神文明建设示范村创建，成功创建了"省级文明城市"，完成 11 个省级文明村、文明单位和 26 个市级文明村、文明单位届满复查，新申报 3 个省级文明单位和文明校园、33 个市级文明单位和文明校园，创建农村精神文明建设示范村 6 个，打造社会主义核心价值观主题街道 5 条、广场 1 个、村寨文化氛围营造 16 个村。成功举办临沧市两届精神文明建设暨未成年人思想道德建设现场经验交流会，真正把社会主义核心价值观贯穿于文明和谐创建的全过程。

三、民族团结取得非凡成就

（一）建成全国民族团结进步示范县

民族团结进步是中华民族的生命所在、力量所在、希望所在。广泛持久地开展民族团结进步创建活动，对于贯彻落实党和国家民族政策，维护民族团结、社会稳定和祖国统一，促进民族地区经济社会发展，具有十分重要的意义。双江历届县委县政府十分重视民族工作，认真贯彻落实党中央制定的边疆少数民族地区工作方针、政策，按照"少数民族离不开汉族，汉族离不开少数民族，少数民族之间互相离不开"的原则，坚持办一切事业都本着有利于民族团结民族发展的原则，扎实做好民族工作，使党的民族政策家喻户晓，民族间存在的隔阂、矛盾纠纷得到有效化解，全县形成了各民族共同团结奋斗共同繁荣发展的局面。1999年，双江拉祜族佤族布朗族傣族自治县荣获国务院颁发的"全国民族团结进步模范集体"称号。2018年12月，双江拉祜族佤族布朗族傣族自治县被国家民委命名为第六批"全国民族团结进步示范县"。

（二）民族融合机制逐步完善

多年来，双江县委县政府坚持以习近平新时代中国特色社会主义思想为指导，牢牢把握各民族共同团结奋斗、共同繁荣发展主题，民族团结进步创建活动深入开展，民族融合机制不断完善。

1. 形成了完善的民族融合工作领导机制

实行建立党政"一把手"负责的组织领导机构，将民族融合工作纳入重要议事日程，通过思想发动，将各级各部门思想统一到"民族融合是构建中华民族共同体意识的必由之路"上来，形成"党委领导、政府负责、社会协同、公众参与"的工作格局。并将党委（党组）负责制落实到县、乡镇、村委会（社区）、学校、企业、军队、警营、服务行业窗口等"6+n"团结进步创建工作中。

2. 系统强化了民族融合的宣传引导机制

坚持把民族团结进步教育与社会主义核心价值观教育、法制教育等有机结合，广泛宣传党的民族政策和民族法律法规知识，教育引导各族干部群众不断巩固和发展平等、团结、互助、和谐的社会主义民族关系，扎实推进民族融合工作。抓住民族节庆、法制宣传、民族歌舞及体育活动、重要纪念日等有利时机，运用好"互联网+""旅游+""文化+"，使创建工作与群众生产生活、保护弘扬传承优秀民族文化相结合，树牢"三个离不开""五个认同"思想，激发全社会关心、参与、支持民族团结进步创建的内生动力。

3. 建立健全了民族融合的协同工作体系

制定出台《双江县关于建设民族团结进步边疆繁荣稳定示范区的实施意见》《关于加快创建全国民族团结进步示范县的实施意见》《关于深入开展创建全国民族团结进步示范县工作实施方案》等文件，进一步健全了民族融合的协调议事、监督检查、责任考评、条件保障等机制，形成指挥灵便、权责一致、高效运转的创建体制机制，完备多部门联动联创的"大合唱"工作体系。

4. 全面完善了民族融合的干部培训机制

双江始终把培养少数民族干部作为管根本、管长远的大事，认真贯彻落实党的民族政策和干部政策，对主体民族在公务员和事业单位招考中实行定向招考和笔试加分政策。全面实施"四个一批"干部素质提升工程，积极创造条件，选派优秀少数民族干部到发达地区、高等院校挂职、学习，加快建设一支优秀的少数民族人才队伍，为繁荣发展民族团结进步事业提供了有力的人才支撑。

（三）民族共同富裕路径基本形成

习近平总书记多次强调"全面实现小康，少数民族一个都不能少，一个都不能掉队"①，这不仅是对当前我国民族工作"两个共同"主题和根本任务的形象概括和具体要求，也是对全面建成小康社会征程中民族工作提出了新任务新要求。脱贫攻坚以来，双江县委县政府不断探索民族团结共同进步的新路子和新途径，有力推动了民族团结进步工作的健康发展和多民族共同富裕。

1. 以产业发展带动，促进民族共同富裕

发展是解决一切问题的基础和关键，没有地区经济的发展就没有人民的共同富裕，民族乡村存在的矛盾和问题，归根结底要靠发展来解决，只有让少数民族乡村经济社会发展起来，让群众享受到改革发展的成果，实现各民族共同富裕，才能真正取信于民。双江县始终把加快经济发展，实现各族人民共同富裕作为重要工作来抓。通过实施贫困村"一村一品"产业推进行动，坚持开放型、创新型和绿色化、信息化、高端化，围绕打造世界一流"绿色能源""绿色食品""健康生活目的地"三张牌，推行"大产业+新主体+新平台"发展模式，因地制宜加快发展对群众增收带动作用明显的种植养殖业、林草业、农产品加工业、特色手工业、休闲农业和乡村旅游，积极培育和推广有市场、有品牌、有效益的特色产业。通过培育和引进有实力、有技术、有市场的龙头企业，推动特色优势产业提质增效和特色农产品标准化生产。开展小康村农产品营销计划，加快建设一批电商示范网店，加快特色产品上行，增加群众收入。深入挖掘乡村旅游、文化资源，发挥生态优势，培育一批新产业、新业态村级特色品牌，让绿水青山变成金山银山。大力筹措资金支持特色产业发展，县级财政每年投入 5000 万元产业发展资金，巩固提升茶叶等传统产业，培育咖啡（坚果）等新兴产业，建成农业产业化基地 150 万亩，农民人均 10

---

① 中共中央党史和文献研究院编：《习近平扶贫论述摘编》，中央文献出版社 2018 年版，第 6 页。

亩，少数民族聚居区人均 9.5 亩，培育国家级、省级龙头企业 5 户、规模以上企业 18 户，扶持小微企业 130 户，建立合作社 351 个。2020 年，农村常住居民人均可支配收入 12863 元，比上年增长 7.9%，各民族之间收入逐步缩小，"各民族都是一家人，一家人都要过上好日子"的要求得到有效落实。

2. 抓好示范村建设，以点带面整体推进

选择产业基础好、发展潜力大、带动能力强的民族村落（社区）作为小康示范，辐射带动周边民族村落（社区）加快发展。围绕"强化基础、产业支撑、增收致富、素质提升、管理创新和生态保护"做好示范村硬软环境规划，在完善基础设施、增加群众收入、提升文明程度和塑造良好形象等方面着眼长远、循序渐进、分步实施，充分体现示范性、样板性、典型性。通过项目实施，把现有的 70 个小康示范村建设成为全县具有示范性、代表性的小康示范村样板。全面推进小康示范村项目的实施，具体任务是抓好基础设施、产业发展、美化亮化、特色旅游、环卫设施等项目实施。70 个小康示范村计划实施项目 262 个，总投资 7.2 亿元，其中基础设施项目 82 个，投资 2.87 亿元；产业发展项目 36 个，投资 2.38 亿元；空间布局（公共设施建设）30 个，投资 0.46 亿元；美化工程 37 个，投资 0.27 亿元；亮化工程 38 个，投资 0.21 亿元；特色旅游项目 13 个，投资 0.91 亿元；环卫设施项目 26 个，投资 0.14 亿元。高标准小康示范村的建设，有力地带动和加快了双江县实现多民族共同富裕、全面建成小康社会进程。

3. 强化"直过民族"帮扶，一个民族都不能少

双江是全国唯一的拉祜族佤族布朗族傣族自治县，4 个主体民族中有 3 个是"直过民族"。"直过民族"是我国 56 个民族中的特殊成员，也是云南少数民族的"独特风景"和重要特色，他们从原始社

会或奴隶社会跨越几种社会形态，直接进入社会主义社会，他们生活在云南乃至全国最贫困的地区，是最弱势的群体，也是最特殊的族群。为稳定实现"直过民族"贫困人口脱贫，保证这部分特殊群体不愁吃、不愁穿，义务教育、基本医疗和住房安全有保障，双江县在实行所有贫困户"网格化"挂联基础上，对"直过民族"建档立卡贫困户展开了"双挂制"的工作模式，即"一般干部具体挂、一名科级干部联合挂"，进一步压实"直过民族"的挂钩责任，做实"直过民族"的帮扶工作，全县先后安排 345 名科级干部挂钩 2467 户"直过民族"贫困户，在资金、物资、技术、信息、就业等各方面加大帮扶力量，帮助他们早日实现脱贫。累计投入产业发展资金 1.89 亿元，扶持发展畜牧产业 2000 余户，发展甘蔗、茶叶等经济作物 7.68 万亩；对 38 个"直过民族"聚居村优先实施退耕还林还草项目，补助项目资金 2370 万元；派出"双语"技术员进村入户开展农村实用技术培训 142 期 3.5 万余人次。在政策宣传上注重实效，组建少数民族宣传队、派出"双语"干部深入宣传脱贫攻坚政策，让党的声音传递到家家户户，有效推进"直过民族"建档立卡贫困户脱贫步伐。习近平总书记"全面实现小康，少数民族一个都不能少，一个都不能掉队"的要求得到有效落实。

第八章

巩固提升：脱贫攻坚与乡村振兴有机衔接

　　党的十九大报告明确提出实施乡村振兴战略，并庄严地写入了党章，为新时代农业农村改革发展指明了方向、明确了重点。2018 年中央一号文件和《乡村振兴战略规划（2018—2022 年）》对实施乡村振兴战略的阶段性目标任务提出了明确要求。当前和未来一段时间是脱贫攻坚和乡村振兴战略实施交汇的特殊时期，要加快形成脱贫攻坚和乡村振兴战略相互支撑、相互配合、有机衔接的良性互动格局，通过脱贫攻坚与乡村振兴的有机衔接来巩固提升脱贫攻坚成效。对于双江县而言，一方面，脱贫攻坚所取得的突出成效已为乡村振兴奠定了坚实的基础；另一方面，国务院 2019 年 5 月 6 日关于同意临沧市以边疆多民族欠发达地区创新驱动发展为主题，建设国家可持续发展议程创新示范区的批复，为脱贫攻坚与乡村振兴有机衔接提供了良好的外部环境和特殊使命。因而，作为临沧市脱贫攻坚与乡村振兴有机衔接的先行者，双江县要紧紧抓住国家可持续发展议程创新示范区带来的机遇，以习近平新时代中国特色社会主义思想为指导，坚持新发展理念，坚持推动高质量发展，按照《中国落实 2030 年可持续发展议程创新示范区建设方案》要求，深化体制机制改革，探索适用技术路线和系统解决方案，形成可操作、可复制、可推广的有效模式，既为边疆多民族欠发达地区实现创新驱动发展发挥示范效应，又为落实 2030 年可持续发展议程提供实践经验。

一、双江县促进脱贫攻坚与乡村振兴
有机衔接的基础与机遇

（一）双江县促进脱贫攻坚与乡村振兴有机衔接的基础

双江县在脱贫攻坚中取得了显著的成效，为精准脱贫与乡村振兴的有机衔接奠定了良好的基础，具体体现为以下五个方面。

1. 产业基础。双江县在脱贫攻坚中，基本形成了以茶叶产业为主导产业，特色种养、乡村旅游等一、二、三产业融合发展、绿色发展、协同发展的基础。累计建成优质生态茶园面积 28.4 万亩，可采摘面积 19.09 万亩，其中，有机茶园 4.6 万亩，百年以上古茶园 2.2 万亩。有茶叶精制企业 64 户，其中：国家级龙头企业 1 户，省级龙头企业 3 户，市级龙头企业 7 户，规上企业 8 户；有茶叶初制企业 2378 户，组建茶叶专业合作社和家庭农场 174 个。注册商标 120 个，其中，2 个获中国驰名商标称号，3 个获云南省著名商标称号。2020 年，全县毛茶总产量 1.62 万吨，茶产业综合产值 59.69 亿元，茶产业农业产值 11.5 亿元，加工产值 20.7 亿元，茶产业第三产业产值 27.49 亿元，茶农人均收入 6858 元，2020 年实现茶叶税收 1193 万元。2020 年，全县累计完成烤烟种植面积 2.84 万亩，涉及 6 个乡（镇），38 个村，132 个小组，3222 户烟农，户均种植面积达 8.8 亩。产量同比增加 0.37 万担；上等烟叶比例 71.7%，同比提高 3.94 个百分点；均价 27.85 元/千克，同比增长 0.64 元/千克，增幅达 2.35%；实现烟叶收入 9746.26 万元，同比增长 160.01 万元，增幅达 8.1%。2020 年，全县发展蔗农 8097 户 50719 人，共种植甘蔗 10.34 万亩。其中建档立卡贫困户 1521 户 6236 人，种蔗面积 14120 亩，产量

60004 吨，收入 2522.53 万元，贫困户户均收入 16584 元，人均收入 4045 元。此外，茯苓加工、红木家具加工、林化加工、人造板加工、茶叶仓储等企业入双江落地发展，逐步形成新型企业集群和新的经济增长点，忙糯河、千信河电站投产发电，南勐河电站开工建设，忙糯风力发电项目工作加快推进。

2. 文化基础。在脱贫攻坚阶段，双江县以民族团结进步创建为引领，始终坚持正确导向，深入开展了文明行业、文明单位（村组）创建，"学雷锋·树先锋"感动临沧年度人物评选"孝老爱亲"系列活动。特别是近年来，双江持续深入开展习近平新时代中国特色社会主义思想、中国梦和社会主义核心价值观宣传教育活动，大力弘扬民族精神和时代精神，深入开展农村精神文明建设示范村创建，成功创建了"省级文明城市"，完成 11 个省级文明村、文明单位和 26 个市级文明村、文明单位届满复查，新申报 3 个省级文明单位和文明校园、33 个市级文明单位和文明校园，创建农村精神文明建设示范村 6 个，打造社会主义核心价值观主题街道 5 条、广场 1 个、村寨文化氛围营造 16 个村。成功举办临沧市两届精神文明建设暨未成年人思想道德建设现场经验交流会，真正把社会主义核心价值观贯穿于文明和谐创建的全过程。

3. 生态基础。双江县有林地面积 248.15 万亩，占土地面积的 76.69%，森林面积达 221.05 万亩，森林蓄积量 1028.32 万立方米，森林覆盖率 70.24%，有 5 个国有林场，1 个省级自然保护区，成功创建了国家森林城市、省级园林县城以及一个国家级古茶山森林公园，并荣获"云南省生态文明教育基地""冰岛全国生态文明村"等称号，丰富的林地资源和优越的自然条件为双江县绿色发展提供了巨大的优势和发展潜力。脱贫攻坚战打响以来，双江县在项目和资金安排上进一步向贫困村、贫困户倾斜，提高贫困人口的参与度和受益水平，通过实施新一轮退耕还林、公益林生态效益补偿、天然商品林停伐补偿、高价值经济林木林果种植、生态护林员选聘、农村能源建设、林企服务和林业技术服务等项目，让贫困群众从生态建设与生态修复中得到实惠，农民人均纯收入中林业收入的比重逐年增加。此外，双江古茶山国家森林公园总面积 5412 公顷，由古茶山、冰岛湖、森林湖片区三个片区组成。古茶山片区面积 469.08 公顷，由澜沧江自然保护区大茶山片区中的实验区组成；冰岛湖片区面积 404 公顷，由神农祠至南等水库段组成；森林湖片区面积 4538.92 公顷，由国有大浪坝林场组成，各片区各有其特色。这些为双江县脱贫攻坚与乡村振兴的有机衔接提供了坚实的生态基础。

4. 组织基础。双江县在脱贫攻坚中，完善了基层组织建设，提升了农村组织化程度。基层组织建设方面，建立"党组织+合作社"互融发展体系，推动产业和就业组织化，组建农民专业合作社等产业链党组织 53 个，协调相关部门对 72 个作用发挥不正常的合作社启动清理工作。优先选择 50 个自然村，推广"党组织+振兴理事会+工作小组"的基层组织体系，把每户农户都纳入组织管理，实现基层组织体系的有效覆盖。选派 32 名村党组织第一书记，管好用活 32 支 113 名驻村扶贫工作队员，同时，向 42 个非卡村增派 105 名驻村工作队员，实现驻村工作队员选派全覆盖，选派 50 名乡村振兴"自然村长"，组织开展发展党员活动和党员信教涉赌涉毒问题专项整治，增强党员队伍先进性和纯洁性，强化三项制度约束，推动基层治理。经济组织化程度提升方面，扶持培育了各类新型经营主体，组建农民专业合作社 351 个，实现贫困户全覆盖；搭建"村党组织+企业+合作社+基地+贫困户"等产业扶贫模式，积极探索小区域产业的"双绑"模式；加大农业龙头企业扶持力度，培育国家级、省级龙头企业 5 户、规模以上企业 18 户，扶持小微企业 130 户，培育国家级和省级示范合作社 9 个；发展壮大村集体经济，村集体经济中经营性收入占比较 2015 年提高了 10.1 个百分点。

5. 人才基础。通过脱贫攻坚，双江县农村人才队伍建设明显增强。针对基层党员、干部开展素质提升培训，采取集中教学、外出考察、实地观摩和干部夜校等方式抓实了党员、干部培训工作。出台《双江自治县脱贫攻坚学习培训体系建设实施意见》《双江自治县脱贫攻坚干部学习培训计划》，系统建立了脱贫攻坚学习培训体系，形成了县级统筹谋划、部门分块负责、乡村分级联动的责任体系，明确了培训范围、培训专题和培训内容，采取"信仰+理论+实战+军事"、干部夜校、现场教学和专题培训等方式，实施"四个一批"和"四有四敢"干部素质提升工程，对全县扶贫干部进行全覆盖教育培训，激发各级干部的实干精神、奋斗精神、斗争精神，培养造就一支懂扶贫、会帮扶、作风硬的干部队伍。2015 年以来，选派 507 名干部到清华大学等高校学习培训，选派 63 名干部到国家机关、沿海地区等地挂职锻炼和跟班学习，开办干部夜校培训班 29 期 73600 人次，举办领导干部"四有四敢"干部素质提升脱贫攻坚专题培训期 114 人18790 次。

（二）双江县促进脱贫攻坚与乡村振兴有机衔接的机遇

1. 国家可持续发展议程创新示范区带来的机遇

国务院 2019 年 5 月 6 日批复同意临沧市以边疆多民族欠发达地区创新驱动发展为主题，建设国家可持续发展议程创新示范区。批复要求云南省人民政府要建立健全相关工作协调机制，根据实际情况研究制定专门的支持政策，形成推进合力，支持临沧市全面落实和实施好各项行动和工程，实现国家可持续发展议程创新示范区建设的目标。显然，这一批复恰如一场及时雨，为临沧市双江县的脱贫攻坚与乡村振兴有机衔接带来了新的发展机遇。2019 年 8 月 27 日，国家可持续发展议程创新示范区建设正式启动，开展基础设施建设提速、绿色产业推进等五大重点行动，并配套实施 17 项重大工程和 99 项重点项目。临沧市围绕智慧临沧、移动互联和可持续发展等领域与多个机构、企业拟定合作方案，签约项目 34 个，协议资金 81.02 亿元，涵盖农产品深加工、文化旅游、特色小镇、商贸物流、新材料新能源、基础设施建设等多个领域。依托这一平台，临沧市双江县将按照市委市政府的统筹安排，以边疆多民族欠发达地区创新驱动发展为主题，实施对接国家战略的基础设施建设提速、发展与保护并重的绿色产业推进、边境经济开放合作、脱贫攻坚与乡村振兴产业提升、民族文化传承与开发五大重点行动，为脱贫攻坚与乡村振兴有机衔接提供有力支撑。

2. 农业文化遗产带来的机遇

农业文化遗产关乎人类未来发展，是人类与其所处环境长期协同发展，创造并传承至今的独特的农业生产系统。云南双江勐库古茶园与茶文化系统于 2015 年被农业部认定为第三批中国重要农业文化遗产，2016 年 3 月被农业部列入第一批全球重要农业文化遗产预备名单，2019 年 6 月又被农业部列入第二批全球重要农业文化遗产预备名单。遗产地涵盖双江县所辖的 4 乡两镇两农场，覆盖土地面积 2157.11 平方千米，涉及总人口 16.5 万人，其中少数民族占 50.3%；直接涉茶人口达 13 万人，占农业人口的 82.36%。在双江县脱贫攻坚战中，作为中国重要农业文化遗产，勐库古茶园与茶文化系统发挥了不可替代的作用，为双江脱贫摘帽作出了重要贡献。在脱贫攻坚与乡村振兴的衔接过程中，该农业文化遗产将进一步发挥作用，如在产业振兴方面，有利于促进休闲农业发展，有利于将小农户与现代农业发展有机衔接，有利于构建现代农业产业体系、生产体系、经营体系等"三大体系"，有利于实现农业的可持续发展；在人才振兴方面，有利于激励各类人才回乡创业、有利于提高农业从业者素质、有利于"三农"科技队伍建设；在文化振兴方面，有利于建设精神家园、有利于装点乡村文化建设、有利于让后代记住乡愁；在生态振兴方面，有利于践行绿色发展理念、有利于人与自然和谐共生、有利于美丽乡村的建设；在组织振兴方面，有利于提升党组织的战斗堡垒作用、有利于提高农民的组织化程度等。

3. 农场体制机制改革焕发新的活力

双江县有两大国有农场，分别是国营勐库华侨农场和国营双江农场。农场经济曾是双江县经济社会发展中的重要构成部分，为双江县的经济社会发展作出了重要贡献，同时，其弊端也不断暴露。近年来，农场体制机制改革不断深入推进，农场经济焕发出新的活力，将成为乡村振兴的重要力量。例如，2009 年 3 月，在保留国营勐库华侨农场牌子的基础上，设立了中共双江拉祜族佤族布朗族傣族自治县勐库华侨管理区工作委员会和双江拉祜族佤族布朗族傣族自治县人民政府勐库华侨管理区管理委员会，为双江县人民政府的派出机构，实施了"体制融入地方、管理融入社会、经济融入市场"的三融入体制改革。管理区距离临沧市 60 千米，距双江县城 19 千米。国土面积 7.08 平方千米，耕地面积 6933 亩，人均耕地面积 1.98 亩。管理区下辖 1 个华侨社区、12 个居民小组、1305 户 3624 人，其中归侨侨眷 2714 人，占人口总数的 74.8%。下设 1 个党总支、4 个党支部，共有正式党员 82 名、预备党员 10 名。在打赢脱贫攻坚战的基础上，勐库华侨管理区把乡村振兴战略作为新时代"三农"工作的总抓手，按照"产业兴旺、生态宜居、乡风文明、治理有效、生活富裕"的总要求，切实抓好乡村振兴各项工作。产业方面，做大做强做优传统茶叶产业和水果产业，发展水产养殖业。通过科学化管理、生态化发展，高优生态茶园被评为云南高原特色现代农业产业"秀美茶园"，独腊山水库申报"全国健康养殖示范基地"通过国家级验收，群众收入不断增加。

二、双江县促进脱贫攻坚与乡村振兴
有机衔接的主要做法

（一）规划引领绘蓝图

双江县在促进脱贫攻坚与乡村振兴的有机衔接上，十分重视规划的引领作用，并且在规划中十分注重发挥本土精英、社会力量、当地村民的积极性、主动性和创造性。

一是瞄准 2020 年、2035 年、2050 年的"三步走"目标，结合城市总体规划、土地利用总体规划和生态环境建设规划，以村为单位，坚持一村一特、以业为基、以水为魂、以山为景、错落有致、环境优美、协调一致、功能齐备为重点，对全域乡村的空间形态、产业布局、生态保护、基础设施、公共服务、建设项目等进行全面提升完善。做到一村一个规划、一乡（镇）一个规划、全县一个规划，层层形成一看就懂、图文并茂的乡村振兴"多规合一"规划。

二是通过规划引领，优化村庄布局，集合项目资源，分类有序推进乡村振兴。2019 年年底，基本完成县、乡（镇）"多规合一"规划编制工作。坚持质量兴农、绿色兴农和宜粮则粮、宜果则果、宜蔬则蔬、宜游则游的原则，以农业供给侧结构性改革为主线，用工业化理念谋划农业，构建起一产为稳增根基、二产为强增核心、三产为扩增抓手的一、二、三业产融合发展体系。

三是抓好"万名干部规划家乡行动"，充分挖掘和发挥本土精英、乡村主体的主体性和创造性，围绕"乡村振兴什么、谁来振兴、如何振兴"等问题，积极动员广大群众以主人翁的态度参与村庄规划工作，以实际行动为乡村振兴"画图"，建设鲜花盛开的美丽村庄。在"万名干部规划家乡行动"的推动下，基于因地制宜、突出特色，做好一个有特色、有温度、有感情、可实施的村民自己的规划的要求，全面完成 526 个自然村村庄规划，为全县乡村振兴描绘蓝图、指明路径。

（二）示范带动促落实

在推进精准扶贫与乡村振兴的有机衔接过程中，双江县注重示范带动，坚持"政府引导、社会参与、群众主体"的原则，坚持试点先行，加快推进首批 50 个自然村乡村振兴战略示范点建设，推动全县形成一批小集镇型、鲜花盛开型、田园风光型、乡村旅游型、特色产业型的美丽宜居乡村。

一是推进示范村美丽家园建设。以特色小镇建设为契机，加快推进冰岛小镇、忙糯绿色宜居现代农贸型特色小镇、大文全省知名特色小镇和邦丙布朗族小镇建设。做好传统村落和传统建筑保护发展，着力打造一批美丽宜居示范村。截至 2020 年年底，双江被认定为云南省旅游扶贫示范县，沙河乡被认定为云南省旅游扶贫示范乡，允俸村被认定为云南省旅游名村，邦佑村和公弄大寨被认定为云南省旅游扶贫示范村，景亢村和忙而村被认定为临沧市乡村旅游品牌村，荣康达乌龙茶庄园、景亢傣族风情村、来冷红旅游区、公弄布朗族古茶文化园被评定为国家 3A 级景区，荣康达乌龙茶庄园国家 4A 级景区创建已进入省级评审。建成美丽宜居乡村 206 个，累计创建中缅合作示范基地 1 个（双江荣康达云项筑巢庄园）、省级"森林乡村" 11 个、市级"示范精品森林村庄" 4 个、县级"森林村庄" 18 个。

二是推进示范村乡村绿色发展。坚定"绿水青山就是金山银山"理念，建立健全生态系统保护制度体系，以示范村为依托，紧紧抓住城市公共基础设施向乡村延伸机遇，加快农业基础设施、农村基础设施、乡村公共服务设施建设步伐，着力补齐农村发展短板，同时，推动乡村自然资本加快增值，实现百姓富和生态美的统一，建设一批小而美、小而干净、小而宜居的美丽村庄。

三是强化示范村法治建设和文明创建。一方面，坚持物质文明和精神文明一起抓，加强农村思想道德建设，传承发展提升农村优秀传统文化，开展移风易俗行动，加强乡村综合治理，建设法治乡村；另一方面，深化文明创建，营造村寨文化氛围，切实抓好民族文化、非物质文化遗产传承保护工作，丰富群众业余文化生活，培育文明乡风、良好家风、淳朴民风，提高乡村社会文明程度，提升农民精神风貌。

（三）多元开发强主体

无论是精准扶贫还是乡村振兴，主体缺位或主体不强都是最大的制约因素或"瓶颈"。精准扶贫中，除了政府、企业、社会力量等外部主体以外，村干部、能人以及贫困户等内部主体也在一定程度上得到了"唤醒"，然而，这些内部主体的数量和能力等都与乡村振兴要求存在差距。要实现精准扶贫与乡村振兴的有机衔接，关键在于强化主体培育。双江县牢牢抓住这一关键，实施了多元渠道和多样化的培养举措。

一是积极培育经营主体，提高农业组织化程度。例如，创建云南名牌农产品、发展"三品一标"农产品、培育市级以上龙头企业、新增市级农民专业合作示范社和培育家庭农场等。再如，加大对茶叶种植和加工企业等的支持力度，加强对茶农的技术指导，依托对口帮扶单位上海市崇明区的企业、市场，以及对口帮扶央企如东方航空公司等为乡村振兴经营主体培育提供的契机和成长空间，加大经营主体培育力度。

二是挖掘乡贤、乡村能人，发挥他们的引导与示范效应。双江县以"万名干部规划家乡行动"为抓手，通过一系列政策措施激励如退休后回乡定居的老教师、老干部、老律师等乡贤发挥余热，鼓励支持乡村能人开展"1+N"传帮带计划，发挥在职的离乡干部在家乡的影响力和号召力，通过他们的劝勉、引导、教化作用，激发村民群众自发建设共有美好家园的内生动力，使其成为当之无愧的乡村振兴主人。

（四）组织建设抓保障

双江县以基层党建为引领，坚持"四个突出"，不断激活广大群众内生动力，将基层党组织建设成为实现脱贫攻坚与实施乡村振兴有机衔接的重要组织保障。通过强化引领力，把组织覆盖嵌入每家每户，把组织体系建设作为乡村振兴的重要基础工程。

一是构建党支部+振兴理事会+9个工作小组的"119"基层组织体系，即：在党支部下面组建1个乡村振兴理事会和红白喜事、环境卫生、接待服务、产业发展、餐饮服务、文艺编辑、创意农场、乡风文明、矛盾纠纷排查及社会治安维稳9个工作小组。把7名党员培养成致富能手，把各类人才推选进理事会，根据农户的专长和意愿，把所有农户纳入9个工作小组，党支部统揽各类组织、各项工作，理事会统筹具体事务，各工作组负责各类专项工作，把党的组织和党的工作下沉到每家每户，村庄规划、房屋拆迁、河道治理、饮水入村等重点事项均由党支部牵头，采取"四议两公开"的方式集体研究决定，让各项工作由干部"大包干"变为党群"共谋划"。

二是采取"新建一批、升格一批、调整一批"的方式，重点抓好党组织在专业合作社和易地扶贫搬迁点中的覆盖，让基层党组织真正成为群众的"主心骨"。同时，抓实"党建+群建""党建+社会组织"工作，不断汇聚各方力量，推动农村在脱贫攻坚和乡村振兴中形成党组织引领、群团组织当家，"同频共振""同台合唱"的大格局。

三是通过推行村民积分管理和党建引领自治、法治、德治"三治融合"等措施。例如，沙河乡允俸村党支部积极转变服务、创新方式，搭建平台，让传统产业和特色产业同向发力。在基层党建的引领下，老百姓渴望发展的内生动力不断被激活，主动投工投劳美化乡村环境，村庄如今溪水潺潺、鲜花掩映，乡村旅游发展势头喜人，仅有 37 户人家的村落开起了 9 家农家乐。2020 年，那京组年接待游客 2 万多人次，创收达 700 余万元，全村经济总收入达 1000 万元。

（五）强化优势固根基

产业兴则乡村兴。为做好乡村振兴与脱贫攻坚的政策衔接、机制整合和工作统筹，双江县依托各村资源优势，以机制创新为抓手促进产业发展，通过聚力产业发展强化乡村振兴的根基。

一是做精做优以茶叶产业为主导的现代农业。完善现代农业发展规划和政策扶持体系，启动双江北回归生态风情园、勐库镇农村一、二、三产业融合发展产业兴村强县示范项目建设。立足优势资源开发，突出茶叶产业结构调整，按照"公司＋合作社＋基地＋农户"和"茶旅融合发展"模式，着力提升茶叶品质、拓展销售市场、创新扶持机制，加快茶叶产业转型升级。同时，专门下发《双江县健康茶业示范区建设实施意见》，并挂牌成立临沧市质量技术监督综合检测中心双江分中心，提出以洁净茶园建设为重点，以提质增效为目标，优化茶园生态环境，扎实有效推进健康茶业示范基地建设，并谋划以培育"云茶"顶端品牌为目标，促进茶叶产业优质高效集约型发展，加快推进乡村振兴。

二是依托自身资源引进相关特色农业产业，切实增加农户收入。例如，沙河乡南布村南角自然村与云南滇茂园林绿化工程有限公司合作，公司出资从老百姓手中流转土地，发展以现代花卉农业为主的田园综合体项目，本地村民通过务工、合作社分红等形式获取收益，目前村民每年户均收入可达到 3 万元以上，比以前翻了两倍。勐勐镇大荒田村发展火龙果、柑橘等特色水果种植，火龙果种植面积达 1000余亩，亩产平均利润已超 5000 元，共有 78 户种植大户从中获益。除特色水果种植外，民族特色食品售卖也是重要的增收途径，如勐勐镇大荒田村来冷民族寨组的"小卜哨"特色食品赢得不少国内外"吃货"的青睐。

三是提速电子商务发展，为乡村产业发展插上"会飞"的翅膀。县域整体层面上，加快实施"互联网+"现代农业行动，全面推进国家电子商务进农村综合示范县建设项目，完善覆盖城乡的电商仓储物流服务体系，实现电商农产品线上销售额 3500 万元以上。个体层面上，为农村电商主体提供多方面的引导和支持，助推特色产品市场的快速拓展。例如，经过几年的发展，民族特色食品"小卜哨"在线上销售引爆后，已从线上走向线下，在昆明、西双版纳等地开设实体店，仅靠特色食品售卖，"小卜哨"的创始人刀惠芬年收入已突破200 万元。

三、双江县促进脱贫攻坚与乡村振兴 有机衔接的经验启示

（一）充分发挥基层主体和组织的能动性

双江县在脱贫攻坚与乡村振兴衔接过程中，十分注重发挥基层主体和组织的能动性，强调乡村振兴的"源动力"。

注重观念衔接，继承"精准"理念，努力促进"被动扶"到"主动兴"的转变。脱贫攻坚向乡村振兴过渡是从被动式的政府扶持转为主动自愿式的自发运动，在这一过程中，在强调继承精准扶贫的

"精准"理念的同时，迫切需要进一步提升贫困人口"自主脱贫"的能力，让人民群众从内心深处转变观念，主动依靠自己的勤奋努力，早日过上富裕生活。

"主动兴"能力的提升则既包括个体层面，也包括基层组织层面。个体层面上，主要通过引导村民参与乡村振兴规划等方式增强其主人翁意识和责任感，确保美丽乡村是村民自己的美丽乡村，而不只是"他者"的形塑。这种村民意志的体现，既避免了"千村一面"，又保障了规划的可实施性，是规划"落地"的重要前提。同时，村民在参与过程中，思想更加统一，也通过"干中学"提升了能力。组织层面上，"党支部+振兴理事会+9个工作小组"的"119"基层组织体系等的建立和完善，也为"主动兴"健全了组织机制，提升了组织领导力。

（二）始终坚持因地制宜和突出比较优势

双江县脱贫攻坚与乡村振兴衔接过程中，做到了始终坚持因地制宜和突出比较优势，为二者的有机衔接奠定了坚实的基础。由于脱贫攻坚的进展和成效以及各地区的自然地理、经济社会发展条件等不可避免地存在差异，因而，不可能存在统一的、相同的脱贫攻坚与乡村振兴衔接路径。不顾自身条件和基础，贸然照搬其他地方经验，可能会事与愿违，难以实现二者的有机衔接。

因地制宜地实施脱贫攻坚与乡村振兴的有机衔接难在"言易行难"。要真正做到因地制宜，一是必须深刻把握脱贫攻坚与乡村振兴的内在关联，二是全面了解各乡村的客观村情、潜在路径。然而，谁能满足上述两个条件呢？村民对村情最熟悉，但往往不了解脱贫攻坚与乡村振兴的内在关联，专家学者、规划机构可能对二者的内在关系有深刻理解，但对具体的村情不熟悉。因而，通过驻村扶贫干部、村民以及熟悉村情的本土干部等主体共同参与，"自下而上"进行路径规划设计是实现因地制宜的重要前提。

实现脱贫攻坚与乡村振兴的有机衔接同时需要突出比较优势。在二者的衔接过程中，各乡村脱贫攻坚的"五个一批"举措及其取得的成效并不均衡，乡村振兴的"五个振兴"和二十字目标实现的难易程度也各不相同。如果不顾现实村情，全面推进各维度的对接，必然给二者的有机衔接带来巨大挑战。相反，从具有比较优势、条件最为成熟的维度开始，有序推进二者衔接，则可步步为营，以前期衔接的成果作为后期衔接的基础，使二者的有机衔接更具可行性。例如，双江县始终突出茶叶产业和党建扶贫的比较优势，在产业扶贫与产业兴旺、组织保障和治理有效的衔接上先行突破就是很好的实践。

（三）努力遵循脱贫攻坚与乡村振兴的异同规律

脱贫攻坚与乡村振兴是我国农村尤其是贫困农村的两大发展战略，二者虽都是围绕"三农"问题而提出的重大决策，内容和方式具有内在一致性，但也存在明显的不同。脱贫攻坚具有特殊性、局部性、紧迫性和突击性的特点，其目标是确保到 2020 年我国现行标准下农村贫困地区人口实现脱贫，而乡村振兴则着眼于从根本上解决农业、农村、农民的"三农"问题，具有综合性、整体性、渐进性和持久性的特点。因而，要实现脱贫攻坚与乡村振兴的有机衔接，就必须厘清二者的"同"与"不同"，在此基础上，制定衔接的总体原则，探索有效的衔接手段，分阶段有序推进。

双江县的实践客观地遵循了二者的这一异同规律，坚持了三项有机衔接的基本原则。一是"精准"原则。双江县脱贫攻坚的成效让扶贫干部和广大群众认识到了精准扶贫思想的科学性和重要性，进而在精准扶贫与乡村振兴衔接过程中，也以"精准"原则为准绳，坚持以习近平总书记关于扶贫工作和实施乡村振兴战略的重要论述为指导，坚持精准衔接、分类施策，在不断巩固脱贫攻坚成果的同时，促进乡村振兴的精准推进。二是"分阶段有序推进"原则。虽然当前和未来一段时间是脱贫攻坚和乡村振兴战略实施交汇的叠加时期，但2020 年前后衔接工作的重点仍需有所区别。2020 年之前，脱贫攻坚仍是重点，但可将"产业兴旺、生态宜居、乡风文明、治理有效、生活富裕"的乡村振兴战略总要求融入具体的脱贫攻坚行动，通过脱贫攻坚为乡村振兴夯实基础。2020 年以后，乡村振兴应成为重点，通过乡村振兴的引领，为巩固提升脱贫成果提供新要求、新动力和新保障，以确保可持续稳定脱贫。三是"分地区逐步推进"原则。在同一县域内，也可能由于地理区位、自然禀赋、经济社会发展基础等方面的差异，脱贫攻坚的进度和质量不一致，因而，应因地制宜、分类推进，通过先行先试的示范村建设，分地区、分批次逐步推进，逐步实现脱贫攻坚与乡村振兴的有机衔接，有序推进乡村振兴。

（四）统筹推进脱贫攻坚与乡村振兴的"五个"衔接

双江县的实践表明，脱贫攻坚与乡村振兴的有效衔接，要以脱贫攻坚在产业、生态、组织、文化和人才等方面取得的成效为基础，推动要素配置、资金投入、公共服务向农业、农村倾斜，全面实现乡村振兴。

一是通过扶贫产业升级，为产业兴旺筑牢基础。例如，在现有扶贫产业发展规划的基础上，制定和完善县级、乡级以及村级的产业振兴规划，继续深化产业选择、资金筹措、技术服务、农民培训、组织形式、利益联结机制等方面的改革创新，通过多元化发展举措，在原有扶贫产业基础上，继续推进一、二、三产业融合发展，延长农业产业链、价值链，提高产品增加值，同时，促进小农户和现代农业发展有机衔接，把小农生产引入现代农业发展轨道，进而形成产业自我发展的良好环境，夯实产业兴旺基础。

二是以绿色减贫与发展理念助推生态宜居。"绿水青山就是金山银山"，对于贫困山区而言，脱贫攻坚与乡村振兴有机衔接要继续以

"两山"理论为指导，推动生态资源向资产与资金有序转化，实现生态保护与经济发展"双赢"。具体操作上，则要从生态保护，农业新业态，农业标准化生产，一、二、三产业融合发展等方面促进贫困地区绿色发展，将当前的人居环境改造和持久的绿色发展有机统一起来，真正实现生态宜居。

三是以组织建设与完善保障治理有效。双江县及其他地区脱贫攻坚实践表明，精准扶贫以来基层组织建设取得了长足的进步，是脱贫攻坚成效取得的重要保障。要实现乡村振兴中治理有效的目标，仍需继续做好"五级书记抓扶贫"，将其经验教训总结提炼、推广运用到乡村振兴中，同时，延续脱贫攻坚的组织机制，利用驻村干部振兴、第一书记振兴、对口帮扶振兴等方式，强化乡村振兴的组织基础，提升治理能力。继承发扬脱贫攻坚治理经验，着力打造"自治、法治、德治"相结合的乡村治理体系，以"三治"推进乡村振兴。

四是以民族文化传承创新和融合发展促进乡风文明。传承和创新民族优秀文化，将其与社会主义核心价值观有机融合，通过教育引导、舆论宣传、文化熏陶、道德教化、实践养成和制度保障，形成良好的家风家规和村规民约。同时，积极挖掘民族特色文化，推进乡村文化产业化发展，运用市场化的手段，做好"文化+旅游""文化+市场""文化+产品"等产业，提升乡村文化的创新力、生命力和特色化、多样化价值。

五是以人才培育和人才振兴为乡村生活富裕提供最根本的人才保障。精准扶贫中的一条重要经验是在脱贫攻坚中锻炼干部、培养人才。在乡村振兴中，要继续发扬这一经验，通过"内育""外引"相结合，强化乡村振兴人才队伍建设，弥补乡村人才短板。除了教育、培训等"内育"手段培养新时代的乡土人才外，还要继续建立和完善"外引"人才机制，创建"人才下乡"、城乡人才双向自由流动的良好环境，为乡村振兴注入新的活力和动力，为乡村生活富裕提供坚实的人才支撑和智力保障。

第九章

经验启示：脱贫攻坚
实践总结与讨论

作为全国唯一的由拉祜族、佤族、布朗族、傣族共同自治的多民族自治县，以及布朗族的主要聚居地和布朗族文化发祥地之一，双江县头顶众多的光环。有着"北回归线上的绿色明珠""勐库大叶种茶的故乡""中国多元民族文化之乡""全国民族团结进步示范县""全国民族团结进步模范自治县""全国法治县创建活动先进单位""全国普法先进县""国家森林城市""云南省县域科学发展先进县""云南省高原特色现代农业茶产业十强县""云南省法治县创建活动先进单位""省级文明城市"和"省级园林县城"等称号。看到这些美誉，很难将其与贫困县联系起来。然而，这些光环和美誉正是中国脱贫攻坚取得巨大成就的生动表现，是习近平新时代中国特色社会主义理论和精准扶贫、精准脱贫重要论述精神在双江县实践结出的胜利果实，也是双江县全县各族干部群众因地制宜、创新探索，艰苦创业、攻坚克难所创造的壮丽篇章。双江县的脱贫攻坚实践紧扣边疆多民族欠发达地区的区情，以民族团结进步创建为引领，以"民族团结与脱贫攻坚同频共振、党建引领的组织实践、特色产业支撑可持续脱贫、以人为本全面提升脱贫能力"为抓手，具有双江特点、体现了双江作为、创建了双江经验，为边疆多民族欠发达地区，乃至东南亚国家的减贫与发展提供了借鉴和参考。

一、双江县脱贫攻坚的典型经验

双江县脱贫攻坚的典型经验可以概括为四个方面，即：民族融合与脱贫攻坚相互促进、基层党建引领脱贫攻坚方向、特色产业筑牢脱贫攻坚基础、以人为本提升脱贫攻坚内力。

（一）民族融合与脱贫攻坚相互促进

双江县是一个由拉祜族、佤族、布朗族、傣族共同自治的多民族自治县，新中国成立后，拉祜族、佤族、布朗族群众从延续了几千年的原始社会直接迈进社会主义社会，同时，该县处于云南边境地区，是滇西边境片区县。新中国成立70多年来，双江历届县委县政府十分重视民族工作，认真贯彻落实党中央制定的边疆少数民族地区工作方针、政策，坚持办一切事业都从有利于民族团结民族发展出发，扎实做好民族工作，全县形成了各民族共同团结奋斗共同繁荣发展的局面。2013年实施精准扶贫以来，双江县一方面全面贯彻落实中央脱贫攻坚决策部署，另一方面全面落实党的民族政策、加强中华民族共同体意识教育、弘扬优秀民族文化、建设各民族共有精神家园，通过民族团结进步创建与脱贫攻坚同频共振，打好打赢"直过民族"脱贫攻坚战，夯实民族团结进步物质基础，实现了民族融合与脱贫攻坚的相互促进。

双江县的实践表明，对于民族贫困地区而言，扶贫不是简单解决基础设施建设和经济发展的问题，而是一项涉及教育、健康、文化、产业等诸多要素的系统工程，也是"不让一个兄弟民族掉队"，各民族共享发展成果，实现共同繁荣的政治任务。脱贫攻坚和民族团结进步创建这两项工作，都是在党的领导下，以政府主导、多方协作、群众参与为主线，以促进民族地区和各民族共同繁荣发展为目标。可以说，二者是一个有机的统一体。脱贫攻坚是民族团结进步创建的主要任务，要使各民族真正团结平等，就必须帮助少数民族发展经济和改善生活。民族团结进步创建是脱贫攻坚的基础和保障，各族同胞只有维护平等、团结、互助、和谐的社会主义民族关系，像石榴籽一样紧紧抱在一起，才能保证一起团结进步、繁荣发展。因而，民族团结进步创建不仅是一项活动、一个抓手，更是一种理念，要真正融入各部门、各行业工作中去，体现在脱贫攻坚的各个阶段、各个环节上。同时，打赢脱贫攻坚战又是抓实民族团结进步创建的主要载体，着力在民族经济发展、民族文化繁荣、民生保障改善、民族团结和谐等方面加大投入，切实强化政治意识、攻坚意识、精准意识，紧紧围绕"两不愁三保障"，切实提升扶贫成效，为增进民族感情和团结进步提供物质和精神保障。

（二）基层党建引领脱贫攻坚方向

2015 年 11 月 27 日，习近平总书记在中央扶贫开发工作会议上的讲话中指出："抓好党建促脱贫攻坚，是贫困地区脱贫致富的重要经验，群众对此深有感触。'帮钱帮物，不如帮助建个好支部'。要把夯实农村基层党组织同脱贫攻坚有机结合起来。"[①] 双江县在脱贫攻坚实践中切实贯彻这一重要论述，大胆创新，形成了"双推进"强化组织引领、"双承诺"促进干群同心、"双挂钩"保障"直过民族"的基层党建引领脱贫攻坚方向的典型经验，涌现了"党建+易地搬迁建新村、党建+合作组织兴产业、党建+农民夜校提素质、党

---

① 中共中央党史和文献研究院编：《习近平扶贫论述摘编》，中央文献出版社 2018 年版，第 42 页。

建+志愿服务美环境、党建+民族文化促和谐""强化引领力、强化凝聚力、强化善治力"等一系列具体做法。双江县的党建扶贫实践表明，基层党组织、党员干部要充分发挥好组织引领、政策引领和示范引领的重要作用，真正把基层党组织建设成带领群众脱贫致富的坚强战斗堡垒。

一是组织引领上，充分发挥基层党组织战斗堡垒作用和党员先锋模范作用。让基层党组织成为实现脱贫攻坚的"主心骨"，让党员干部成为完成脱贫攻坚的"领头羊"，做到以"关键少数"带领群众脱贫致富，努力推动党建资源、党建力量向脱贫攻坚倾斜，切实为打好脱贫攻坚战提供坚强后盾。为了更好地发挥组织优势，增强组织影响力，关键是优化基层党组织设置，把党组织建设和合作社、龙头企业、生产基地等实体结合起来，把党建工作嵌入扶贫实体项目中，实现党建与脱贫攻坚的深度融合，同时选准配强支部书记、拓宽推荐选拔渠道，让政治素质高、群众威信高、带领群众致富能力强的人担任村支书。此外，运用好组织生活的载体，因地制宜地创建农民党员乐于接受的载体组织，凝聚党员，吸引和团结群众，让贫困群众接受新理念、新方法、新经验，从源头上解决贫穷和返贫问题。

二是政策引领上，充分发挥基层党组织在政策解读、宣传和用活抓实上的引领示范作用。党和国家的脱贫攻坚政策只有被群众知晓、理解和掌握，才能发挥巨大作用，对于多民族贫困地区、"直过民族"群众，转化成他们本民族的语言、他们喜闻乐见的形式，进行解释和宣传，使贫困群众真正熟悉和掌握。同时，在精准扶贫政策的组织实施上，党组织既要把控方向，确保政策执行不走样，用"准"扶贫政策，还要敢于担当、敢于创新，将政策与本地实际相结合，真正最大化发挥政策的效用，用"活"扶贫政策。此外，在政策的实施上，还须保障政策的落地生效、持之以恒，发挥好党组织的领导、监督职能。

三是示范引领上，充分发挥基层党组织在激发群众内生动力、凝聚社会各界合力的榜样和带动作用。一方面，通过推出先进支部样板、优秀干部样板和优秀党员样板等身边的榜样，发挥榜样的无形力量、汇聚强大的正能量，发挥村支两委、第一书记、驻村干部的引领作用，不断加强精神扶贫、精细指导、典型引领和教育培训，增强脱贫致富的信心和本领；另一方面，基层党组织发挥好集聚效应，调动整合社会各界力量广泛参与，强化协作，形成合力，为扎实推动脱贫攻坚工作争取更广泛的社会力量，最终，实现了外部帮扶和内生发展的有机结合。

（三）特色产业筑牢脱贫攻坚基础

产业扶贫是实现贫困人口稳定脱贫的根本途径。习近平总书记指出，"贫困地区发展要靠内生动力……必须有产业，有劳动力，内外结合才能发展"。党的十八大以后，产业扶贫和就业扶贫作为脱贫攻坚的根本之策和精准扶贫基本方略"五个一批"之首，成为各级党委政府实施脱贫攻坚的重要抓手。双江县把茶产业作为富民强县的支柱产业，立足优势资源开发，突出茶叶产业结构调整，按照"公司+合作社+基地+农户"和"茶旅融合发展"模式，着力提升茶叶品质、拓展销售市场、创新扶持机制，加快茶叶产业转型升级，创造了因地制宜、品牌引领、广泛带动，以茶产业为引领的特色产业筑牢脱贫攻坚基础的典型经验。

一是因地制宜，将自身独特优势资源转化为脱贫攻坚源源不断的带动力。双江县是中国勐库大叶种茶源生地，20世纪60、80年代两次被全国茶树良种委员会评为国家级茶树良种，被中国茶叶界誉为"云南大叶茶正宗""云南大叶茶的英豪"。勐库大雪山1.27万亩野生古茶树群，是目前国内外已发现的海拔最高、面积最广、密度最大、原始植被保存最完整的野生古茶树群落，被认定为"世界古茶原乡第一标志地""中国国土古茶树种质基因宝库""中国古茶文化之乡"。脱贫攻坚实践中，双江县将这一得天独厚的资源优势作为"发展生产脱贫一批"的重要抓手，发展绿色脱贫产业。

二是品牌引领，提升扶贫产业的附加价值，确保产业带动脱贫实际成效。扶贫产业通常是农业产业等弱质产业，在发展过程中也容易沦为低端产业，产品附加值低，价格便宜，导致"丰产不丰收"，严重影响了脱贫致富带动成效，也使得扶贫资金面临风险，贫困户面临返贫风险等。双江县在茶产业发展方面，注重品牌引领，走以冰岛茶为代表的高端路线，在确保茶产品品质的前提下，实现了茶产业的高附加值，为茶叶生产企业、茶农提供了丰厚的收入保障。同时，大叶茶品质和普洱茶工艺最大化利用了茶叶资源，延长了采茶时间，广泛带动了周边采茶劳动力的就业，并以较高的采茶等务工收入帮助周边群众脱贫致富。

三是立体开发，三产融合拓展产业辐射带动范围，释放多渠道带贫致富新潜力。在茶叶种植、茶叶加工的基础上，进一步推进"以茶促旅、以旅带茶、茶旅互济、茶旅融合发展"。双江县围绕茶叶产业进行立体开发，不断延长产业链条，拓展农户、贫困户产业发展参与环节，从一产、二产向三产延伸，实现"三产融合"发展，广泛动员各方力量参与，推动茶产业向种植规模化、管理规范化、生产标准化、经营产业化、营销品牌化、发展融合化发展，全面释放茶产业的带贫致富潜力，夯实持续带贫脱贫产业根基。

（四）以人为本提升脱贫攻坚内力

贫困群体是脱贫攻坚的主体和主力，只有发挥其内生动力、提升其发展能力，才能最终实现可持续脱贫、稳定脱贫。从这个意义上而言，脱贫攻坚的关键在于帮助贫困者思想上脱贫、能力上脱贫。双江县作为多民族贫困地区、"直过民族"地区，贫困群体思想脱贫、能力脱贫的任务都相对更重，而且由于地处滇西边境，与缅甸、老挝、泰国边境"金三角"地区相距较近，受周边毒品、艾滋病等的影响，在思想脱贫、能力脱贫方面面临不利环境的影响。为应对上述挑战，双江县形成了"教育扶贫提升脱贫素质、产教融合就业培训强化脱贫能力、健康扶贫强化脱贫基础"三管齐下，以人为本、全面提升贫困人口脱贫攻坚内力的典型经验。

一是教育扶贫提升脱贫素质，着眼于阻断贫困代际传递。习近平总书记指出，扶贫必扶智。让贫困地区的孩子们接受良好教育，是扶贫开发的重要任务，也是阻断贫困代际传递的重要途径。双江县十分重视基础教育，创新性地构建了"普惠+特惠""卡户+非卡户""义务教育+非义务教育"的教育帮扶新模式，通过办学条件的改善与优化，全覆盖资助帮扶举措、控辍保学联保联控责任的强化落实，加强师资队伍建设和创新发展职业教育等有力的措施，全面落实精准教育扶贫，通过基础教育和职业教育提升贫困家庭青少年的人力资本，为阻断贫困代际传递提供素质保障。

二是就业培训提升脱贫能力，着眼于贫困劳动力创业就业谋生计。缺乏"一技之长"是不少贫困户脱贫致富的"瓶颈"。双江县在就业培训提升贫困劳动力创业就业技能方面，一是因地制宜、按需施教，结合产业发展开展培训，通过产教融合切实提升贫困劳动力技能，使贫困劳动力掌握技能后就直接就业，获得可观的工资收入，同时，也为当地产业发展提供劳动力，实现产业发展和就业帮扶双赢。二是着眼创业就业能力培训，聚焦"组织谁、怎样培、怎样转、如何管、如何帮"五个方面，依托东西部扶贫协作（沪滇扶贫协作），实施精准培训，提升贫困户的转移就业能力。

三是健康扶贫和精神扶贫两手抓，着眼于身心健康建设，为脱贫锻造强健的体魄和灵魂。针对"直过民族"群众思想理念跟不上时代发展以及周边吸毒、艾滋病等发生率高的外部环境，双江县一方面抓好"志智双扶"工作，通过"吸毒贩毒制毒"围剿整治、艾滋病定期大排查活动，取得了显著成效，先后被云南省委、省人民政府表彰为"无毒县""平安县"；另一方面积极开展重病管控、大病集中救济、县域医疗一体化建设、医共体建设、远程会诊等健康扶贫模式创新，在极大程度上减轻了因病致贫风险。通过健康扶贫、精神扶贫的齐抓共管，为群众身心健康建设营造了良好的环境，为贫困户脱贫锻造了强健的体魄和灵魂。

二、双江县脱贫攻坚经验的理论启示

双江县在深刻领会和全面贯彻习近平总书记精准扶贫、精准脱贫重要论述精神的同时，结合自身边疆地区、多民族地区的区情及自身贫困成因，将民族团结进步创建与精准扶贫方略有机结合，实现了民族融合与脱贫攻坚的同频共振、相互促进，积累了边疆多民族欠发达地区脱贫攻坚的典型经验，这些经验是遵循客观规律的结果，背后蕴含着深刻的理论启示。

（一）多民族融合协同发展

双江县民族团结进步创建与脱贫攻坚同频共振、协同推进取得的显著成效是多元一体中华民族大家庭共居、共学、共事、共乐，共享发展成果，携手一起奔小康在边疆多民族欠发达地区的一个缩影，是中华民族多民族融合协同发展理论的生动诠释，对国内其他多民族欠发达地区以及世界上其他多民族国家的繁荣和发展均有借鉴意义。双江县的经验表明，多民族融合协同发展应遵循以下原则。

第一，民族团结是发展进步的基石，是各族人民的生命线。习近平总书记多次强调，要"促进各民族像石榴籽一样紧紧抱在一起"[1]，

---

① 习近平：《决胜全面建成小康社会　夺取新时代中国特色社会主义伟大胜利——在中国共产党第十九次全国代表大会上的报告》，人民出版社2017年版，第40页。

推动中华民族走向包容性更强、凝聚力更大的命运共同体，共建美好家园，共创美好未来。中华民族几千年的发展历史和新中国成立70多年的发展历程都表明，没有各民族的团结奋斗，就没有国家的发展、稳定、安全，没有国家的发展、稳定、安全，也就没有各民族的繁荣发展。对于一个多民族国家而言，民族团结和国家繁荣紧密相连，互为基石。构成中华民族共同体的各民族，是一个大家庭中的成员，各民族只有像石榴籽一样紧紧抱在一起，才会有强大的黏合力、感召力，干事创业才能心往一处想、劲往一处使。各民族也只有把自己的命运同中华民族的命运紧紧联结在一起，才能拥有更加光明的前途，走向更加美好的明天。

第二，实现各民族协同发展、共同繁荣，需要铸牢中华民族共同体意识。习近平总书记强调："加强民族团结，基础在于搞好民族团结进步教育，建设各民族共有精神家园。要深入践行守望相助理念，深化民族团结进步教育，铸牢中华民族共同体意识"[1]。这一论断既基于中国几千年的文明史、先秦以来"五方之民共天下"的互动史、中国"大一统"王朝维护一统而又尊重差异的思想史，又立足于中国960多万平方千米陆地国土、14亿多人口、56个民族的基本国情。铸牢中华民族共同体意识，是新时代维护民族团结的思想基础，是确保各民族打好打赢脱贫攻坚战，全面建成小康社会，迈向共同繁荣、共同富裕的精神纽带。要切实增强各族群众对伟大祖国、中华民族、中华文化、中国共产党和中国特色社会主义的认同，巩固和发展民族团结的思想基础。

第三，物质差距缩小和中华文化认同教育有机结合是实现多民族欠发达地区融合协同发展的根本路径。边疆多民族欠发达地区的共同繁荣既要在物质上缩小与内陆地区、非民族地区的经济社会发展差距，又要在精神层面上促进各民族交往交流交融实现尊重差异基础上

---

[1] 《习近平在参加内蒙古代表团审议时强调：扎实推动经济高质量发展　扎实推进脱贫攻坚》，《人民日报》2018年3月6日。

的中华文化认同。通过二者的有机结合，共享经济社会发展成果，尊重和保护文化多样性，实现各民族和睦相处的交往、和衷共济的交流、和谐发展的交融，达到融合协同、共同繁荣、共同富裕的目的。具体地，物质差距缩小方面，要彻底打好打赢边疆多民族欠发达地区的脱贫攻坚战，切实推进乡村振兴，要继续巩固对口支援、东西部协作扶贫等帮扶政策和举措；中华文化认同的精神层面，要全面贯彻党的民族政策，广泛深入开展全社会的民族团结进步教育，要正确处理各民族差异性和共同性的关系，尊重差异、包容多样，铸牢尊重差异基础上的中华文化认同和中华民族共同体意识。

（二）共同富裕与共享发展

党的光辉照边疆，边疆人民心向党。双江县不让一个民族掉队的实践背后蕴含着共享发展与共同富裕的思想。自党的十八届五中全会提出"共享发展"理念以来，"共享"已成为国家"五大发展理念"的重要组成部分。从"部分先富"到"一个都不能少""一个都不能掉队"，是实现共享发展要求、走向共同富裕目标的重大战略决策。

党的十九大报告明确指出，新时代社会主要矛盾是人民日益增长的美好生活需要和不平衡不充分发展之间的矛盾，而不平衡不充分发展又突出地表现为西部地区、民族地区、边远地区和贫困地区的发展滞后，绝对贫困问题依然没有完全解决。因而，习近平总书记十分重视民族地区、边远地区、贫困地区的发展，十分关心困难群众，他反复强调，在全面建成小康社会和走向共同富裕的道路上"一个都不能少，一个都不能掉队"[1]，"不能丢了农村这一头"[2]，"决不能让一

---

[1] 中共中央党史和文献研究院编：《习近平扶贫论述摘编》，中央文献出版社 2018 年版，第 6 页。

[2] 《习近平在福建调研时强调：全面深化改革全面推进依法治国　为全面建成小康社会提供动力和保障》，《人民日报》2014 年 11 月 3 日。

个苏区老区掉队"①，"决不能让困难地区和困难群众掉队"②，要"让广大农民都过上幸福美满的好日子，一个都不能少，一户都不能落"③。

一个不能少，一个不能掉队，是全面建成小康社会和共同富裕内涵的题中应有之义，而共享发展是实现全面建成小康社会和共同富裕的必然路径。推进共享发展的关键是"补齐短板""填平洼地"，切实解决好农村贫困人口脱贫以及社会事业发展、生态环境保护、民生保障等明显短板。对象上，是深度贫困区和深度贫困户，举措和手段上则是精准扶贫方略。2020 年全面建成小康社会是实现共同富裕的关键节点，要得到人民认可、经得起历史检验，但离共同富裕还有相当差距；到 2035 年，基本实现社会主义现代化，中等收入群体显著扩大，基本公共服务实现均等化，城乡区域发展差距和居民生活水平差距显著缩小，人民生活更加美好，人的全面发展、全体人民共同富裕取得更为明显的实质性进展；到本世纪中叶，社会主义现代化强国全面建成，全体人民共同富裕基本实现。

可见，由共享发展走向共同富裕的路还很长，面临的新情况新问题会层出不穷，"十四五"规划和 2035 年远景目标纲要虽然为实现共同富裕做好了顶层设计，但将顶层设计贯彻好、落实好，绝非易事，要坚定理想信念，要瞄准新时代主要矛盾的主要方面，要抓住人民最关心最直接最现实的利益问题，既尽力而为，又量力而行，一张蓝图绘到底。最终，在共享发展中走向共同富裕。

---

① 《习近平在福建调研时强调：全面深化改革全面推进依法治国　为全面建成小康社会提供动力和保障》，《人民日报》2014 年 11 月 3 日。
② 《习近平同中央党校县委书记研修班学员座谈强调：做焦裕禄式的县委书记　心中有党心中有民心中有责心中有戒》，《人民日报》2015 年 1 月 13 日。
③ 《习近平在江苏调研时强调：主动把握和积极适应经济发展新常态　推动改革开放和现代化建设迈上新台阶》，《人民日报》2014 年 12 月 15 日。

（三）特色产业与自我发展

双江县基于自身独特的大叶茶种资源和品质，做好茶文章，将茶叶产业发展成全县脱贫致富的优势产业和支柱产业，并且进行立体式开发，实现一、二、三产业融合发展，极大地提升了县域经济的自我发展能力。双江县实践背后揭示的正是依托特色产业引领自我发展的一般规律，是增长极理论在贫困地区的生动应用。

产业结构单一、产业化程度不高、产业缺乏竞争力等既是贫困地区贫困的具体表现，又是贫困的重要原因之一。不过，不少贫困地区并非资源缺乏导致贫困，相反是坐在金山银山上讨饭吃，是资源富集型贫困。在"青山绿水就是金山银山"的发展理念下，这些贫困地区有着各自独特的发展潜力可挖。依托自身独特的资源，因地制宜地发展特色产业，借助精准扶贫、脱贫攻坚战略实施的外部帮扶力量，发展壮大特色产业，将特色产业发展成为具有较强市场竞争优势、获取附加值能力强、资本积累能力强、对本地区经济具有较强影响力且可持续发展的优势产业，进而激活区域发展关联要素，带动区域相关产业发展，提升自我发展能力，实现区域经济良性循环发展，这将是贫困地区实现可持续脱贫的不二路径。然而，由特色产业到特色优势产业，再到带动贫困地区的自我发展，这一过程并不容易，能否成功跨越还将受到诸多因素的制约。

首先，贫困地区的特色产业的发展必须依托地区比较优势，必须注重科技创新，必须加以科学规划，必须注重对生态环境保护。作为后发地区，产业发展整体上处于绝对劣势，但在资源尤其是特色资源、生态资源等方面通常具有优势，可以将其转化为产业发展的比较优势，而要有效转化并积累这一比较优势，在特色产业发展时要科学规划、要可持续发展、要通过科技创新，将比较优势逐渐转化为竞争优势，进而拓展产业的发展空间，成长为带动区域发展的增长极。

其次，特色产业的发展要坚持市场机制为导向，要开放包容，借助外部资本、技术等高等级要素的加盟，加快特色产业的产业化发展进程。特色产业只有在市场的激烈竞争中才能历练出真正的竞争优势，发展成为优势特色产业。实现区域自我发展并不排斥外部资本，相反，吸引本区域所缺失的高等级要素，将外部要素与本地独特资源有机结合，是本地特色资源产业化发展的有效途径。不过，在吸引和利用外部高等级要素时，贫困地区要积极引导外部要素的本地化、本土化，真正嵌入本地经济发展之中，而不能成为"掠夺之手"。

最后，发展壮大特色优势产业，带动区域自我发展，离不开人才队伍建设。贫困地区要立足提升自身特色优势产业发展水平，制订相关专业技术人才培养规划，加大人才培养力度。要在精准扶贫、脱贫攻坚时期，充分借助东西部协作扶贫、教育扶贫、产业扶贫等机会和途径，采取"请进来""走出去"等方式，大力培养经营管理、技术研发、市场开拓等实用人才，为特色优势产业发展弥补人才短板。

（四）外部帮扶与内生发展

"贫困地区发展要靠内生动力"，"一个地方必须有产业，有劳动力，内外结合才能发展"，[1] 习近平总书记在多个场合强调了脱贫攻坚中外部帮扶与内生发展之间的关系，要求既要加强外部帮扶，又要激发内生动力。外部帮扶与内生动力是相辅相成的，只有将二者有机结合，才能最大化发挥脱贫攻坚举措的成效。双江县的脱贫攻坚实践一方面整合东西部协作扶贫中"沪滇帮扶"、东方航空集团等外部帮扶力量，另一方面强化群众自主脱贫意识，发展特色优势产业，实现了外部帮扶和内生发展的良性互动，为外部帮扶与内生发展有机结合

---

① 中共中央党史和文献研究院编：《习近平扶贫论述摘编》，中央文献出版社 2018 年版，第 131 页。

助推脱贫攻坚提供了鲜活案例。

扶贫脱贫是全党全国全社会的共同责任，是社会主义国家的本质要求，是 2020 年全面建成小康社会的迫切需要，在脱贫攻坚中做好外部帮扶就是要动员国家力量和社会力量广泛参与扶贫脱贫，即各级党委政府按照各自的责任落实扶贫，发达地区对欠发达地区结对帮扶的东西部协作扶贫，党政机关、部队、人民团体、国有企业为参与主体的定点扶贫，民营企业和社会组织乃至个人参与的社会力量扶贫等。外部帮扶是脱贫攻坚的必要手段，通过为帮扶对象提供急需的帮助，助其渡过难关。特别地，对于那些陷入贫困陷阱的个人、家庭或者地区而言，伸出援助之手拉一把，如帮助产业拓展市场、给予人力资本投资必需的投入、提供合适的就业岗位等，可能帮助贫困地区、贫困家庭打破"低水平均衡"，进而走出贫困陷阱。

外部帮扶是条件，是"外因"，自我奋斗、内生发展才是根本。习近平总书记指出："脱贫致富终究要靠贫困群众用自己的辛勤劳动来实现。"① 即"外因"要通过"内因"起作用，对于缺乏"内生发展"能力的个人、家庭和区域，外部帮扶的作用有限，帮扶一旦停止，又将陷入贫困。"自我发展能力建设"则是改造"内因"，使帮扶对象具备"内生发展"能力，如提升个人、企业、产业和区域的自我发展能力等。贫困群众既是扶贫开发的受益主体，也是扶贫开发的实施主体。贫困群众的内生动力不足是制约扶贫开发机制有效运行的关键问题。应从加强宣传教育、突出思想扶贫，加大技能培训、增强脱贫本领，强化群众参与、激发主体作用，搞好示范引导、增强致富信心，实施政策奖励、激发进取动力，强化文化扶贫、斩断代际传递等方面改造"内因"，进而充分发挥贫困地区、扶贫对象的主动性和创造性，提升帮扶对象和贫困地区的自我发展能力，为实现外部帮

---

① 中共中央党史和文献研究院编：《习近平扶贫论述摘编》，中央文献出版社 2018 年版，第 136 页。

扶与内生发展的协同推进创造条件。

三、延伸与讨论：边疆多民族欠发达地区发展经验的输出

双江县作为边疆多民族欠发达地区的典型代表，其脱贫攻坚经验对于具有相似条件的边疆多民族欠发达地区的减贫与发展有着较强的普适性和借鉴意义。与此同时，作为中国特色扶贫理论和实践的重要组成部分，对于东南亚贫困国家，尤其是与云南边境毗邻的国家如缅甸、老挝等，其借鉴意义更是不言而喻。事实上，原老挝人民革命党中央总书记、国家主席本杨曾于 2018 年 6 月到"精准扶贫"首倡地湘西十八洞村学习中国精准扶贫经验。因而，总结和宣传双江县脱贫攻坚经验，并向边疆多民族欠发达地区以及东南亚贫困国家输出，将进一步提升中国减贫经验对世界的贡献。

（一）双江模式与边疆多民族欠发达地区发展经验

我国是一个多民族团结的国家，也是世界上陆地边界线最长和邻国最多的国家，共与 14 个国家接壤，有边境县（市、区）138 个，其中民族边境县 109 个。这些边疆民族县中不少为贫困县，由于其特定的地理区位、特殊的国家功能以及独特的民族习俗，边疆多民族地区的减贫与发展也必然有着自身的特点与规律。双江县作为一个典型的边疆多民族贫困县，其经济社会发展基本体现了边疆多民族欠发达地区的特征，因而，双江的脱贫攻坚经验或者脱贫攻坚双江模式在一定程度上代表了边疆多民族欠发达地区的减贫与发展经验。

2019 年 5 月 6 日，国务院批复同意临沧市以边疆多民族欠发达

地区创新驱动发展为主题，建设国家可持续发展议程创新示范区。这给临沧市带来了新的发展机遇和新的发展使命。一方面，国家将从财政、科技创新、乡村振兴、对外开放政策等方面对临沧市建设国家可持续发展议程创新示范区给予大力支持；另一方面，也对临沧市提出了加快体制机制创新，高起点高质量建设国家可持续发展议程创新示范区的要求，特别是要在生态文明建设、民族文化传承、对外开放合作、特色旅游发展、推动乡村振兴、提升创新能力等方面形成具有临沧特色的体制机制创新亮点。

作为临沧市脱贫攻坚的排头兵，双江县在民族团结进步创建、脱贫攻坚战略实施等方面成为临沧市的窗口，接下来在边疆多民族欠发达地区创新驱动发展方面仍要先行先试，走在前列。通过发扬脱贫攻坚中的双江精神，延续脱贫攻坚的双江经验，继续探索将丰富的民族文化资源、自然生态资源和沿边区位优势转化为发展优势的方法、路径，创新政策供给、制度优化、资源配置、项目引领和技术支持等实现形式，创建边疆多民族欠发达地区可持续发展的现实样板和典型模式，闯出一条边疆多民族欠发达地区高质量、可持续发展的新路子，为国内其他边疆多民族欠发达地区积累和提供适用技术路径的实践经验和系统解决方案，同时，向世界展示落实 2030 年可持续发展议程的中国故事和中国方案。

（二）双江经验与东南亚国家减贫

云南与东南亚国家中贫困程度高的缅甸、老挝等接壤，在自然地理条件、资源禀赋、经济结构等方面相似程度比较高。虽然滇西边境地区也是我国的深度贫困地区，但随着国家经济社会的发展和扶贫工作的推进，特别是精准扶贫方略实施以来，滇西边境片区的减贫成效显著，与缅甸、老挝等东南亚国家拉开了巨大差距，成为东南亚国家学习的标杆。其中，双江县作为滇西边境片区、云南省脱贫攻坚的典型，双江经验更是值得缅甸、老挝等东南亚国家借鉴和学习的"法宝"。

东南亚地区贫困人口聚集，据世界银行统计，2013 年，贫困人口最多的是印度尼西亚（2915 万）、菲律宾（2193 万）、缅甸（1380 万）和越南（1186 万），而贫困比例最高的是东帝汶（41.8%）、缅甸（25.6%）、老挝（23.2%）和菲律宾（21.6%），这 6 个国家的总人口占东南亚全部人口的 81%，贫困人口比重为 87.4%。经济快速发展是东南亚减贫的主要驱动力，农业不发达和农业人口贫困是东南亚国家最主要的贫困特征。柬埔寨、缅甸、老挝和越南等国的城市化尚处于初期阶段，农业是东南亚的主要产业，但农业技术投资不足和农作物生产率低是导致贫困率居高不下的主要原因。同时，多数东南亚国家的农产品加工技术和工艺落后，食品加工业发展较慢，导致农产品附加值低，产业链条短，惠及贫困人口有限。此外，自然资源和灾害、教育和科技水平欠发达也是影响东南亚贫困状况的关键因素。

随着国内经济社会发展及其贫困特征的演变，以及外部环境的变化，传统的扶贫理论所提出的通过大范围和高强度的经济刺激、投资和进出口拉动经济增长，从而改善低收入民众经济状态的减贫开发模式的边际效应不再明显。东南亚国家亟待更新减贫模式和思路。而中国在减贫模式上的持续创新和脱贫攻坚经验的积累，特别是精准扶贫实施以来脱贫攻坚取得的巨大成效，让东南亚国家看到了减贫的新希望，期待与中国在减贫领域进行合作。而作为与东南亚国家毗邻的滇西边境片区县，双江县有成为中国与东南亚国家减贫合作桥头堡的先天优势和条件，理应在中国减贫经验向东南亚国家输出中写下浓墨重彩的一笔。因而，双江县应抓住这一契机，充分依靠自身减贫的经验教训、知识储备和贫困地区开发理论优势，总结提炼双江经验，加强与东南亚国家的合作和交往，成为帮助东南亚贫困地区实现脱贫致富，推动其实现可持续发展目标的先行者。

（三）"一带一路"倡议与边疆多民族欠发达地区发展经验的输出

边疆多民族欠发达地区的发展一直是多民族国家发展中面临的难题，但这些地区的繁荣与发展对于多民族国家的民族团结、社会稳定、国家安全等至关重要，故破解这一难题对于多民族国家而言不可回避。新中国成立以来，中国在边疆多民族欠发达地区的民族团结、民族融合和减贫发展方面积极探索，特别是在 2011 年以来，国家划定的 14 个集中连片特困地区中有 9 个片区属于少数民族主要聚集区，共包括少数民族聚居县 366 个，将其作为脱贫攻坚的主战场；2013 年进一步实施精准扶贫方略，通过"五个一批"以前所未有的广度、力度和深度全面推进脱贫攻坚战略，确保了 2020 年全面建成小康社会，不让一个民族掉队。过去的 10 年里，边疆多民族欠发达地区经济社会发展发生了翻天覆地的变化，也涌现了一批典型经验和模式，丰富了中国特色扶贫理论，为世界减贫实践和理论作出了重要贡献。

2013 年，"一带一路"倡议正式提出，为边疆多民族欠发达地区的对外开放发展提供了新机遇，曾经的边疆地区、边缘地区成为对外开放的前沿阵地、桥头堡和窗口。以"一带一路"倡议为引领，以全面开放新格局为目标，以实现陆海统筹、东西互济的开放格局为路径，充分利用国际、国内两个市场，通过多元主体的共同努力，不断优化资源配置，提高经济效益，将切实推动民族地区快速、健康和稳定发展，为边疆多民族欠发达地区的升级发展、繁荣发展拓展新的空间。

边疆多民族欠发达地区既是"一带一路"倡议实施的地域空间，也是"一带一路"框架下推进反贫困战略的重点区域，更是"一带一路"框架下国际减贫合作、中国特色扶贫理论与经验输出的前沿阵地。丝路经济带南线起自珠三角，贯通了青海和新疆少数民族地区的贫困带，而海上丝绸之路出发点涉及的西南少数民族地区中，国家重点扶持的少数民族贫困县达110个。"一带一路"倡议将推动少数民族地区精准扶贫做实走深，在制度变革型扶贫、基础设施大推进型扶贫方面取得突破性进展，如启动修建的三条泛亚铁路中国云南段可打通"中越、中老、中缅、中缅印"四大出境通道，为西南少数民族地区依托"一带一路"倡议走向东南亚构筑了互联互通的基础。过去几年，中国对湄公河沿岸国家提供了减贫脱困、农业、教育、卫生、环保等领域的民生援助。随着"一带一路"倡议下的孟中印缅经济走廊、中国—中南半岛经济走廊和澜沧江—湄公河合作机制的深入推进，以及基础设施、公共服务以及经济社会的发展，中国将进一步与相关国家加强国际减贫合作，输出边疆多民族欠发达地区减贫与发展经验，为全球减贫事业作出更多更大的贡献。

参 考 文 献

1．习近平：《决胜全面建成小康社会　夺取新时代中国特色社会主义伟大胜利——在中国共产党第十九次全国代表大会上的报告》，人民出版社2017年版。

2．中共中央宣传部编：《习近平总书记系列重要讲话读本》，学习出版社、人民出版社2014年版。

3．中共中央党史和文献研究院编：《习近平扶贫论述摘编》，中央文献出版社2018年版。

4．本书编写组编：《抓党建促脱贫——基层组织怎么办》，人民出版社2017年版。

5．杨宜勇、吴香雪等：《全面建成小康社会奋斗史》，人民出版社2020年版。

6．［美］西奥多·W. 舒尔茨：《论人力资本投资》，吴珠华等译，北京经济学院出版社1990年版。

7．［印］阿马蒂亚·森：《以自由看待发展》，任赜、于真等译，中国人民大学出版社2002年版。

8．《脱贫攻坚战一定能够打好打赢——记习近平总书记看望四川凉山地区群众并主持召开打好精准脱贫攻坚战座谈会》，《人民日报》2018年2月15日。

9．《习近平在全国民族团结进步表彰大会上发表重要讲话强调：坚持共同团结奋斗共同繁荣发展　各民族共建美好家园共创美好未来》，《人民日报》2019年9月28日。

10．《习近平李克强栗战书汪洋王沪宁赵乐际韩正分别参加全国人大会议一些代表团审议》，《人民日报》2019年3月8日。

11．《习近平在参加内蒙古代表团审议时强调：扎实推动经济高质量发展扎实推进脱贫攻坚》，《人民日报》2018年3月6日。

12．《习近平在福建调研时强调：全面深化改革全面推进依法治国　为全面建成小康社会提供动力和保障》，《人民日报》2014年11月3日。

13．《习近平同中央党校县委书记研修班学员座谈强调：做焦裕禄式的县委书记　心中有党心中有民心中有责心中有戒》，《人民日报》2015年1月13日。

14．《习近平在江苏调研时强调：主动把握和积极适应经济发展新常态推动改革开放和现代化建设迈上新台阶》，《人民日报》2014年12月15日。

15．双江自治县扶贫开发领导小组办公室：《双江自治县2016年度脱贫攻坚工作报告》（双贫开字〔2016〕19号），2016年12月25日；

16．双江自治县扶贫开发领导小组：《关于双江自治县脱贫攻坚工作情况的报告》（双贫开字〔2017〕32号），2017年12月17日；

17．双江自治县扶贫开发领导小组：《关于对贫困县脱贫攻坚工作的报告》（双开组〔2018〕2号），2018年10月21日；

18．双江自治县扶贫开发领导小组：《关于双江自治县2019年脱贫攻坚上半年工作总结暨下半年工作计划的报告》（双开组〔2019〕9号），2019年6月15日；

19．中共双江自治县县委、双江自治县人民政府：《关于印发〈双江自治县打赢脱贫攻坚战三年行动的实施方案（2018—2020年）〉的通知》（双发〔2018〕22号），2018年9月7日；

20．双江自治县扶贫开发领导小组：《关于印发贫困县退出后续精准帮扶计划和巩固提升方案的通知》（双开组〔2018〕43号），2018年10月20日；

21．双江拉祜族佤族布朗族傣族自治县脱贫攻坚指挥部办公室：《关于印发〈双江自治县脱贫攻坚返贫防控方案〉的通知》（双贫指办发〔2019〕6号），2019年2月23日；

22．中共双江自治县县委、双江自治县人民政府：《关于决胜脱贫攻坚实现全县高质量脱贫的意见》（双发〔2019〕35 号），2019 年 8 月 6 日；

23．中共双江自治县县委办公室、双江自治县人民政府办公室：《关于印发〈双江自治县"百村示范、千村整治"工程实施方案〉的通知》（双办发〔2019〕139 号），2019 年 8 月 2 日；

24．中共双江自治县县委办公室、双江自治县人民政府办公室：《关于印发〈双江自治县乡村旅游示范村建设实施方案〉的通知》（双办发〔2019〕142 号），2019 年 8 月 2 日；

25．中共双江自治县县委办公室、双江自治县人民政府办公室：《关于印发〈双江自治县小康示范村建设实施方案〉的通知》（双办发〔2019〕140 号），2019 年 8 月 2 日；

26．中共双江自治县县委办公室：《中共双江自治县县委关于深入实施"百村示范、千村整治"工程全面推进乡村振兴的意见》（双发〔2019〕36 号），2019 年 8 月 6 日；

27．中共双江自治县县委、双江自治县人民政府：《双江自治县脱贫攻坚工作情况报告》，2020 年 12 月；

28．中共双江自治县县委、双江自治县人民政府：《双江自治县脱贫攻坚工作情况汇报（调研汇报材料）》，2020 年 11 月 24 日；

29．《普润清在县第十六届人民代表大会第三次会议上的讲话》，载《双江拉祜族佤族布朗族傣族自治县政府工作报告》，2019 年 1 月；

30．《普润清在县第十六届人民代表大会第二次会议上的讲话》，载《双江拉祜族佤族布朗族傣族自治县政府工作报告》，2018 年 1 月 15 日；

31．《普润清在县第十六届人民代表大会第一次会议上的讲话》，载《双江拉祜族佤族布朗族傣族自治县政府工作报告》，2017 年 2 月 9 日；

32．中共双江自治县县委、双江自治县人民政府：《党的光辉照边疆 边疆人民心向党——众志成城抓好民族团结进步示范创建工作》，2019 年 4 月 4 日；

33．双江自治县发展和改革局：《双江自治县易地扶贫搬迁工作情况报告》，2018 年 12 月；

34．双江自治县"挂包帮"定点扶贫工作联席会议办公室：《双江自治县驻村帮扶工作情况报告》，2020 年 12 月 4 日；

35．双江自治县卫生和计划生育局：《双江健康扶贫工作开展情况报告》，2020 年 12 月；

36．双江自治县人力资源和社会保障局：《双江自治县就业扶贫工作情况报告》，2020 年 12 月；

37．双江自治县人力资源和社会保障局：《双江自治县人力资源和社会保障局 2020 年脱贫攻坚工作总结及 2021 年工作计划》，2020 年 12 月；

38．双江自治县农业农村局：《双江自治县产业扶贫工作总结》，2020 年 12 月；

39．双江自治县住房和城乡建设局：《双江自治县农村危房改造工作情况报告》，2020 年 12 月；

40．双江自治县民政局：《双江自治县扶贫开发与农村低保两项制度衔接工作情况报告》，2020 年 12 月；

41．双江自治县教育局：《双江自治县贫困家庭子女义务教育保障工作情况报告》，2020 年 12 月；

42．双江自治县人民政府扶贫开发办公室：《双江自治县建档立卡工作情况报告》，2020 年 12 月；

43．双江自治县沪滇扶贫协作领导小组办公室：《双江自治县 2017—2020 年沪滇扶贫协作开展情况》，2020 年 12 月；

44．双江自治县民族宗教事务局：《县民族宗教事务局参与脱贫攻坚工作发言材料》，2019 年 2 月 18 日；

45．赵荣钧：《特色产业发展的减贫效应研究——基于精准扶贫调研数据实证分析》，硕士学位论文，武汉大学 2017 年；

46．陈成文、陈建平、陶纪坤：《产业扶贫：国外经验及其政策启示》，《经济地理》2018 年第 1 期；

47．巩前文、穆向丽、谷树忠：《扶贫产业开发新思路：打造跨区域扶贫产业区》，《农业现代化研究》2015 年第 5 期；

48．游俊、李晓冰：《生计响应视域下的产业扶贫益贫机制研究——以贵州瓮安县为例》，《西南民族大学学报》（社会科学版）2019 年第 10 期；

49．林万龙、华中昱、徐娜：《产业扶贫的主要模式、实践困境与解决对策——基于河南、湖南、湖北、广西四省区若干贫困县的调研总结》，《经济纵横》2018 年第 7 期；

50．黄承伟、周晶：《减贫与生态耦合目标下的产业扶贫模式探索——贵州省石漠化片区草场畜牧业案例研究》，《贵州社会科学》2016 年第 2 期；

51．武汉大学国发院脱贫攻坚研究课题组、武汉大学国家发展战略研究院：《促进健康可持续脱贫的战略思考》，《云南民族大学学报》（哲学社会科学版）2019 年第 6 期；

52．《农业部公布我国首批 19 个重要农业文化遗产》，2013 年 5 月 21 日，见 http://www.gov.cn/jrzg/2013-05/21/content_2407999.htm。

53．王秀梅：《区域品牌带动区域经济发展的机制研究》，硕士学位论文，兰州大学 2007 年；

54．吴江：《基于供给侧改革的农村电商物流资源配置优化方法研究》，博士学位论文，北京交通大学 2019 年；

55．莫国香：《西双版纳傣族"竜林"农业文化遗产保护研究》，博士学位论文，南京农业大学 2016 年；

56．《艾滋病防治条例（2019 年修订)》，《中国艾滋病性病》2019 年第 4 期；

57．郝阳、崔岩等：《"四免一关怀"政策实施十年来中国艾滋病疫情变化及特征分析》，《中华疾病控制杂志》2014 年第 5 期；

58．赵二江、崔丹等：《艾滋病的流行现状与预防措施》，《现代预防医学》2012 年第 7 期；

59．包广静：《基于文化作用机制分析的艾滋病预防控制对策研究——以云南为例》，《西北人口》2009 年第 2 期。

后　记

　　脱贫攻坚是实现我们党第一个百年奋斗目标的标志性指标，是全面建成小康社会必须完成的硬任务。党的十八大以来，以习近平同志为核心的党中央把脱贫攻坚纳入"五位一体"总体布局和"四个全面"战略布局，摆到治国理政的突出位置，采取一系列具有原创性、独特性的重大举措，组织实施了人类历史上规模空前、力度最大、惠及人口最多的脱贫攻坚战。经过 8 年持续奋斗，现行标准下 9899 万农村贫困人口全部脱贫，832 个贫困县全部摘帽，12.8 万个贫困村全部出列，区域性整体贫困得到解决，完成了消除绝对贫困的艰巨任务，脱贫攻坚目标任务如期完成，困扰中华民族几千年的绝对贫困问题得到历史性解决，取得了令全世界刮目相看的重大胜利。

　　根据国务院扶贫办的安排，全国扶贫宣传教育中心从中西部 22 个省（区、市）和新疆生产建设兵团中选择河北省魏县、山西省岢岚县、内蒙古自治区科尔沁左翼后旗、吉林省镇赉县、黑龙江省望奎县、安徽省泗县、江西省石城县、河南省光山县、湖北省丹江口市、湖南省宜章县、广西壮族自治区百色市田阳区、海南省保亭县、重庆市石柱县、四川省仪陇县、四川省丹巴县、贵州省赤水市、贵州省黔西县、云南省西盟佤族自治县、云南省双江拉祜族佤族布朗族傣族自治县、西藏自治区朗县、陕西省镇安县、甘肃省成县、甘肃省平凉市崆峒区、青海省西宁市湟中区、青海省互助土族自治县、宁夏回族自治区隆德县、新疆维吾尔自治区尼勒克县、新疆维吾尔自治区泽普县、新疆生产建设兵团图木舒克市等 29 个县（市、区、旗），组织中国农业大学、华中科技大学、华中师范大学等高校开展贫困县脱贫摘帽研究，旨在深入总结习近平总书记关于扶贫工作的重要论述在贫困县的实践创新，全面评估脱贫攻坚对县域发展与县域治理产生的综合效应，为巩固拓展脱贫攻坚成果同乡村振兴有效衔接提供决策参考，具有重大的理论和实践意义。

脱贫摘帽不是终点，而是新生活、新奋斗的起点。脱贫攻坚目标任务完成后，"三农"工作重心实现向全面推进乡村振兴的历史性转移。我们要高举习近平新时代中国特色社会主义思想伟大旗帜，紧密团结在以习近平同志为核心的党中央周围，开拓创新，奋发进取，真抓实干，巩固拓展脱贫攻坚成果，全面推进乡村振兴，以优异成绩迎接党的二十大胜利召开。

由于时间仓促，加之编写水平有限，本书难免有不少疏漏之处，敬请广大读者批评指正！

本书编写组

责任编辑：许运娜
封面设计：姚　菲
版式设计：王欢欢
责任校对：付　晶

图书在版编目（CIP）数据

双江：民族团结进步创建引领脱贫／全国扶贫宣传教育中心 组织编写. —北京：
　人民出版社,2022.9
（新时代中国县域脱贫攻坚案例研究丛书）
ISBN 978－7－01－024399－3

Ⅰ.①双…　Ⅱ.①全…　Ⅲ.①扶贫-工作经验-双江拉祜族佤族布朗族
　傣族自治县　Ⅳ.①F127.744

中国版本图书馆 CIP 数据核字（2022）第 008000 号

双江：民族团结进步创建引领脱贫
SHUANGJIANG MINZU TUANJIE JINBU CHUANGJIAN YINLING TUOPIN

全国扶贫宣传教育中心　组织编写

人 民 出 版 社 出版发行
（100706　北京市东城区隆福寺街 99 号）

北京盛通印刷股份有限公司印刷　新华书店经销

2022 年 9 月第 1 版　2022 年 9 月北京第 1 次印刷
开本:787 毫米×1092 毫米 1/16　印张:18
字数:242 千字

ISBN 978－7－01－024399－3　定价:53.00 元

邮购地址 100706　北京市东城区隆福寺街 99 号
人民东方图书销售中心　电话（010）65250042　65289539